Heinzpeter Hempelmann

Grundfragen
der Schriftauslegung

Ein Arbeitsbuch mit Texten von
Martin Luther, Adolf Schlatter, Karl Barth,
Gerhard Ebeling, Gerhard Maier und Peter Stuhlmacher

R. BROCKHAUS VERLAG WUPPERTAL

Die THEOLOGISCHE VERLAGSGEMEINSCHAFT (TVG)
ist eine Arbeitsgemeinschaft der Verlage
R. Brockhaus Wuppertal und Brunnen Gießen.
Sie hat das Ziel, schriftgemäße theologische Arbeiten zu veröffentlichen

CIP-Kurztitelaufnahme der Deutschen Bibliothek

Grundfragen der Schriftauslegung: e. Arbeitsbuch /
Heinzpeter Hempelmann. Mit Texten von Martin Luther ... —
Wuppertal: Brockhaus, 1983.
(Monographien und Studienbücher)
NE: Hempelmann, Heinzpeter [Mitarb.], Luther, Martin [Mitverf.]

© 1983 R. Brockhaus Verlag Wuppertal
Umschlaggrafik: Carsten Buschke, Leichlingen 2
Gesamtherstellung: Breklumer Druckerei Manfred Siegel

ISBN 3-417-29311-1

INHALT

VI. Anleitung zur Arbeit an den Texten

Vorwort

Dieses Arbeitsbuch möchte an Hand von ausgewählten Texten in einige Grund-
probleme der biblischen Hermeneutik (Schriftauslegung) einführen. Die notwendigerweise begrenzte Auswahl läßt Autoren zu Wort kommen, die sich pointiert mit den Fragen beschäftigt haben, die sich dem Ausleger biblischer Texte
stellen:

1. Wie steht es um die *Autorität* der Bibel? Gibt es ein biblisch begründetes Inspirationsverständnis, das es dem Ausleger erlaubt, die heilige Schrift als Gottes-
und Menschenwort ernstzunehmen?

2. Gibt es eine *Mitte der Schrift*, von der her man ihre Aussagen ordnen kann
und verstehen muß? Wie verhält sich das biblische Wort zu dem Logos Jesus
Christus?

3. Wenn die Bibel Gottes Wort ist, muß man sich ihr dann nicht auch mit einer
besonderen, *geistlichen Auslegungsmethode* nähern?

4. Sind wir berechtigt, an der Bibel — verstanden als Gottes- und Menschenwort — *Kritik* zu üben? Müssen nicht Glaubensgehorsam und kritischer Intellekt
kollidieren?

Zu jeder dieser vier Fragen (Autorität der Bibel; Mitte der Schrift; geistliche
Schriftauslegung; Kritik der Bibel) befragen wir theologische Autoren der Vergangenheit und Gegenwart. Sowohl Ernst Käsemann und Gerhard Ebeling wie
auch Peter Stuhlmacher und Gerhard Maier berufen sich für ihre Hermeneutik
auf das reformatorische Erbe Martin *Luthers* (Teil I). Adolf *Schlatter* (Teil II) und
Karl *Barth* (Teil III) legen je für sich relativ eigenständige und interessante Versuche vor, die anstehenden hermeneutischen Probleme bibelorientiert zu lösen. In
Ernst *Käsemann* (Teil IV) und Gerhard *Ebeling* (Teil IV,b) begegnen wir führen-
den Vertretern der an unseren Universitäten getriebenen wissenschaftlichen
Hermeneutik; beide, Käsemann und Ebeling, stehen zumindest in der Tradition
der Hermeneutik Rudolf Bultmanns. Ihnen treten je für sich sowohl Peter *Stuhlmacher* als auch Gerhard *Maier* mit dem Versuch entgegen (Teil V), den glaubenden mit dem denkenden Zugang zur Bibel zu verbinden. Die Verschränkung der
Beiträge von Maier und Stuhlmacher (vgl. das Inhaltsverzeichnis!) soll den bisher
am weitesten und intensivsten durchgeführten *Dialog* zwischen einem Vertreter
evangelikaler und einem Exponenten akademischer Theologie dokumentieren.

Das Arbeitsbuch ist nach Autoren gegliedert. Auf eine kurze Einführung in Leben und Werk folgen die Äußerungen des jeweiligen Theologen zu den vier oben
genannten Problemkreisen. Eine knappe Zusammenfassung der Position des Autors vor dem jeweiligen Textteil sowie einige Literaturhinweise dienen der weiteren Orientierung des Lesers.

Die fünf Textblöcke werden in Teil VI ergänzt durch 80 Fragen und ausgewählte Literaturhinweise, die der Vertiefung und Weiterarbeit dienen sollen. Die *Fragen, Arbeitsanweisungen und Literaturangaben* machen aus dem Hermeneutik-
Reader ein Arbeitsbuch, das sich vor allem an Studienanfänger, Bibelschüler und
interessierte Laien wendet, die einen ersten, fundierten Zugang zu den Grundfragen biblischer Hermeneutik suchen.

Es kann nicht ausbleiben, daß durch die Formulierung der Fragen und die Auswahl der Literaturhinweise die Position des Herausgebers deutlich wird. Es ist meine Hoffnung, durch die Herausgabe dieses Bändchens beim Studienanfänger zur Entwicklung eines hermeneutischen Problembewußtseins beizutragen, bei der Überwindung der verhärteten Fronten zwischen »evangelikaler« und »akademischer« Theologie zu helfen und zu zeigen, daß auch auf dem Gebiet der Hermeneutik Glauben und Denken nicht kollidieren müssen, — daß vielmehr auch die Schriftauslegung nur dann zu ihrem eigentlichen Ziel kommt, wenn Glaube und Vernunft zur Erkenntnis und zur Ehre Gottes zusammenwirken.

I. Martin Luther — »Was Christum treibet«

1. Person und Programm

a. Leben und Werk

Selten findet man eine solch' enge Verflechtung von persönlichem Leben und theologischem Denken wie bei Martin Luther. Über seinem Leben wie über seinem Werk steht die eine Frage: »Wie kriege ich einen gnädigen Gott?« — oder — theologisch ausgedrückt: die Frage nach dem Verhältnis von *Gesetz und Evangelium.*

Martin Luther (10.11.1483 — 18.2.1546) wird in Eisleben geboren. Nach dem Besuch verschiedener Schulen und der Universität Erfurt wird er 1505 — nach einer mehr allgemein-philosophischen Ausbildung — zum Magister Artium promoviert. Als er sich auf Wunsch des Vaters dem juristischen Studium zuwenden will, gelangt er an den Wendepunkt seines Lebens: Am 2. Juli 1505 gerät er in ein schweres Gewitter; da er um sein Leben und sein Seelenheil (!) fürchtet, legt er ein Gelübde ab: »Hilf du, heilige Anna, ich will ein Mönch werden!«[1] Am 17. Juli tritt er, nachdem sein Vater nur widerwillig die Zustimmung erteilt hat, in das Erfurter Augustiner-Eremiten-Kloster ein.

Ist schon der Eintritt in ein Kloster für damalige Frömmigkeit der Weg, auf dem man sich am ehesten der Gnade Gottes und zukünftiger Seligkeit versichern kann, so unterwirft sich Luther im Kloster noch mit besonderem Eifer den strengen Ordensvorschriften, um so mit Gott umfassend »in Ordnung zu kommen«. Es herrscht die gängige theologische Auffassung der mittelalterlichen Kirche vor, daß Gott das Streben des Menschen, der tut, was in seinen Kräften steht, belohnen werde. Als Luther dann 1506 zum Profeß[2] zugelassen wird, trägt er zum Ruhm des Klosters durch seine wunderbare Berufung und seine außergewöhnliche Selbstdisziplin mit bei. Er selbst findet aber keine bleibende innere Ruhe.

Die Wende seines Lebens bahnt sich an, als Luther auf Geheiß seines Ordens Theologie studiert. Nachdem er den Baccalaureus biblicus erworben hat, wird er berufen, biblische Vorlesungen zu halten. Auf seiner Suche nach dem gnädigen Gott wird er intensiv mit dem biblischen Wort konfrontiert, zunächst mit den Psalmen (1514—1515), dann mit dem Römerbrief (1515—1516). Der Durchbruch zur zentralen reformatorischen Entdeckung vollzieht sich 1518 im sog. »Turmerlebnis«[3]. Hatte Luther bisher die allgemeine theologische Überzeugung von der Gerechtigkeit Gottes als einer fordernden, »aktiven« Gerechtigkeit geteilt, der der Mensch durch eigene Werke gerecht werden muß, so erkennt er nun, in der Beschäftigung mit Röm 1,17, diese Gerechtigkeit als »passive« Gerechtigkeit, als Gabe Gottes, als das durch den Glauben geschenkte rechtfertigende Handeln Gottes an den Menschen.[4]

---

[1] Zit.n.: K. Aland, Die Reformatoren. Luther — Melanchthon — Zwingli — Calvin. Mit einem Nachwort zur Reformationsgeschichte, 1976, 16.

[2] »Profeß« nennt man das feierliche Ablegen des Ordensgelübdes.

[3] Die Bedeutung des Turmerlebnisses (vgl. T 1) für die reformatorische Wende im Denken Luthers ist in der wissenschaftlichen Literatur umstritten. Vgl. als Überblick über die Diskussion: H. Bornkamm, Art. Luther I. Leben und Schriften, in: RGG³ Bd. IV, (480—495) 482f; G. Ebeling, Art. Luther II. Theologie, ebd., (495—520), 498ff. B. Lohse (Hg.), Der Durchbruch der reformatorischen Erkenntnis bei Luther. Wege der Forschung Bd. CXXIII, Darmstadt 1968. M. Brecht, Martin Luther: Sein Weg zur Reformation; 1483 — 1521. Stuttgart 1981 (vgl. dort besonders das Kap. VI: Die doppelte Wende).

[4] Zur gegenwärtigen exegetischen Diskussion um den Begriff der Gerechtigkeit Gottes vgl. P. Stuhlmacher, Gerechtigkeit Gottes bei Paulus, 1966²; ders., Versöhnung, Gesetz und Gerechtigkeit. Aufsätze zur biblischen Theologie, 1981 (passim). U. Wilckens, Der Brief an die Römer, EKK VI/1, Zürich-Neukirchen 1978, 202—233 (Exkurs: »Gerechtigkeit Gottes«).

Luthers Leben und Werk müssen wir hier nicht weiter verfolgen. Es besteht nach dem reformatorischen Durchbruch — pauschal gesagt — in der Weiterentwicklung, Verteidigung und konsequenten Anwendung der revolutionären, aus der Rückbesinnung auf die Bibel gewonnenen Gotteserkenntnis auf alle Bereiche des Glaubens und Lebens.

Unschwer lassen sich in Luthers biblisch begründeter Einsicht in die Gerechtigkeit Gottes schon die Ansätze reformatorischer Theologie identifizieren:

— Sola scriptura:[5] Die hl. Schrift ist Quelle und alleiniger Maßstab reformatorischer Theologie.
— Sola gratia:[6] Unser Heil beruht allein auf Gottes freier, gnädiger Zuwendung.
— Sola fide:[7] Nicht durch die Erfüllung von Gesetzesforderungen, sondern allein aus Glauben sind wir gerechtfertigt.
— Solus Christus:[8] Christus allein ist die Quelle des Heils (Apg. 4,12); Christus allein ist der Mittler des neuen Bundes zwischen Gott und Menschen (1.Tim 2,5; Hebr.8,6; 9,15 u.a.).

b. Skizze des hermeneutischen Programms Luthers

Der Schrecken erregende, die Sünden der Menschen an ihnen strafende Gott, an dessen Gerechtigkeit Luther verzweifelt, ja, die er haßt, weil er sie nicht erreichen kann[9], wird ihm nun *in der Erkenntnis Christi aus der Schrift* zum gnädigen, den Menschen allein aus Gnade und nicht auf Grund von Werken annehmenden Gott.

Luther erkennt den *eigentlichen* Willen Gottes im Blick auf den Menschen im Evangelium, d.h. in der Sendung, in der Inkarnation und im Kreuz Jesu Christi. Nicht das Gesetz, das zu erfüllen der Mensch nicht in der Lage ist, sondern das Evangelium, die gute Botschaft von Jesus Christus als Gottes Heilshandeln in Person, ist der eigentliche Wille Gottes für den Menschen. Nicht der Weg des Gesetzes, sondern das Angebot des in Jesus Christus eröffneten Heils ist darum auch die *Mitte der* — dieses gnädige Heilshandeln Gottes bezeugenden — *heiligen Schrift*. Die Bibel kann darum nur der recht verstehen, der (1.) in ihr unterscheidet zwischen Gesetz und Evangelium und der sie (2.) von ihrem Zentrum, von Jesus Christus her, liest. Ist Jesus Christus die Mitte der Schrift, so muß die Bibel auf ihn hin gelesen und daran gemessen werden, ob und inwieweit sie auf ihn hinweist. Diese Einsicht kann bei dem großen Reformator zu recht massiver *Kritik* an einigen biblischen Aussagen führen. Daß Luther andererseits energisch jedes Richten über das Wort Gottes verurteilt und eine demütige, sich unter das Wort Gottes stellende Haltung des Auslegers verlangt, stellt für ihn keinen Widerspruch zu seiner »Bibelkritik« dar. Denn die *Autorität der Bibel* ist für ihn kein formales, an sich gültiges, totes Prinzip: Sie besteht gerade darin, daß in *ihr* das freimachende Zeugnis des Evangeliums zu finden ist. Dieses Zeugnis ist klar. Um es zu erkennen, bedarf es *keiner besonderen Auslegungsmethoden*. So verwirft Luther auch konsequent die Allegorese[10], die Interpretation der Bibel gemäß einem vorgegebenen vierfachen Schriftsinn[11] und auch jede, sich auf den Hl. Geist berufende, aber den Wortsinn des

---

[5] »allein die Schrift«; vgl. zur Einführung in die Bedeutung der Particula Exclusiva für die reformatorische Theologie die leicht faßliche Darstellung von H. Bornkamm: Das bleibende Recht der Reformation. Grundregeln und Grundfragen evangelischen Glaubens, 2. Aufl. 1967, 9—48.
[6] »allein aus Gnade«
[7] »allein aus Glauben«
[8] »Christus allein«
[9] Vgl. T 1!
[10] Bei der allegorischen Schriftauslegung bemüht man sich um eine hinter dem Wortsinn verborgene tiefere Sinnebene des Textes. Vgl. zum Problem: P.Stuhlmacher, Vom Verstehen des Neuen Testaments. Eine Hermeneutik (NTD-Ergänzungsreihe BD.6), 1979, 64ff; 76; 85f.

Textes vernachlässigende Schriftauslegung. Zum Verstehen der Bibel bedient sich Luther vielmehr aller verfügbaren wissenschaftlichen Hilfsmittel; und indem er auf dem Literalsinn (= buchstäblichen Sinn) der Schrift besteht, ist er zumindest einer der Wegbereiter unserer heutigen historischen Verstehensbemühung um die biblischen Texte geworden.

Von einer *äußeren Klarheit*, Verständlichkeit, mit der die Bibel das Evangelium bezeugt, unterscheidet Luther allerdings eine *innere Klarheit*, die allein der Geist Gottes schenken kann. Nur der Hl. Geist kann dem Leser den Charakter der Bibel als richtendes und Heil schaffendes Wort Gottes offenbaren. Ist dieses Wesen der Bibel nicht erkannt, so hat man sie und auch ihre Autorität nicht verstanden. So kann Luther zwar einerseits die Inspiration der Bibel mit den traditionellen Wendungen bejahen; andererseits weiß er aber — im Gegensatz zu der Tradition vor ihm und Teilen der altprotestantischen Orthodoxie nach ihm — um die Unverfügbarkeit des göttlichen Offenbarungswortes, das menschlichem Zugriff und Sicherungsstreben immer entzogen bleibt.

2. Jesus Christus, das Evangelium in Person, als die Mitte der Schrift

Im Zentrum der reformatorischen Entdeckung Luthers steht die Einsicht in das Wesen der Gerechtigkeit Gottes: Diese ist keine fordernde (»aktive«), sondern eine den Menschen geschenkte (»passive«) Gerechtigkeit (T 1). Nicht die Erfüllung der durch Mose übermittelten Gesetzesforderungen, sondern die Annahme des durch Jesus Christus geschaffenen und im Evangelium angebotenen Heils führt zum Frieden und zur Versöhnung mit Gott (T 2). Darum ist nicht das Gesetz, sondern das *Evangelium* von Jesus Christus der *Inhalt und das Zentrum* der den Heilswillen Gottes bezeugenden Heiligen Schrift (T 2 und T 3). Das »Gesetz« findet Luther vorwiegend im Alten Testament, das »Evangelium« schwerpunktmäßig im Neuen Testament (T 4). Als »Mitte der Schrift« stellt er das »*eine* Evangelium«, aber auch die *Einheit* der biblischen Bücher heraus (T 4). Für die Auslegung der Bibel, ja für die gesamte Theologie, wird somit die Unterscheidung von Gesetz und Evangelium zum hermeneutischen Grundprinzip (T 5).

Mit außerordentlicher Leidenschaft war ich davon besessen, Paulus im Brief an die Römer kennenzulernen. Nicht die Herzenskälte, sondern ein einziges Wort im ersten Kapitel (V.17) war mir bisher dabei im Wege: »Die Gerechtigkeit Gottes wird darin (im Evangelium) offenbart.« Ich haßte nämlich dieses Wort »Gerechtigkeit Gottes«, weil ich durch den Brauch und die Gewohnheit aller Lehrer unterwiesen war, es philosophisch von der formalen oder aktiven Gerechtigkeit (wie sie es nennen) zu verstehen, nach welcher Gott gerecht ist und die Sünder und Ungerechten straft.

T 1

Ich konnte den gerechten, die Sünder strafenden Gott nicht lieben, im Gegenteil, ich haßte ihn sogar. Wenn ich auch als Mönch untadelig lebte, fühlte ich mich vor Gott doch als Sünder, und mein Gewissen quälte mich sehr. Ich wagte nicht zu hoffen, daß ich Gott durch meine Genugtuung versöhnen könnte. Und wenn ich mich auch nicht in Lästerung gegen Gott empörte, so murrte ich doch heimlich gewaltig gegen ihn: Als ob es noch nicht genug wäre, daß die elenden und durch die Erbsünde ewig verlorenen Sünder durch das Gesetz des Dekalogs[12] mit

---

[11] V.a. die mittelalterliche Hermeneutik sucht im Bibeltext einen vierfachen Schriftsinn. Man befragt jeden Text unter vier Gesichtspunkten: (1) historia (Heilsgeschichte); (2) allegoria (Aussagen über das Sakrament Christi und die Kirche, — also das Heilsgeheimnis); (3) tropologia (Ethik) und (4) anagogia (Eschatologie). Modifikationen des Verfahrens sind nicht möglich.

[12] Als »Dekalog« bezeichnet man die »Zehn Gebote«.

jeder Art von Unglück beladen sind — mußte denn Gott auch noch durch das Evangelium Jammer auf Jammer häufen und uns auch durch das Evangelium seine Gerechtigkeit und seinen Zorn androhen? So wütete ich wild und mit verwirrtem Gewissen, jedoch klopfte ich rücksichtslos bei Paulus an dieser Stelle an; ich dürstete glühend zu wissen, was Paulus wolle.

Da erbarmte sich Gott meiner. Tag und Nacht war ich in tiefe Gedanken versunken, bis ich endlich den Zusammenhang der Worte beachtete: »Die Gerechtigkeit Gottes wird in ihm (im Evangelium) offenbart, wie geschrieben steht: Der Gerechte lebt aus dem Glauben.« Da fing ich an, die Gerechtigkeit Gottes als eine solche zu verstehen, durch welche der Gerechte als durch Gottes Gabe lebt, nämlich aus dem Glauben. Ich fing an zu begreifen, daß dies der Sinn sei: durch das Evangelium wird die Gerechtigkeit Gottes offenbart, nämlich die passive, durch welche uns der barmherzige Gott durch den Glauben rechtfertigt, wie geschrieben steht: »Der Gerechte lebt aus dem Glauben.« Da fühlte ich mich wie ganz und gar neu geboren, und durch offene Tore trat ich in das Paradies selbst ein. ...

Mit so großem Haß, wie ich zuvor das Wort »Gerechtigkeit Gottes« gehaßt hatte, mit so großer Liebe hielt ich jetzt dies Wort als das allerliebste hoch. So ist mir diese Stelle des Paulus in der Tat die Pforte des Paradieses gewesen.

Vorrede zu Band I der lateinischen Schriften der Wittenberger Lutherausgabe 1545, in: Luther Deutsch. Die Werke Martin Luthers in neuer Auswahl für die Gegenwart Bd. 2 Der Reformator, hg. von K. Aland 1962, (11—21) 19—20.

T 2   Es wäre wohl recht und billig, daß dies Buch [= die Bibel] ohn alle Vorrede und fremden Namen ausginge und nur seinen ihm selbst eigenen Namen und Rede führete. Aber dieweil durch manche unbegründete Deutung und Vorrede der Christen Sinn dahin irregeführt ist, daß man schier nicht mehr weiß, was Evangelium oder Gesetz, Neues oder Altes Testament bedeute, fordert die Notdurft einen Hinweis und Vorrede, damit der einfältige Mann aus seinem alten Wahn auf die rechte Bahn geführt und unterrichtet werde, wessen er in diesem Buch gewarten solle, auf daß er nicht Gebot und Gesetz suche, da er Evangelium und Verheißung Gottes suchen soll. ...

Denn Evangelium ist ein griechisches Wort und heißt auf deutsch »gute Botschaft«, »gute Märe«, »gute Neuigkeit«, »gute Nachricht«, davon man singet, saget und fröhlich ist. Zum Beispiel: als David den großen Goliath überwand, kam eine gute Nachricht und tröstliche Neuigkeit unter das jüdische Volk, daß ihr greulicher Feind erschlagen und sie erlöset, zu Freud und Frieden gebracht wären, darüber sie sangen und sprangen und fröhlich waren. So ist dies Evangelium Gottes und Neue Testament ein gute Märe und Nachricht, in alle Welt erschollen durch die Apostel, von einem rechten David, der mit der Sünde, Tod und Teufel gestritten und sie überwunden habe, und damit alle die, so in Sünden gefangen, mit dem Tod geplagt, vom Teufel überwältigt gewesen, ohn ihr Verdienst erlöset, gerechtfertigt, lebendig und selig gemacht, und damit zum Frieden und zu Gott wieder heimgebracht hat, darüber sie singen, Gott danken, loben und fröhlich sind ewiglich, sofern sie das fest glauben und im Glauben beständig bleiben. ...

Ja, wo der Glaube ist, kann er nicht an sich halten, er beweiset sich, bricht heraus und bekennet und lehret solch Evangelium vor den Menschen und waget sein Leben dran. Und alles, was er lebet und tut, das richtet er zu des Nächsten Nutz,

14

ihm zu helfen, nicht allein auch zu solcher Gnade zu kommen, sondern auch mit Leib, Gut und Ehre, wie er siehet, daß ihm Christus getan hat, und folget so dem Vorbild Christi nach. Das meinet auch Christus, da er beim Abschied kein anderes Gebot gab als die Liebe, daran man erkennen sollte, wer seine Jünger wären und rechtschaffene Gläubige (Joh.13,35). Denn wo die Werke und die Liebe nicht herausbrechen, da ist der Glaube nicht recht, da haftet das Evangelium noch nicht und ist Christus nicht recht erkannt. Siehe, nun schicke dich so in die Bücher des Neuen Testaments, daß du sie auf diese Weise zu lesen wissest.

Vorrede zum Neuen Testament, in: Luther Deutsch. Die Werke Martin Luthers in neuer Auswahl für die Gegenwart Bd.5 Schriftauslegung, hg. von K. Aland, 1963², (37 — 42) 37f; 41.

Dies [= das Alte Testament] ist die Schrift, die alle Weisen und Klugen zu Narren **T 3** macht und allein den Kleinen und Einfältigen offensteht, wie Christus Matth.11,25 sagt. Darum laß dein Meinen und Empfinden fahren und erachte diese Schrift als das allerhöchste, edelste Heiligtum, als die allerreichste Fundgrube, die nimmermehr genug ausgeschöpft werden kann, auf daß du die göttliche Weisheit finden mögest, welche Gott hier so einfältig und schlicht vorlegt, daß er allen Hochmut dämpfe. Hier wirst du die Windeln und die Krippe finden, da Christus drinnen liegt, dahin auch der Engel die Hirten weiset. Schlichte und geringe Windeln sind es, aber teuer ist der Schatz, Christus, der drinnen liegt. . . . Wenn du willst richtig und sicher deuten, so nimm Christus vor dich; denn das ist der Mann, dem das alles und ganz und gar gilt.

Vorrede zum Alten Testament, in: Luther Deutsch. Die Werke Martin Luthers in neuer Auswahl für die Gegenwart Bd.5 Schriftauslegung, hg. von K. Aland, 1963², (9 — 23) 10.22.

Darum soll man wissen, daß es nur *ein* Evangelium gibt, aber durch viele Apostel **T 4** beschrieben. Ein jeglicher Brief des Paulus und Petrus, dazu die Apostelgeschichte des Lukas ist ein Evangelium, wenn sie auch nicht alle Werke und Worte Christi erzählen, sondern das eine sie kürzer und weniger als das andere enthält. Ist doch auch der großen vier Evangelien keines, das alle Worte und Werke Christi enthält. Das ist auch nicht notwendig. »Evangelium« ist und soll nichts anderes sein, als eine Rede oder Erzählung von Christus. Gleichwie unter den Menschen (auch) geschieht, wenn man ein Buch von einem König oder Fürsten schreibt, was er getan und geredet und erlitten hat zu seiner Zeit: das kann man auf mancherlei Weise beschreiben, der eine in der Länge, der andere in der Kürze. So soll das Evangelium sein und es ist nichts anderes als eine Chronik, Geschichte, Erzählung von Christus, wer der sei, was er getan, geredet und erlitten habe, was der eine kurz, der andere lang, der eine so, der andere so beschrieben hat. Denn aufs kürzeste umschrieben ist das Evangelium eine Rede von Christus, daß er Gottes Sohn und Mensch für uns geworden, gestorben und auferstanden, ein Herr über alle Dinge gesetzt sei. So viel nimmt Paulus in seinen Briefen vor sich und führt das aus, läßt alle die Wunder und das Leben Christi, die in den vier Evangelien beschrieben sind, hintanstehen und umfaßt damit doch genügend und reichlich das ganze volle Evangelium. . . .

Ein kleiner Unterricht, was man in den Evangelien suchen und erwarten solle, in: Luther Deutsch. Die Werke Martin Luthers in neuer Auswahl für die Gegenwart Bd. 5 Schriftauslegung, hg. von K. Aland, 1963², (196—203) 196f.

T 5 … Was kann der in Sachen der Theologie und in der Heiligen Schrift zustande bringen, der noch nicht dahin gekommen ist, daß er weiß, was Gesetz und was Evangelium ist, oder, wenn er es weiß, dennoch gleichgültig darüber hinweggeht, es zu beachten? Der muß alles, Himmel, Hölle, Leben, Tod, vermengen und wird in der Gefahr stehen, ganz und gar nichts von Christus zu wissen.

Daß der freie Wille nichts sei. Antwort D. Martin Luthers an Erasmus von Rotterdam. Ausgewählte Werke, hg. von H. H. Borcherdt und G. Merz, 1975³, 101.

Zu Christus als »Mitte der Schrift« vgl. die Texte T 6, T 8 und T 9!

3. Luthers christozentrische Bibelkritik

Jesus Christus ist der Inhalt der hl. Schrift. Das Evangelium und nicht das Gesetz stellt den eigentlichen Heilswillen und -weg Gottes für den Menschen dar. Deshalb sieht Luther in Jesus Christus den Maßstab für alle biblischen Autoren (»was Christum treibet«, d.h.: Was zu Jesus Christus führt). Er vermag an Hand dieses Kriteriums zwischen zentralen (T 6 und T 7) und mehr peripheren Büchern (T 8 und T 9) der Bibel zu unterscheiden. Über eine solche Gewichtung hinaus fühlt er sich — v.a. in frühen Äußerungen — zu recht massiver Kritik an einzelnen biblischen Aussagen gedrängt.

Luther, der alle Theologie wieder zu den Quellen, unter die Schrift, zurückruft, will sich auch hier nicht über die Schrift erheben; er glaubt jedoch, daß einzelne Aussagen oder inhaltliche Tendenzen (z.B. des Jakobusbriefes) dem Evangelium von der Rechtfertigung durch Jesus Christus als der zentralen Aussage der Bibel inhaltlich nicht voll entsprechen.

T 6 *Welches die rechten und edelsten Bücher des Neuen Testaments sind*
Aus diesem allen [= d.h. der Unterscheidung von Gesetz und Evangelium] kannst du nun recht über alle Bücher urteilen und unterscheiden, welches die besten sind. Denn das Evangelium des Johannes und die Briefe des Paulus, insbesondere der an die Römer, und der erste Brief des Petrus sind nämlich der rechte Kern und das Mark unter allen Büchern, welche auch billig die ersten sein sollten. Und einem jeglichen Christen wäre zu raten, daß er dieselben am ersten und allermeisten lese und sich durch täglich Lesen so vertraut machte wie das tägliche Brot. Denn in diesen findest du nicht viel Werke und Wundertaten Christi beschrieben, du findest aber gar meisterlich dargelegt, wie der Glaube an Christus Sünde, Tod und Hölle überwindet und das Leben, Gerechtigkeit und Seligkeit gibt, welches die rechte Art des Evangeliums ist, wie du gehört hast.

Denn wenn ich je auf deren eins verzichten sollte, auf die Werke oder die Predigten Christi, dann wollte ich lieber auf die Werke als auf seine Predigten verzichten. Denn die Werke hülfen mir nichts, aber seine Worte, die geben das Leben, wie er selbst sagt (Joh.6,63). Weil nun Johannes gar wenig Werke von Christus, aber gar viele seiner Predigten beschreibt, umgekehrt die andern drei Evangelisten aber viele seiner Werke und weniger seiner Worte beschreiben, ist das Evangelium des Johannes das einzige, schöne, rechte Hauptevangelium und den andern dreien weit, weit vorzuziehen und höher (als sie) zu heben. Ebenso gehen auch des Paulus und Petrus Briefe weit den drei Evangelien des Matthäus, Markus und Lukas voran.

In Summa: das Evangelium des Johannes und sein erster Brief, die Briefe des Paulus, insbesondere der an die Römer, Galater, Epheser und der erste Brief des Petrus, das sind die Bücher, die dir Christus zeigen und dich alles lehren, was dir zu wissen not und selig ist, ob du schon kein ander Buch und Lehre nimmer sehest noch hörest. Darum ist der Jakobusbrief eine rechte stroherne Epistel gegen sie; da er doch keine evangelische Art an sich hat.

Vorrede zum Neuen Testament, in: Luther Deutsch. Die Werke Martin Luthers in neuer Auswahl für die Gegenwart Bd.5 Schriftauslegung, hg. von K. Aland, 1963², (37 — 42) 41 — 42.

Dieser Brief [der Römerbrief] ist das rechte Hauptstück des Neuen Testaments **T 7** und das allerlauterste Evangelium, welcher wohl würdig und wert ist, daß ihn ein Christenmensch nicht allein Wort für Wort auswendig wisse, sondern täglich damit umgehe als mit einem täglichen Brot für die Seele; denn er kann nimmer zu viel und zu gründlich gelesen und betrachtet werden. Und je mehr er behandelt wird, desto kostbarer wird er und um so besser schmeckt er . . . . Er ist bisher durch Glossen und mancherlei Geschwätz übel verfinstert, der doch an sich ein helles Licht ist, völlig ausreichend, die ganze Schrift zu erleuchten.

Vorrede zum Brief des Paulus an die Römer, in: Luther Deutsch. Die Werke Martin Luthers in neuer Auswahl für die Gegenwart Bd.5 Schriftauslegung, hg. von K. Aland, 1963², (45 — 61), 45.

Über das (hinaus) bietet er [der Hebräerbrief] eine große Schwierigkeit dadurch, **T 8** daß er im 6. und 10. Kapitel die Buße den Sündern nach der Taufe stracks verneinet und versagt und Kap.12,17 sagt, Esau habe Buße gesucht und doch nicht gefunden, was wider alle Evangelien und Briefe des Paulus ist. Und obwohl man einen Ausweg aus der Schwierigkeit suchen möchte, so lauten doch die Worte so klar, daß ich nicht weiß, obs möglich sei. Mich dünkt, es handle sich um einen Brief, aus vielen Stücken zusammengesetzt und nicht überall in gleicher Höhenlage.

Wie dem allen sein mag, so ists doch ein ausbündig gelehrter Brief, der vom Priestertum Christi meisterlich und gründlich aus der Schrift redet, dazu das Alte Testament fein und reichlich auslegt, so daß es offenbar ist, er stamme von einem trefflichen, gelehrten Manne, der ein Jünger der Apostel gewesen, viel von ihnen gelernt hat und gründlich in der Schrift geübt ist. . . . Deshalb soll uns nicht hindern, ob vielleicht etwas Holz, Stroh oder Heu mit untergemenget werde, sondern wir wollen solche feine Lehre mit allen Ehren aufnehmen, nur daß man sie den apostolischen Briefen nicht in allen Dingen gleichstellen soll.

Vorrede zum Hebräerbrief, in: Luther Deutsch. Die Werke Martin Luthers in neuer Auswahl für die Gegenwart, Bd.5 Schriftauslegung, hg. von K. Aland, 1963², (61 — 62) 62.

Den Brief des Jakobus, obwohl er von den Alten verworfen ist, lobe ich und halte **T 9** ihn doch für gut. . . . Aber, auf daß ich eine Meinung darüber begründe, jedoch ohne irgend jemands Nachteil: ich erachte ihn für keines Apostels Schrift. Und dies ist meine Ursache dafür: Aufs erste, daß er stracks wider Paulus und alle andere Schrift den Werken die Rechtfertigung zuschreibt und sagt, Abraham sei aus seinen Werken gerechtfertigt worden, da er seinen Sohn opferte, obwohl doch Paulus Röm.4 entgegengesetzt lehrt, daß Abraham ohne Werke, ehe er denn seinen Sohn opferte, gerechtfertigt worden sei, allein durch seinen Glauben, und das mit 1. Mose 15,6 beweist. Wenn nun diesem Brief vielleicht geholfen und für solche Rechtfertigung der Werke ein erklärender Zusatz gefunden werden möchte, kann man ihn doch darin nicht schützen, daß er den Spruch — 1. Mose 15,6 — welcher allein von Abrahams Glauben und nicht von seinen Werken sagt, wie ihn Paulus Röm. 4,3ff. anführet — doch auf die Werke bezieht. Darum ergibt dieser Mangel, daß er von keinem Apostel stamme.

Aufs zweite, daß er Christenleute lehren will und gedenkt nicht einmal in solcher langen Lehre des Leidens, der Auferstehung, des Geists Christi: er nennet Christus etliche Male, aber er lehret nichts von ihm, sondern spricht vom allgemeinen Glauben an Gott. Denn das Amt eines rechten Apostels ists, daß er von Christi Leiden und Auferstehen und Amt predige und für diesen Glauben den Grund lege, wie Christus selbst sagt Joh. 15,27: »Ihr werdet von mir zeugen.« Und darin stimmen alle rechtschaffenen, heiligen Bücher überein, daß sie allesamt Christus predigen und treiben. Das ist auch der rechte Prüfstein, alle Bücher zu beurteilen, wenn man siehet, ob sie Christus treiben oder nicht. Sintemal alle Schrift Christus zeiget, Röm. 3,22ff., und Paulus nichts als Christus wissen will, 1. Kor. 2,2. Was Christus nicht lehret, das ist nicht apostolisch, wenns gleich Petrus oder Paulus lehret; umgekehrt, was Christus predigt, das ist apostolisch, wenns gleich Judas, Hannas, Pilatus und Herodes täte. . . .

In Summa: er hat denen wehren wollen, die sich auf den Glauben ohne Werke verließen und ist für diese Sache an Geist, Verstand und Worten zu schwach gewesen. Er zerreißt die Schrift und widersteht damit Paulus und aller Schrift, wills mit Gesetz Treiben ausrichten, was die Apostel mit Anreizen zur Liebe ausrichten. Darum will ich ihn nicht in meiner Bibel in der Zahl der rechten Hauptbücher haben, will aber damit niemand wehren, daß er ihn stelle und hochhalte, wie es ihn gelüstet, denn es sind sonst viel guter Sprüche darinnen. »Ein Mann ist kein Mann in weltlichen Sachen« (sagt das Sprichwort): wie sollte dann dieser einzelne nur allein wider Paulus und alle andere Schrift gelten?

Vorrede zum Jakobus- und zum Judasbrief, in: Luther Deutsch. Die Werke Martin Luthers in neuer Auswahl für die Gegenwart Bd.5 Schriftauslegung, hg. von K. Aland, 1963², (62 — 65) 62 — 64.

4. Die Autorität der Heiligen Schrift

Wenn Christus das Kriterium für die Einschätzung der biblischen Bücher ist, so besitzt die hl. Schrift umgekehrt in dem Maße Autorität, als sie von diesem Christus zeugt. Sie ist insofern Wort Gottes, als sie Rede von *dem* Wort Gottes (Jesus Christus) ist (vgl. die Texte unter 3.: T 8 und T 9). Wenn Luther vom Ausleger fordert, sich der Bibel in Demut (T 10) zu nähern und nicht ihr Meister, sondern ihr Schüler zu sein (T 11), steht das insofern nicht im Gegensatz zu seiner »Bibelkritik«, als sowohl die von ihm geforderte Unterordnung unter das Wort Gottes (T 12) wie auch seine »kritische« Haltung begründet sind in dem in der hl.Schrift zu findenden autoritativen und allein normativen Christus-Zeugnis (T 11).

Darüberhinaus wird bei Luther die Einschätzung der Autorität der Bibel deutlich, wenn er zum Verhältnis von Schrift und Tradition Stellung nimmt (T 13). In revolutionärer, weil Kirche und Theologie seiner Zeit umwälzender Weise gibt er der Bibel eindeutige, in ihrer Qualität als Wort Gottes begründete Priorität vor aller Tradition. Gegenüber der Bindung der Schriftauslegung an die theologische und philosophische Tradition betont er (1.), daß die Schrift am besten aus sich heraus verstanden werden kann: Die Bibel kann auch ohne, ja weit besser ohne Zuhilfenahme »der Väter« ausgelegt werden; (2.) die hl.Schrift ist die Quelle, zu der Luther alle theologische Bemühung zurückruft. Sie ist das Fundament der Wahrheit, auf das sich auch schon »die Väter« bezogen haben. Alle Tradition muß sich letztlich an der Bibel messen lassen. (3.) Die Schrift kann nur aus *dem* Geist heraus verstanden werden, in dem sie geschrieben ist. Als Wort Gottes legt sie sich selber und durch ihren Geist aus (vgl. dazu die Texte T 14; T 16; T 17). Nur so offenbart sie ihre wahre Autorität. Wenn Luther auch einerseits die traditionellen Formulierungen der Inspirationslehre aufnehmen kann — zusammenhängend hat er m.W. zu dieser Frage nicht Stellung genommen —, so macht er doch die Unverfügbarkeit der Bibel als Wort Gottes deutlich, wenn er betont: Wahres Verstehen, wahre Erkenntnis der Bibel als Wort Gottes ist und bleibt angewiesen auf Gottes Offenbarung aus seinem Wort heraus.

... die heilige Schrift will gehandelt sein mit Ehrfurcht und Demut, und will mehr ergründet werden mit andächtigem Gebet als mit scharfer Vernunft; so ist es unmöglich, daß die nicht ihnen [= sich] selbst Schaden tun (oder anderen, die sie lehren), die also mit bloßer Vernunft, mit ungewaschenen Händen in die Schrift fallen, gleich als eine andere menschliche Kunst, und wüten darinnen ohn' allen Unterscheid und Ehrerbietung. Daher kommen so viele naseweise Klüglinge, die sich der Lehre unterwinden ..., daraus nun ein Sprichwort geworden ist, wenn sie sagen, die Schrift habe eine wächserne Nase. ...

T 10

Die Zehn Gebote der Wittenberger Gemeinde gepredigt 1516/1517, 1518, in: H. Feghelm (Hg.), Aussagen D. Martin Luthers zur Frage der Auslegung der Heiligen Schrift, in: Evangelium und Wissenschaft. Beiträge zum interdisziplinären Gespräch Nr.4/1981, (14—21) 14f.

Man muß suchen (sagt er)[13], nicht richten, nicht Meister, sondern Schüler drinnen sein, nicht unsere Phantasien hineintragen, sondern Christi Zeugnis drinnen holen. Und so lange Christus nicht recht drinnen gefunden wird, so lange wird sie auch nicht recht gesucht.

T 11

Auslegung vieler schöner Sprüche göttlicher Schrift, daraus Lehre und Trost zu nehmen, welche der ehrwürdige Doktor Martinus Luther vielen in ihre Bibeln geschrieben, in: Luther Deutsch. Die Werke Martin Luthers in neuer Auswahl für die Gegenwart Bd.5 Schriftauslegung, hg. von K. Aland, 1963², (341—354) 352.

Wie könnten wir Unbesonneneres und Vermesseneres tun, denn daß wir uns unterstehen, Gott und sein Wort zu richten, die wir von ihm sollten gerichtet werden? Darum soll man darauf schlicht stehen und beharren, daß, wenn wir hören, daß Gott etwas sagt, wir es glauben, und nicht darüber disputieren, sondern vielmehr unsere Vernunft gefangen nehmen unter den Gehorsam Christi. ...

T 12

Genesis-Vorlesung 1535—1545, nach: H. Feghelm (Hg.), Aussagen D. Martin Luthers zu Fragen der Auslegung der Heiligen Schrift, in: Evangelium und Wissenschaft. Beiträge zum interdisziplinären Gespräch, Nr.4/1981, (14—21) 19.

Daher ists ein offenkundiger Irrtum, daß mit solchem Worte »Es ist nicht erlaubt, durch den eignen Geist die Schrift zu verstehen«, uns befohlen werde, wir sollten die heilige Schrift beiseit setzen und auf die Kommentare der Menschen uns richten und denen glauben. Diesen Verstand, sag ich, hat ohn Zweifel Satanas selbst aufgebracht, daß er uns damit von unsrer, d.h. der heiligen Schrift gar weit abbrächte und eine verzweifelte Kenntnis der Schrift uns machte. Wo doch jenes Wort weit eher also zu verstehen ist, die Schrift solle alleine durch den Geist ver-

T 13

[13] Gemeint ist Jesus in Joh. 5,39.

standen werden, durch den sie geschrieben ist, welchen Geist du nirgends gegenwärtiger und lebendiger finden kannst, denn eben in seiner heiligen Schrift, die er
geschrieben hat. So sollen wir denn danach trachten, nicht daß wir die Schrift beiseit setzen und uns auf die menschlichen Schriften der Väter richten, nein vielmehr zuerst sollen wir die Schriften aller Menschen beiseit setzen und allein an
die heilige Schrift desto mehr und desto beharrlicher unsern Schweiß setzen, je
gegenwärtiger die Gefahr ist, daß einer sie durch seinen eignen Geist verstehe, auf
daß der Brauch dieser beständigen Mühe solche Gefahr überwände und uns endlich des Geists der Schrift gewiß machte, der außer in der Schrift überhaupt nicht
gefunden wird. ...

Oder sag mir, wenn du's vermagst: wer ist der Richter, durch den eine Frage
zum Schlusse kommt, wenn die Aussprüche der Väter widereinander streiten?
Denn hier muß man nach dem Richtspruch der Schrift das Urteil fällen, und das
kann nicht geschehn, wo wir nicht den ersten Platz in allem, was den Vätern beigelegt wird, der Schrift geben, also daß sie selber durch sich selber sei die allerge-
wisseste, die leichtest zugängliche, die allerverständlichste, die, die sich selber
auslegt, die alle Worte aller bewährt, urteilt und erleuchtet, so wie es Ps.118 (119,
130) heißt: ». .. Das Offene oder die Tür deiner Worte erleuchtet und gibt Einsicht dem Einfältigen«. Hier schreibt der Geist klärlich der Schrift die Erleuchtung
zu und lehrt, Einsicht werde allein durch Gottes Worte gegeben, gleich als durch
eine Tür oder ein Offenes oder, wie sie es heißen, ein erstes Prinzip, mit dem an-
fangen muß, wer zu Licht und Verständnis eintreten will. Abermals: »Prinzip oder
Haupt deiner Worte ist die Wahrheit«. (Ps.119,160) Da siehest du, daß die Wahrheit allein dem Haupt der Worte Gottes beigelegt wird, d.i. sofern du die Worte
Gottes an erster Stelle gelernt und ihrer gleich als des ersten Prinzips gebraucht
hast zum Urteil über aller Worte. Und was tut jener ganze Psalm anders, denn daß
er die Verkehrtheit unsrer Mühe verdammt und uns zur Quelle zurückruft und
lehrt, zuerst und allein sei an Gottes Wort Mühe zu setzen, der Geist aber wolle
freiwillig kommen und unsern Geist austreiben, auf daß wir ohn Fahr Theologen
seien? ...

So sollen denn nichts denn die göttlichen Worte die ersten Prinzipien der Christen sein, aber aller Menschen Worte sind Schlüsse, die davon abgeleitet sind und
wieder darauf zurückgeführt und daran bewährt werden müssen. ... Wenn das
nicht also ist, warum gehen dann Augustin und die heiligen Väter, sooft sie streiten oder lehren, zurück auf die heilige Schrift gleich als auf das erste Prinzip der
Wahrheit und erleuchten und bestätigen mit jener Licht und Sicherheit das Ihrige als das, was dunkel und unsicher ist? Mit diesem Beispiel lehren sie durchaus,
die göttlichen Worte seien verständlicher und gewisser als die Worte aller Menschen, sogar ihre eignen. ... Ich will nicht als der gerühmt sein, der gelehrter als
alle ist, sondern ich will, daß die Schrift allein Königin sei, und daß sie nicht ausgelegt werde durch meinen Geist oder durch den andrer Menschen sonst, sondern
verstanden werde durch sich selbst und ihren eignen Geist.

Assertio omnium articulorum, in: E.Hirsch (Hg.), Hilfsbuch zum Studium der Dogmatik. Die Dogmatik der
Reformatoren und der altevangelischen Lehrer quellenmäßig belegt und verdeutscht, 1964[4], 84—85.

5. Die Bedeutung des Heiligen Geistes für die Auslegung der Schrift

Wer fragt, wie Luther zum Problem einer besonderen geistlichen oder theologischen Schriftauslegung steht, muß sich v.a. seinen Äußerungen zur »Klarheit der Schrift« (T 14) zuwenden. Luther betont gegenüber Erasmus von Rotterdam (und auch im Kampf gegen »Rom«) die grundsätzliche Klarheit der zentralen Aussage der Bibel. Um sie zu verstehen, bedarf es keiner Allegorese, keiner »Väterzitate« oder sonstiger kirchlicher Tradition[14]. Aber auch Luther weiß, daß es in der Bibel viele »dunkle« Stellen gibt. Wenn er von der Klarheit der Schrift spricht, so geschieht dies auf dem Hintergrund der Unterscheidung von Gott und Schrift Gottes: Angesichts der *Dunkelheit des verborgenen*, für den Menschen nicht begreifbaren *Gottes* betont Luther die *Klarheit der Schrift*, in der das Geheimnis des Willens Gottes öffentlich proklamiert wird[15]. Die Botschaft der Bibel ist also grundsätzlich *eindeutig*.

Luther unterscheidet nun zwischen einer äußeren und einer inneren Klarheit der Schrift: Daß die Bibel 1. von *allen* Menschen in ihrem wesentlichen Gehalt verstanden werden kann, bezeichnet Luther als *claritas externa* (äußere Klarheit, Verständlichkeit). Mit dieser Sicht der Schrift stimmt auch seine Ablehnung der Allegorese (T 15) und sein Insistieren auf dem Literalsinn der hl.Schrift (T 16) überein. — 2. Aber *nur im Geist Gottes* vermag der von Natur aus zum Verstehen geistlicher Dinge unfähige Mensch zur *claritas interna* (innere Klarheit) vorzudringen. Jemand mag die Bibel noch so gut kennen, — wenn er in ihr nicht den Willen Gottes als ihn persönlich treffendes Gericht und ihn befreiende Gnade wahrnimmt, hat er sie im Grunde nicht verstanden.

Luther unterscheidet also: Einerseits haben wir die Bibel mit allen uns zur Verfügung stehenden Mitteln (T 16) auszulegen und uns von aller spekulativen Exegese fernzuhalten. Andererseits ist das wirkliche Verständnis der Schrift allein ein durch den Hl. Geist geschenktes Werk Gottes.[16] Luther betont ausdrücklich, daß bei aller geistgewirkten, den Buchstaben erst lebendig machenden und das Heil eröffnenden Schriftauslegung der Geist selber sich eben des Mediums der Bibel bedient: Es gibt keine Schriftauslegung am Wortsinn des Textes vorbei (T 17); alle Exegese bleibt — nachprüfbar — auf den Literalsinn des biblischen Wortes bezogen (T 18).

T 14

Es sind zwei Dinge: Gott und die Schrift Gottes; nicht weniger als es zwei Dinge sind: Schöpfer und Geschöpf Gottes.

Daß in Gott viele Dinge verborgen sind, die wir nicht zu erkennen vermögen, das bezweifelt niemand, wie er auch selbst sagt vom jüngsten Tage: »Von jenem Tage weiß niemand, sondern allein der Vater.« . . .

Freilich gestehe ich, daß viele Stellen in der Schrift dunkel und verschlossen sind, nicht wegen der Erhabenheit der Dinge, sondern wegen der Unkenntnis der Worte und der Grammatik, die jedoch in nichts das Verständnis aller Dinge in der Schrift aufhalten kann. Denn was kann an Erhabenem in der Schrift verborgen bleiben, nachdem die Siegel gebrochen, der Stein von des Grabes Tür gewälzt und damit jenes höchste Geheimnis preisgegeben ist: Christus, der Sohn Gottes, sei

---

[14] Zu denken ist v.a. an die die Auslegung weitgehend normierenden Exegesen der mittelalterlichen (und spätantiken) philosophisch-theologischen Lehrautoritäten.

[15] Vgl. H. J. Iwand, Kommentar zu: M. Luther, Daß der freie Wille nichts sei. Antwort D. Martin Luthers an Erasmus von Rotterdam. Ausgewählte Werke, hg. von H. H. Borcherdt und G. Merz, 1975³, 271.

[16] Hier wäre die Bedeutung der analogen Rede Calvins vom testimonium Spiritus Sancti internum (inneren Zeugnis des Hl. Geistes) zu vergleichen.

Mensch geworden, Gott sei dreifaltig und einer, Christus habe für uns gelitten und werde herrschen ewiglich? Wird das nicht sogar in Elementarschulen bekannt gemacht und dort auch gesungen? Nimm Christus aus der Heiligen Schrift, was wirst du außerdem noch darin finden? ...

Töricht und gottlos ist es aber, zu wissen, daß alle Dinge der Schrift im klarsten Licht daliegen, und wegen weniger dunkler Worte die Sache dunkel zu nennen. Wenn die Worte an einer Stelle dunkel sind, so sind sie jedoch an einer anderen klar. Es ist aber ein und dieselbe Sache, die aufs deutlichste der ganzen Welt öffentlich verkündigt, in der Schrift bald mit klaren Worten ausgedrückt wird, bald unter dunklen Worten bisher verborgen daliegt. ...

... Was die höchste Erhabenheit und die verschlossensten Geheimnisse betrifft, so befinden sie sich nicht an einem abgeschiedenen Ort, sondern sind in aller Öffentlichkeit und vor aller Augen vorgeführt und ausgestellt. Christus nämlich hat uns den Sinn aufgetan, daß wir die Schrift verstehen. Und »das Evangelium ist aller Creatur gepredigt«. »Ihr Schall ist ausgegangen in alle Lande.« Und »alles, was geschrieben ist, das ist uns zur Lehre geschrieben«. ... Es sollen also die elenden Menschen aufhören, die Finsternis und Dunkelheit ihres Herzens der völlig klaren Schrift Gottes in gotteslästerlicher Verkehrtheit zuzuschreiben ...

Und, um es kurz zu sagen: Es gibt eine zwiefache Klarheit der Schrift, so wie auch eine zwiefache Dunkelheit, eine äußerliche im Dienst des Wortes gesetzte und eine andere, in der Erkenntnis des Herzens gelegene. Wenn du von der inneren Klarheit sprichst, nimmt kein Mensch auch nur ein Jota in der Schrift wahr, wenn er nicht den Geist Gottes hat. Alle haben ein verfinstertes Herz, so daß sie, mögen sie auch alles, was in der Schrift steht, sagen und vorzubringen wissen, trotzdem nichts davon wahrnähmen oder wahrhaft erkennten. Weder glauben sie an Gott, noch daß sie Gottes Geschöpfe sind, noch irgend etwas anderes, wie es heißt Ps.14,1: »Es spricht der Tor in seinem Herzen: es ist kein Gott.« Der Geist nämlich ist zum Verstehen der ganzen Schrift und auch nur irgendeines Teiles derselben erforderlich. Wenn du aber von der äußeren Klarheit sprichst, so bleibt ganz und gar nichts Dunkles und Zweideutiges übrig, sondern alles, was auch immer in der Schrift steht, ist durch das Wort ins gewisseste Licht gerückt und aller Welt öffentlich verkündigt.

Daß der freie Wille nichts sei. Antwort D. Martin Luthers an Erasmus von Rotterdam. Ausgewählte Werke, hg. von H. H. Borcherdt und G. Merz, 1975³, 15 — 18.

T 15 So sind wir eher der Meinung, daß weder eine Folgerung noch ein bildlicher Ausdruck an irgendeiner Stelle der Schrift zuzulassen sei, wenn nicht der augenscheinliche Zusammenhang der Worte und der Widersinn der am Tage liegenden Sache, die sich gegen irgendeinen Glaubensartikel vergeht, das erzwingt, sondern überall muß man an der einfachen reinen und natürlichen Bezeichnung der Worte haften, wie es die Grammatik und der Sprachgebrauch hält, den Gott unter den Menschen geschaffen hat. Denn wenn es jedem beliebigen gestattet ist, je nach der eignen Willkür Folgerungen und Bildreden in der Schrift zu erdichten, was wird dann die ganze Schrift anders sein, als ein Rohr, das vom Winde hin- und hergetrieben wird, oder irgendein Vertumnus? ...

Ich habe dieses beobachtet, daß alle Häresien und Irrtümer in der Schrift nicht

aus der Einfachheit der Worte gekommen sind, wie man fast auf dem ganzen Erd-
kreis verbreitet, sondern aus der Nichtbeachtung der Einfachheit der Worte und
aus den Bildreden oder Folgerungen, die man aus dem eignen Gehirn zu gewinnen sucht.

Daß der freie Wille nichts sei. Antwort D. Martin Luthers an Erasmus von Rotterdam. Ausgewählte Werke, hg.
von H. H. Borcherdt und G. Merz, 1975³, 128—129.

Darum ist vor Zeiten Origeni recht geschehen, daß man seine Bücher verbot: er **T 16**
gab sich zu sehr auf denselben geistlichen Sinn, der nicht not war, und ließ den nö-
tigen Schrift-Sinn (= sensum litteralem) fahren. Denn damit geht die Schrift unter und macht man nimmermehr grundgute Theologen. Es muß der einige recht
Häuptsinn, den die Buchstaben geben, alleine tun.

Der heilig Geist ist der allereinfältigst Schreiber und Reder, der in Himmel und
Erden ist, drum auch seine Wort nit mehr denn einen einfältigsten Sinn haben
kunnten, welchen wir den schriftlichen oder buchstabischen, Zungen-Sinn nennen. ...

Auf das überchristlich, übergeistlich und überkünstlich Buch Bock Emsers zu Leipzig Antwort 1521, in: E.
Hirsch (Hg.), Hilfsbuch zum Studium der Dogmatik. Die Dogmatik der Reformatoren und der altevangelischen Lehrer quellenmäßig belegt und verdeutscht, 1964⁴, 86.

Schrift ist nicht eitel Geist, davon sie[14] geifern, der Geist müsse es allein tun, die **T 17**
Schrift sei ein toter Buchstabe und könne nicht das Leben geben. Es heißt aber also: Obwohl der Buchstabe an sich selbst nicht das Leben gibt, doch muß es dabei
sein, und gehört und empfangen werden, und der heilige Geist durch dasselbe im
Herzen wirken, und das Herz sich durch das Wort und in dem Wort im Glauben
erhalten wider Teufel und alle Anfechtung; oder, wo er das lässet fahren, bald
Christus und den Geist gar verlieren muß. Darum rühme nur nicht viel vom
Geist, wenn du nicht das offenbarliche, äußerliche Wort hast; denn es wird ge-
wißlich nicht ein guter Geist sein, sondern der leidige Teufel aus der Hölle. Denn
der heilige Geist hat ja seine Weisheit und (seinen) Rat und alle Geheimnisse in
das Wort gefasset, und in der Schrift offenbart, daß sich niemand zu entschuldi-
gen, noch etwas anderes zu suchen oder zu forschen habe, und ja nichts Höheres
und Besseres zu lernen, noch zu erlangen ist, denn das die Schrift lehret von Jesu
Christo, (dem) Gottessohn, unserem Heiland, für uns gestorben und auferstanden.

Predigten über 1.Korinther 15, 32/33, nach: H. Feghelm (Hg.), Aussagen D. Martin Luthers zu Fragen der Auslegung der Heiligen Schrift, in: Evangelium und Wissenschaft. Beiträge zum interdisziplinären Gespräch,
Nr.4/1981, (14—21) 18.

Wir sollen uns dieses lassen angelegen sein, daß wir einen gewissen und wahren **T 18**
Verstand der Schrift haben mögen; der denn kein anderer sein kann denn (der) des
Buchstabens, Textes oder der Historie.

Predigten über 1.Korinther 15, 1532/33, nach: H. Feghelm (Hg.), Aussagen D. Martin Luthers zu Fragen der
Auslegung der Heiligen Schrift, in: Evangelium und Wissenschaft. Beiträge zum interdisziplinären Gespräch
Nr.4/1981, (14—21) 18.

Vgl. ebenfalls die Texte T 10—T 12!

6. Literaturhinweise

a) *Allgemeine Einführungen:* Vgl. neben Aland, a.a.O. (Anm.1) die Darstellung von W.Joest: Martin Luther, in: Gestalten der Kirchengeschichte Bd.6: Die Reformationszeit I, hg. von M.Greschat, 1981, 129—185; G.Ebeling, Luther. Einführung in sein Denken, 1978[3].

b) Einen *Überblick über Luthers hermeneutisches Programm* vermitteln: R.Schäfer, Die Bibelauslegung in der Geschichte der Kirche, 1980, 92—100; P.Stuhlmacher, a.a.O. (Anm.10), 90—98.

c) Zum *eingehenderen Studium* leiten an: K.Holl, Luthers Bedeutung für den Fortschritt der Auslegungskunst, in: ders., Gesammelte Aufsätze zur Kirchengeschichte I. Luther, 2./3. Aufl.1932, 545—582; G.Ebeling, Evangelische Evangelienauslegung. Eine Untersuchung zu Luthers Hermeneutik (FGLP X,1) 1942 (ND 1962) 1969; ders., Die Anfänge von Luthers Hermeneutik, in: ders., Lutherstudien Bd.1, 1971, 1—68.

II. Adolf Schlatter — »ungläubiger Kritiker« oder »kritikloser Biblizist«?

1. Leben und Werk

a. Sein Leben

Adolf Schlatter (16.7.1852 — 19.5.1938) wächst in einer Schweizer Familie auf, die sowohl durch die reformierte Tradition (mütterlicherseits) als auch durch den Pietismus (von seiten des Vaters) geprägt ist. Daß seine beiden Eltern trotz theologischer Differenzen ihre Einheit im Glauben an Jesus Christus finden und bewahren können, hat sicher zu Schlatters Toleranz gegenüber anderen theologischen Konzeptionen beigetragen. Das im Elternhaus gewonnene Verständnis für die Anliegen des Pietismus dürfte für seinen späteren Lebensweg von entscheidender Bedeutung gewesen sein.

Nachdem Schlatter auf dem Gymnasium entdeckt hatte, wie wichtig die genaue philologische Beobachtung des »Kleinen und Allerkleinsten«[1] für die Erkenntnis der gesamten Wirklichkeit ist, wird ihm die Einsicht, daß das Denken selber Gottesdienst ist und die Erkenntnis der Wahrheit zu Gott führt, weil diese Gottes Gabe ist[2], zu seinem Bekehrungserlebnis[3].

Nach dem Studium der Theologie in Basel und Tübingen (von 1871 — 1875) tritt Schlatter zunächst in den Pfarrdienst ein. Den Zugang zur Universität findet er, als der Bernische Pietismus ihm eine Privatdozentenstelle anbietet, um ein Gegengewicht zu der dort herrschenden rationalistischen Universitätstheologie zu schaffen. In seiner Berner Zeit (1881 — 1888) muß er sich aber nicht nur mit dem theologischen Liberalismus, sondern auch mit dem Vorwurf seiner pietistischen Freunde auseinandersetzen, er betreibe Bibelkritik. Schlatter wird in seinem Bemühen, den Graben zwischen theologischer Wissenschaft und pietistischem Biblizismus zu überwinden, den einen zum Biblizisten, »den sein Bibelglaube für die wissenschaftliche Arbeit untüchtig« macht, und den anderen zum »glaubenslosen Kritiker«[4].

1888 geht Schlatter nach Greifswald. Als 1892 an der theologischen Fakultät in Berlin ein Lehrstuhl eingerichtet wird, der der Vertretung einer »kirchlich orientierten« Theologie gegenüber dem Liberalismus v.a. von Harnacks dienen soll, wird Schlatter wiederum gerufen. 1897 erreicht er mit Tübingen die letzte Station seiner Wirksamkeit. Auch hierhin bitten ihn pietistische und andere »positive« Kreise, die nach einem Professor verlangen, der eine profilierte Alternative zur herrschenden liberalen Theologie verkörpert. Als 1922 mit Wilhelm Heitmüller ein Vertreter der religionsgeschichtlichen Schule als sein Nachfolger berufen wird, macht er von seinem Recht Gebrauch, auch als Emeritus weiter Vorlesungen zu halten. Erst im Frühjahr 1930 nimmt er nach seiner Lehrtätigkeit von mehr als 100 Semestern von seinen Studenten Abschied[5].

b. Sein Werk

Schlatter hat mehrere Generationen von Theologen ausgebildet, nicht nur im NT, sondern auch in der Dogmatik. Seine literarische Hinterlassenschaft beläuft sich auf über 400 Titel.

[1] A.Schlatter, Rückblick auf meine Lebensarbeit, 1977², 32.
[2] Ebd., 40.
[3] Ebd., 36f.
[4] Ebd., 49.
[5] Ebd., 245f.

Viele seiner Veröffentlichungen haben eine breite Wirkung in den Gemeinden entfaltet.

Wir wollen im folgenden von dem Schlatter absehen, der sich — beinahe umfassend — den ethischen und dogmatischen Herausforderungen seiner Zeit stellt, dessen Forschungen zum Judentum und NT heute — nachdem der Irrweg der religionsgeschichtlichen Schule immer mehr erkannt wird — erneute Aktualität gewinnen, und uns den Grundlinien seines hermeneutischen Programms zuwenden.

Charakteristisch für Schlatters Denken ist die Einsicht: der Glaube braucht das Denken, die forschende Erkenntnis und Bewältigung der Wirklichkeit nicht zu scheuen; vielmehr ist der Glaube an die Wirklichkeit verwiesen und auf deren Erforschung angewiesen. Angst vor der Wahrheit wäre Unglaube, weil eben diese — auch die wissenschaftliche Wahrheit — eine Gabe Gottes ist. Deshalb weiß Schlatter: *Glaube und Wirklichkeit gehören zusammen!* Konsequent vertritt er eine wirklichkeitsbezogene Theologie. So soll nach Schlatter von Gott nur wirklichkeitsnah und d.h.: nicht nur »rein dogmatisch« geredet werden; vielmehr müssen seine Wirklichkeit, oder vorsichtiger formuliert: Hinweise auf sein Wirken in der Geschichte und Natur aufgesucht werden. Umgekehrt muß aber auch eine sich wissenschaftlich gebende Theologie mit Gott in der Geschichte und Natur rechnen. Eine atheistische Arbeitsweise, die die Welt allein aus der Welt erklären *will*, verbietet sich daher von selbst als theologisch (von Gott als Wirk-Größe her) und wissenschaftlich (von dem Anspruch der Texte her, Gott als Realität zu bezeugen) unangemessen.

Mit seinem Gott *und* die Wirklichkeit verbindenden und ernstnehmenden Denken gerät Schlatter notwendig zwischen die Fronten. Für viele Pietisten und sog. »Positive« wird er zum Kritiker der Bibel, wenn er sie — im Vertrauen darauf, daß sich ihre historische Glaubwürdigkeit bewährt — »kritisch« untersucht. Für die akademische Theologie schließt sein auch im Bereich der Wissenschaft und Forschung praktizierter ganzheitlicher Gottesglaube echte wissenschaftliche Tätigkeit aus. Liberale wie Orthodoxe muß Schlatter brüskieren, wenn er ihre gemeinsame »Erhebung über die Schrift« anprangert: gemeinsam ist *beiden* Parteien nämlich eine dogmatisch bestimmte Sicht der Wirklichkeit, konkret: der Bibel. Wenn man aber der Erkenntnis der »Sache« eine bestimmte dogmatische Sicht überordnet, ist man — so Schlatter — nicht mehr in der Lage, den Gegenstand selbst offen und möglichst vorurteilsfrei wahrzunehmen.[6]

Unschwer ist zu erkennen, wie dieser Ansatz einer wirklichkeitsbezogenen Theologie auch Schlatters Hermeneutik bestimmt: gegenüber einem gesetzlichen Verständnis der Autorität der Bibel, das sich aus einem einseitig intellektualistischen und geschichtslosen Inspirationsverständnis herleitet und zu einer — dem Charakter der Offenbarung Gottes als gnädiger Zuwendung zum Menschen widerstreitenden — Auffassung von der Irrtumslosigkeit der Schrift hinführt, bestimmt Schlatter das Wesen der Bibel, indem er sie umfassend auf unsere Realität bezieht: ihre Inspiration ist nicht abgesondert von, sondern nur im Rahmen des geschichtlichen Wirkens Gottes zu begreifen! Ihre Autorität beruht nicht auf einem Dogma, sondern auf der Bewährung und Hilfe, durch die sie sich uns als Gabe Gottes ausweist.

Ihre Autorität ist aber nur dann wirklich ernstgenommen, wenn man bereit ist, sie kritisch, d.h. auf die Wirklichkeit bezogen zu prüfen. Eine solche kritische Prüfung und Erkenntnis der Wirklichkeit ist nur dem von dogmatischen Vorurteilen freien, zu möglichst offener Beobachtung bereiten Forscher möglich.

Deshalb darf auch die Einheit der Schrift nicht bloß ein theoretisches Postulat darstellen; vielmehr ist sie von Christus als dem Bezugspunkt der biblischen Autoren und als Mitte der Schrift her exegetisch zu bewähren.

---

[6] Ebd., 136.

2. Zu Inspiration, Autorität und Irrtumslosigkeit der Schrift

Schlatter kritisiert an der Inspirationslehre der altprotestantischen Orthodoxie vor allem, daß sie eine Alternative zwischen dem Wirken des Geistes in der Schrift und deren Geschichtlichkeit voraussetzt; — als wenn es nicht gerade der Geist Gottes wäre, der durch die Geschichte als umfassende Wirklichkeit des Gegenübers von Gott und Mensch die Inspiration der Bibel schenkt (T 19). Die Autorität der Bibel darf ebenfalls nicht gesetzlich rein dogmatisch bestimmt werden; echte Autorität gewinnt die Bibel für uns dadurch, daß sie sich an uns als Gabe Gottes bewährt (T 20). Das Postulat der Unfehlbarkeit der Schrift spricht der Bibel eine Eigenschaft zu, die allein Gott gebührt. Darüberhinaus stellt es einen Streit gegen Gottes Gnade dar, — wird hier doch in Konsequenz einer bestimmten Inspirationslehre gefordert, daß Gott sich jenseits von allem Menschlichen offenbare. Gottes gnädige Herablassung (Kondeszendenz) bezieht den Menschen aber ganz bewußt mit seinen Schwächen, seiner Fehlbarkeit und Irrtumsfähigkeit in die Offenbarung ein (T 21).

Die Herkunft der Schrift aus dem Geist. Die Inspiration bringt ... nicht einzelne **T 19** Bewußtseinsvorgänge hervor, sondern sie gestaltet den Menschen so, daß er Gottes Wort zu sagen vermag. Solange die Inspiration nur als Mitteilung von Erkenntnissen gefaßt wird, hat die Inspirationslehre noch die Entzweiung zwischen Gott und den Menschen in sich und arbeitet mit der aus der vorchristlichen Zeit stammenden Gedankenform, die sich Gott und den Menschen als verfeindet denkt. Darum wird der Geist, weil er heilig und Gottes ist, zum Zerstörer des Menschlichen. Zur Wirksamkeit des Geistes sei die Passivität des Inspirierten erforderlich; sein eigenes Bewußtsein gehe unter und sein eigener Wille höre auf; er werde bewegt wie die Leier durch den Spieler, wie die Feder durch den Schreibenden. So gefaßt bleibt der Inspirationsvorgang ein vereinzeltes Erlebnis, das sich zwischen die übrigen seelischen Vorgänge hineinschiebt. Der einheitliche Zusammenhang der Lebensakte wird durch ihn unterbrochen.

Hier ist der Geistbegriff noch nicht am Christus gemessen, weder an dem, was wir an ihm selber wahrnehmen, noch an dem, was er uns als Gnade Gottes gewährt. An Jesus tritt uns die Beziehung des göttlichen Gebens zum menschlichen Empfangen in ihrem normalen Bestand entgegen; der Geist in seiner Fülle schafft an ihm die Menschlichkeit in ihrer Vollständigkeit. Diese entsteht aus dem Geist als von Gott gewollt und wird in die lebendige Aktivität versetzt, daß sie ihm dient. Daher wird der Mensch in der Gottmenschheit nicht zur Bewußtlosigkeit und Passivität entkräftet, sondern zur Tat befähigt und berufen, durch die der Welt die göttliche Gnade widerfährt. Ebenso teilt die Verheißung Jesu den Glaubenden den Geist so zu, daß sie durch ihn geboren, nicht vernichtet werden. Sie sollen vom Geist ihr Leben haben, nicht als willenlose Werkzeuge zu Leistungen gebraucht werden, die ihrem eigenen Bewußtsein und Willen fremd bleiben.

Solange der unversöhnte Zustand das Bewußtsein des Menschen bestimmt, erscheint der Gedanke, daß Gott den Menschen so berühre, so daß der Mensch lebendig werde, als unglaublich; nur dann sei eine göttliche Offenbarung denkbar, wenn der Mensch in der Gemeinschaft mit Gott zum dinglichen Werkzeug entwertet werde. Darum beschränkt dieser Inspirationsbegriff das Wirken des Geistes nur auf den Intellekt und reduziert Gottes Gabe auf die Spendung von Gedanken. Wenn nur das Denkvermögen den Ort bildet, in dem sich Gott bezeugt, so ist es möglich und sogar wünschbar, daß der Mensch selbst entschlafe und einzig sein Denkvermögen funktioniere, jetzt unter der Leitung des Geistes. Weil aber Gottes Gnade nicht bloß unseren Gedanken, sondern uns gilt und seine Berufung uns nicht nur Erkenntnis, sondern Gemeinschaft des Willens und des Werks mit ihm verleiht, wirkt Gottes Geist auf den Menschen nicht so, daß er ihn tötet, sondern so, daß er ihn belebt. ...

Allein dieser Glaube verstand sich selber nicht, wenn er den Anschluß an Gott dadurch finden wollte, daß er den Menschen aus Gottes Offenbarung und Regierung entfernte. Denn der Glaube wird nur dadurch möglich, daß in Gottes Licht nicht alles andere dunkel wird, sondern der Mensch zum Leuchten kommt und an Gottes Sprechen der Mensch nicht verstummt, sondern selbst zum Sprechen gelangt und in Gottes Dienst denken und reden lernt und aus Gottes Offenbarung nicht die Einsamkeit Gottes erfolgt, so daß er für nichts Raum hätte als für sich selbst, sondern die Versetzung des Menschen in die Lebendigkeit und Tätigkeit, die Gott ihm verleiht. Verliefe Gottes Offenbarung anders, so könnten wir ihm nicht glauben, nicht Gottes Gnade als den Grund erfassen, aus dem sich unser Leben ergibt.

... Unser Denken und Wollen hat sich im Verkehr mit der Schrift auf Gott zu richten, aber nicht über die Menschen hinweg, sondern durch ihren Dienst hindurch.

Aus der vom menschlichen Lebensakt abgeschiedenen Inspiration entstand die Absonderung der Schrift von der Geschichte, die so für das Wirken des Geistes nicht nur als gleichgültig, sondern als hinderlich erscheint und darum nicht nur ignoriert, sondern bestritten wird. Darum erfolgte der Gegenstoß gegen die alte Inspirationslehre von der Beobachtung aus, daß an den biblischen Männern und Büchern eine Fülle geschichtlicher Beziehungen und Abhängigkeiten sichtbar sind und Werdeprozesse sie formen.

Das führte die Polemik gegen die ältere, aus dem Geist abgeleitete Schriftlehre zu Formeln, die die Bedeutung der Bibel nur durch ihre geschichtlichen Eigenschaften begründen, nur dadurch, daß sie Urkunden über die Offenbarung enthalte und aus Dokumenten bestehe, die uns die Anfänge der Kirche erkennbar machen. Allein die Annahme eines Gegensatzes zwischen der Geschichte und dem Werk des Geistes ist ebenso falsch, wenn der Geschichte wegen der Geist bestritten, als wenn des Geistes wegen die Geschichte beseitigt wird.

Vielmehr sind richtige Pneumatik und richtige Historik unlöslich beieinander. Durch die Geschichte, in der die biblischen Männer stehen, werden sie die Empfänger des Geistes. Die Inspiration der Apostel hat ihre Sendung durch den Christus zur Voraussetzung und erwächst aus dieser Geschichte. Wiederum führt sie der Geist in die Geschichte hinein, nicht aus ihr heraus, weil er keine Entleerung und Unterbindung des menschlichen Lebens wirkt, sondern Menschen hervorbringt, deren Denken und Wollen aus Gott stammt, weil sie denken, was Gott denkt, und wollen, was Gott will. Darum schafft er auch Geschichte, d.h. Zusammenhang und Bedingtheit des einen durch den anderen, ihre Vereinigung in eine Gemeinde, in der die vielen mit- und nacheinander in eine Traditionskette eingefügt und durch das Gesamtleben gestaltet sind. Das ist keine Minderung ihrer geistlichen Art und Kraft, sondern das vom heiligen Geist Gewollte und Hervorgebrachte. Deshalb besteht auch die wirksame Macht der Schrift darin, daß sie, wie sie aus der Geschichte stammt, auch wieder Geschichte schafft und unseren Gedanken- und Willenslauf so an das dort Geschehene anheftet, daß unser eigenes Leben aus ihm seinen Grund und Inhalt bekommt.

Das christliche Dogma, 1977[3], 364 — 368

Die Autorität der Schrift. Mit dem Satz, der den Geist den in der Schrift Redenden **T 20** nennt, ist die Beziehung beschrieben, in der sie zu Gott steht; aus ihr ergibt sich ihre Autorität, womit wir ihr Verhältnis zu uns ordnen.... Das richtige Verhalten besteht für uns somit darin, daß wir unser Denken und Wollen für die Schrift öffnen, ihr glauben und gehorchen. ... Alle gebrochenen Formeln sind beseitigt, sowie uns durch die Schrift die göttliche Wahrheit und Gnade vermittelt wird, und das tut sie so gewiß, als sie uns den Christus zeigt.

Dadurch ist aber auch der Autoritätsbegriff, mit dem wir unser Verhältnis zur Schrift ordnen, dagegen geschützt, daß er nach dem eigensüchtigen Herrscherwillen des Menschen bestimmt werde. Mit der alten Inspirationslehre war diese Verkehrung des Autoritätsbegriffs untrennbar verbunden; wie sie durch die Aussagen über das Wirken des Geistes die Gnade Gottes bestritt, so dachte sie auch bei der Herrschaft der Schrift nur an die Machtübung. Aber nur dann, wenn wir der Autorität der Schrift in der göttlichen Gnade ihren Grund und ihre Regel geben, ist sie schriftgemäß bestimmt und so gefaßt, wie sie sie für sich beansprucht und ausübt. Die falsche, zur herrischen Sucht verdorbene Autorität übt ihre Macht gegen uns aus, uns zur Bindung und Verarmung; die echte, aus Gott stammende Autorität begründet sich dadurch, daß sie belebt und kräftigt, und gewinnt durch ihre Gabe ihr Recht an uns und ihre Macht über uns.

Fleischlich ist die Autorität der Schrift verstanden, wenn ihr Wort uns als Ersatz für unsere Erkenntnis dienen soll, so daß wir selber nichts von Gott wissen, aber den Bibelspruch nachsagen und, statt zu erkennen und anderen zur Erkenntnis zu helfen, bloß zitieren. Göttlich ist die Autorität der Schrift, weil sie uns das Mittel darreicht, durch das wir selber Gottes Regierung sehen. Fleischlich ist die Autorität der Schrift mißbraucht, wenn wir uns zu einem Gehorsam gegen sie zwingen oder zwingen lassen, der keine Begründung in uns hat, sondern in einer blinden Unterwerfung unter ein fremdes Gebot besteht. Göttlich ist ihre Autorität deshalb, weil sie uns zum eigenen guten Willen hilft, durch den wir Gott und den Nächsten dienen. Darum ist die Ausbildung derjenigen Funktionen, durch die wir uns das Schriftwort aneignen, sowohl die der Beobachtung als des Urteils, niemals eine Schädigung ihrer Autorität, sondern sie verlangt von uns diese Arbeit, macht sie uns zur Pflicht und befähigt uns für sie. Der Schriftgebrauch des alten Protestantismus war in dieser Richtung nicht normal; denn das nur nach Ruhe verlangende Streben hat sich auch hier vorgedrängt. Gottes Geist soll den Menschen zur Ruhe bringen, wie den Schreibenden, so auch den Lesenden. Er hat nur zu hören. Das Wort wird zeitlos gemacht, ist also unmittelbar zu ihm geredet, so daß er sich sofort unter dasselbe glaubend zu beugen hat. Das Urteil, das erst durch eine verstehende Vermittlung hindurch die Aneignung des Schriftworts vollzieht, weil es im Vergangenen das Gegenwärtige und im Menschlichen das Göttliche erkennen muß, wird nur als Erschwerung des Glaubens empfunden und möglichst beschränkt. Die Führer der Reformation, Luther wie Calvin, haben die Nötigung, ein Urteil zu bilden, in sich erlebt und, da sie die befreiende Macht des Glaubens erfahren haben, auch den Willen und das Vermögen zum Urteil besessen. Ihre Genossen und Nachfolger waren aber schwächer; nun überwiegt die Gebundenheit. Aber durch die Lähmung der aneignenden Funktionen entgeht uns die Schrift und wird zum toten Besitz, der kein Eigentum herstellt, weder im Erkennen noch im Wollen. So wird die Autorität der Schrift gebrochen, da sie so nicht mehr als Autor und Urheber unserer Lebensbewegung an uns wirksam werden kann. Die Beugung, in die sie uns sich gegenüber versetzt, ist nur dann normal, wenn sie mit der Anspannung der Energie, die nach ihr greift, verbunden ist.

Das christliche Dogma, 1977³, 372 — 373.

T 21 *Die Unfehlbarkeit der Schrift.* Die Sorge, die die Kritik der Schrift als unfromm meidet, hat ihren letzten, stärksten Grund im selben Postulat, das auch an Jesus gerichtet wird und zu dem uns der Gottesgedanke zu berechtigen scheint, daß die Schrift unfehlbar sei und uns deshalb zu keinem anderen Verhalten berufe als dazu, daß wir sie bejahen; jede Verneinung einer Schriftaussage sei in sich schon die Bestreitung ihrer Inspiration und ihres Ursprunges aus Gott. . . . Der Glaube, den wir der Bibel schulden, bestehe also darin, daß wir ihr die Unfehlbarkeit Gottes zutrauen. Aber dieses Postulat gestattet sich wie in der Beurteilung Jesu, so auch in der der Bibel den Streit gegen Gottes Gnade; denn es erfindet eine Offenbarung, die Gott abseits und geschieden vom Menschen enthüllen soll. Eine solche Offenbarung, bei der der Mensch verschwindet, hat uns Gott nicht gegeben wegen des Reichtums seiner Gnade, nicht aus Schwäche, sondern sich zur Verherrlichung. Denn nicht das ist Gottes Herrlichkeit, daß er vor uns den Beweis führt, daß er ein fehlloses Buch verfassen kann, sondern das, daß er den Menschen so mit sich verbindet, daß sie als Menschen sein Wort sagen. . . .

Unfehlbarkeit ist das Merkmal Gottes; sie ist aber auch nur das Merkmal Gottes und überträgt sich nicht auf die Menschen, die in Gottes Dienst stehen. Nicht die Schrift, sondern der die Schrift gebende und durch sie uns berufende Gott ist unfehlbar. . . . Demgemäß gibt auch uns die Schrift Unfehlbarkeit nicht so, daß sie uns ein unbegrenztes Wissen gäbe, wohl aber dadurch, daß sie uns in die Verbundenheit mit Gott setzt, der Licht ohne Finsternis ist und uns auf der geraden Straße zu Gottes sicherem Ziel führt. Darin besteht die Fehllosigkeit der Bibel, daß sie uns zu Gott beruft. . . .

Um uns dieses Zusammensein von Kraft und Schwachheit, von Licht und Dunkelheit in der Schrift zu verdeutlichen, können wir an den Unterschied zwischen der Schöpfung und der Erhaltung denken. Die Empfänger eines göttlichen Berufs erhalten eine neue Gabe, die sie über die ihnen vorangehende und nachfolgende Gemeinde stellt. Ein kreatorischer Akt Gottes rüstet sie aus. Aber ein Teil ihres Bewußtseins steht gleichzeitig in Einheit mit dem, was ihnen vorangeht und um sie her besteht. Dahin gehören z.B. bei den Propheten nicht nur ihr Naturbild und die geschichtliche Tradition, die sie über die Vorzeit haben, sondern auch ein großer Teil der Vorstellungen, mit denen sie von der Gegenwart aus das Endziel Gottes benennen. Diese Zusammenhänge, die den Träger göttlichen Worts mit seiner Zeit verbinden, werden durch das Wirken des Geistes in ihm nicht zerrissen, vielmehr gestiftet. Denn sie sind ihm unentbehrlich, weil dadurch die Gemeinschaft entsteht, die den Boten Gottes mit denen verbindet, die ihn hören sollen. So bleibt er ihnen verständlich und sie ihm und es entsteht so Geschichte als ein zusammenhängender Lebensprozeß. Aber dieses das Vorhandene bewahrende Gestalten, das den Empfänger des göttlichen Worts mit seiner Umgebung in Verbindung erhält, hat zugleich einen kreatorischen Akt in sich, der ihn zum Erreger einer neuen Bewegung macht.

Die Wahrnehmung, die unseren Gebrauch der Schrift zu ordnen hat, ist die, daß sie sich in ihrer geschichtlichen Art und Bestimmtheit als die göttliche Gabe bewährt, durch die uns Gottes Wahrheit und Gnade vermittelt werden. Dadurch, daß sie uns zu Gott hinwendet und uns in seine Gemeinschaft stellt, verschafft sie uns die Leitung des Geistes, der in die ganze Wahrheit führt, und tut uns ihre Unfehlbarkeit kund, die darin besteht, daß sie uns zum Unfehlbaren bringt, zu Gott.

Das christliche Dogma, 1977[3], 375 — 378.

3. Legitimität und Notwendigkeit der kritischen Prüfung der Bibel

Die Bewährung der Bibel setzt selbstverständlich deren kritische Prüfung voraus (vgl. T 20). Wenn die Geltung der Schrift auf ihrem Inhalt beruht, dann bedeutet solche Kritik aber keine Schmälerung, sondern gerade ein Ernstnehmen und Anerkennen des Anspruches und der Autorität der Bibel (T 23). Glaube und Kritik gehören daher für Schlatter untrennbar zusammen (T 22). Wie der auf Gott als Wahrheit und Wirklichkeit vertrauende Glaube solche kritische Prüfung nicht zu scheuen braucht und nicht fliehen soll, so lehnt Schlatter doch energisch eine Form der historischen Kritik ab, die dadurch, daß sie den Gottesgedanken von vornherein als irrelevant für die Erkenntnis der Wirklichkeit ausschließt, den Aussagewillen der biblischen Texte entscheidend beschneidet und die darum als destruktiv zu bezeichnen ist (T 24; vgl. 4.).

T 22

Trotz der Urteile, die mich gleichzeitig zum kritiklosen Biblizisten und zum glaubenslosen Kritiker machten, schien mir mein Verhältnis zur Bibel einheitlich und durchsichtig zu sein. Was mich an sie band, war die Geschichte, an der sie uns beteiligt und durch die sie uns unseren eigenen Anteil an Gott verleiht. Darum entstand mir an der Schrift Glaube und Gehorsam. Die Geschichte wird aber nur von demjenigen Auge richtig aufgefaßt, das kritisch geschult ist. Um das von der Schrift Erzählte richtig zu sehen, müssen wir auch auf die Grenzen achten, die die Geltung ihrer Aussagen beschränken. Für mich schieden sich deshalb die beiden Betätigungen — der Glaube und die Kritik — nie in einen Gegensatz, so daß ich das eine Mal bibelgläubig, das andere Mal kritisch gedacht hätte, sondern ich dachte deshalb kritisch, weil ich an die Bibel gläubig war, und war deshalb an sie gläubig, weil ich sie kritisch las.... Mit Polemik war meine Schriftforschung nicht verwoben; denn sie begehrte nichts als den wahrheitstreuen Vollzug der Beobachtung. Ebenso dachte die Fakultät beim »Glauben« nur an die durch das Gesetz erzwungene Annahme eines vom Gesetz verlangten Gedankens. Von einem solchen Nomismus[7] war aber für mein Auge der Glaube gänzlich getrennt, da er in der Wahrnehmung des göttlichen Werks seinen Grund besitzt.

[7] Nomismus ist eine vom »Gesetz« bestimmte Denkweise.

Weder den Glauben an die Schrift noch das Urteil über sie konnte ich preisgeben, weil mir beide durch die Kenntnis Jesu zugewachsen sind. Wäre ich unfähig geworden, die Schrift über alles andere zu stellen und mich von ihr unterweisen zu lassen, so hätte ich den Christus verloren. Denn mit Jesus bringt uns nur die Schrift in Gemeinschaft; die Kirche verschafft sie uns deshalb, weil sie die Schrift hat. Hätte mich das Urteilsvermögen verlassen, das Wirkliches als wirklich, Poetisches als poetisch, Jüdisches als jüdisch, Griechisches als griechisch faßt, so hätte ich wieder auf den Christus verzichtet und mich von der Geschichte gelöst, die uns Gottes Gnade bereitet hat. . . .

Rückblick auf meine Lebensarbeit, 1977², 82f.

T 23 Aus der quietistischen Richtung[8] des Glaubens entsteht die Unfähigkeit zur kritischen Arbeit, die immer und notwendig ein Widerspruch gegen die Autorität der Schrift sein soll.

Die Kritik der Bibel wird aber auf zwei Stufen zu unserem Beruf, als historische und als dogmatische Kritik. Die historische Kritik stellt das Verhältnis der biblischen Aussagen zu dem sie formenden Geschichtslauf fest. Indem wir uns ihren Ort in der Geschichte verdeutlichen, machen wir uns klar, wie weit ihre Wahrheit reicht und wo sie endet, welche Geltung der uns beschäftigenden Aussage zukommt und welche ihr nicht zukommt. Wir brauchen aber auch dann ein messendes Urteil, wenn wir das Schriftwort auf uns selbst beziehen; da muß wieder festgestellt werden, was es im Verhältnis zu der uns selbst gestaltenden Geschichte bedeutet, und das Urteil ist auch hier nach seinen beiden Zweigen zu entfalten, so daß wir uns sowohl verdeutlichen, wann und warum das Schriftwort für uns gilt, als wann und weshalb es nicht für uns gilt.

Diese Arbeit wird oft zweckwidrig und schlecht besorgt. Die historische Kritik produziert willkürlich Gebilde, setzt an die Stelle des Geschehenen Konjekturen [Vermutungen] und bedeckt die Schrift mit wissenschaftlichen Dichtungen. Die dogmatische Kritik ist von der Gefahr begleitet, daß das Urteil durch unseren falschen Willen bestimmt sei und die Geltung der Schrift gerade da außer Kraft setze, wo der Gehorsam gegen sie für uns die dringende Wichtigkeit hätte. Dann haben wir uns, vielleicht ohne Einrede gegen ihre Autorität, vielmehr zusammen mit ihrer theoretischen Anerkennung, die Überordnung unseres Dogmas über das Schriftwort erlaubt. Die Tatsache ist offenkundig, daß sich die Christenheit beständig durch Auflehnung und Kampf gegen die Schrift verfehlt.

Wir überwinden jedoch die Gefahr, die aus der für das Verständnis der Schrift gerichteten Arbeit entsteht, nicht dadurch, daß wir die Arbeit einstellen. So ginge uns die Schrift vollends verloren und würde, wenn auch vielleicht formell verehrt, tatsächlich aus der Reihe der uns bestimmenden Motive ausgeschlossen. Um das Schriftwort in uns zu empfangen, müssen wir es hören und dies so, daß wir im Hören unterscheiden lernen zwischen dem, was wir zu bejahen haben, und zwischen dem, was für uns sei es überhaupt vergangen, sei es jetzt noch nicht verwendbar ist.

Da aber diese Arbeit dazu geschieht und dazu unerläßlich ist, damit wir mit be-

---

[8] Quietismus ist ein widerstandsloses Hinnehmen aller Dinge; »quietistisch« ist darum eine duldende, inaktive Haltung.

gründetem Glauben und freiem Gehorsam das Schriftwort in uns tragen, ist sie keine Schmälerung, vielmehr die Anerkennung ihrer Autorität. Dazu ist nur erforderlich, daß der die Kritik leitende Wille darauf ziele, die uns von der Schrift angebotene Gabe in unseren Besitz zu bringen, und nicht darauf, uns von der Schrift zu befreien.

Das christliche Dogma, 1977[3], 373 — 374.

Der Titel »Beiträge zur Förderung christlicher Theologie«, den ich der Sammlung gab, drückt genau aus, was ich wollte. Wir nannten, indem wir sagten, unsere Theologie solle christlich sein, die Grenze, bis zu der unsere Mitarbeit reichen sollte. Sie war absichtlich über alle bestehenden Parteibildungen hinausgeschoben. Der Titel sollte aber aller theologischen Sekten- und Schulbildung den Kampf ansagen, freilich zugleich auch feststellen, daß wir die Wissenschaft nicht als das Mittel verstanden, um das Christentum zu überwinden. Wo der Widerspruch gegen Jesus und der Angriff gegen die Schrift das bestimmende Motiv der wissenschaftlichen Arbeit wird, da sollte für uns die Gemeinschaft enden. Wir machten aber die kritische Kraft unseres Titels nicht einzig gegen unsere Gegner geltend, sondern wandten sie zuerst gegen uns selbst und wollten uns beständig durch sie an das hohe Ziel erinnern, das sich die Kirche unvermeidlich stellt, sowie sie eine Theologie ausbildet, eine solche, die die ihrige ist, nicht gegen sie gerichtet wird, sondern von ihr selbst als ein Teil ihres Gottesdienstes betrieben wird.

T 24

Rückblick auf meine Lebensarbeit, 1977[2], 170.

4. Genaue und offene Beobachtung als entscheidende Maxime jeder Schriftauslegung

Die Erkenntnis der Wirklichkeit, auch und gerade der Wirklichkeit Gottes, setzt allein die Bereitschaft zu offener, von dogmatischen Einstellungen möglichst unbelasteter und exakter Wahrnehmung voraus. Das Problem einer geistlichen Schriftauslegung taucht für Schlatter hier nicht auf. Stammt die hl. Schrift aus der Geschichte, in der und durch die Gott wirkt, so wird man der Bibel genau dann und nur dann gerecht, wenn man sich der Erforschung dieser Geschichte zuwendet. Jegliches (!) Dogma, das sich auf die Erkenntnis der Wirklichkeit präfigurativ auswirkt, sei es nun orthodoxer oder liberaler Herkunft, lehnt Schlatter als »Erhebung über die Schrift« ab (T 25; T 26; T 31). In diesem Zusammenhang gehört die Auseinandersetzung Schlatters mit der These, Theologie als Wissenschaft müsse sich einer atheistischen Methode bedienen. Dieser sog. »methodische Atheismus«, der die Erklärung der Welt allein aus der Welt postuliert, stellt für Schlatter eine unwissenschaftliche, weil dogmatisch-weltanschauliche Setzung dar, die zudem den Texten und ihrem Anspruch auf Wissen um eine umfassendere Wirklichkeit nicht gerecht wird (T 27 — T 30).

Die »auf der Schrift stehende« und über sie emporfahrende Meisterschaft des Theologen lehnte ich in allen Formen ab, die orthodoxe wie die rationale, die dogmatisch spekulierende wie die historisch-kritisierende. In der Erhebung über die Schrift sah ich das Einheitsband zwischen den beiden Gegnern, mit denen ich stritt.

T 25

Rückblick auf meine Lebensarbeit, 1977[2], 133.

T 26 In der Überordnung von religiösen und historischen Überlieferungen über die Schrift sah ich die Ursache, die die Erschütterungen in unserer Christenheit hervorbrachte; somit waren sie nicht dadurch zu überwinden, daß auch ich mich über die Schrift erhob und den Leser mit mir in eine »wissenschaftliche« Höhe hinauftrug, von der aus er nun sein Verhältnis zur Schrift zu regeln versuchte; sondern nur dadurch konnte die Befreiung von unseren Schwankungen erreicht werden, daß der Durchbruch durch den ganzen Schwarm von Meinungen gelang und dem Auge der Zugang zu dem verschafft wurde, was uns die Bibel selber zeigt.

Rückblick auf meine Lebensarbeit, 1977[2], 136.

T 27 Ein gelegentliches Scheltwort des badischen Pfarrers Paul Jäger gegen Lütgert, das die »atheistische Methode« von den Theologen forderte, beschäftigte mich über den kleinen Aufsatz hinaus, mit dem ich Jägers Forderung ablehnte. War nicht die Eile meines Arbeitens, die alles unfertig ließ, dadurch bedingt, daß ich nicht »atheistisch« denken, sondern Theologe sein wollte? Es gibt keinen eiligeren Flug als den, den wir unserem Blick dann zumuten, wenn er die Welt überfliegt und zu Gott aufsteigt. Soll aber unsere Wissenschaft das in der Welt Geschehende erfassen, so braucht sie Ruhe, die nach unten gesenkte Liebe, die sich in das Kleine und Allerkleinste mit nie rastendem Fleiß vertieft. Mußte ich nicht die Welt vergessen, um mich für Gott zu öffnen, dann aber auch Gott vergessen, um für die Welt offen zu sein? Aber die Nötigung, diesen Gedanken abzuweisen, setzte sich immer wieder in mir durch. Denn es gibt keine Bewegung zu Gott, die uns von dem schiede, was sich uns als Gottes Werk zeigt. Die doppelte Richtung unseres Blicks, die ihn zur Welt und zu Gott hin wendet, ist uns unaufhebbar aufgegeben, parallel mit der doppelten Richtung der Liebe, die wir Gott und den Brüdern schulden. Denn wir können weder Gott von seinen Werken noch seine Werke von Gott trennen, weshalb wir die Liebe, die uns zur Welt wendet, mit der Liebe empfangen, die auf Gott gerichtet ist.

Rückblick auf meine Lebensarbeit, 1977[2], 224.

T 28 Folgen wir nun Jäger dahin, wohin ihn sein Interesse zieht: warum verlangt die Religionsgeschichte die atheistische Methode? Mit erfreulicher Klarheit stellt er uns seine Forderung nicht als eine theoretische Gewißheit, als einen wissenschaftlichen Lehrsatz u.dgl., sondern als einen Entschluß vor: »Wir wollen« die Welt aus der Welt erklären; das wissenschaftliche »Leitmotiv« sei rein immanent gedacht, d.h. so, daß die Gottesfrage überhaupt nicht aufkommen darf. Ich heiße das erfreulich, weil damit die absolute Wissenschaft, reine Vernunft u.dgl. verabschiedet ist. Eine wichtige Erwerbung unsers heutigen Erkennens ist damit von Jäger aufgenommen; auch er ist auf die engen Beziehungen zwischen dem Gedanken- und Willensverlauf aufmerksam. Jedes Denken hat ein Wollen in sich, so daß in unserer Wissenschaft erscheint, was »wir wollen«.

Atheistische Methoden in der Theologie, in: ders., Zur Theologie des Neuen Testaments und zur Dogmatik. Kleine Schriften, hg. von U. Luck, 1969, (134 — 150) 140.

T 29 Allein, auch wenn wir uns die wissenschaftliche Energie, die in der atheistischen Stimmung lebt, noch so sehr verdeutlichen und uns ihre Macht über den Kreis der zeitgenössischen Arbeiter im Bereich des Wissens gegenwärtig halten: damit hat jener Wille: »wir wollen die Religion aus der Welt erklären« noch keinen legitimen Grund. Was uns als Mitgliedern der universitas litterarum [wissenschaftlichen Welt] als unzerreißbare Pflicht obliegt, ist, daß wir in dem uns zugewiesenen Arbeitsbereich zum Sehen, zur keuschen, sauberen Beobachtung, zum Erfassen des wirklichen Vorgangs, sei er ein geschehener, sei er ein jetzt geschehender, gelangen. Das ist das ceterum censeo [die unumgängliche Bedingung] für jede Universitätsarbeit. Wissenschaft ist erstens Sehen und zweitens Sehen und drittens Sehen und immer und immer wieder Sehen. Von diesem Beruf entbindet uns nichts, was immer auch auf den übrigen wissenschaftlichen Arbeitsfeldern geschehen mag. Gesetzt die atheistische Stimmung des Naturforschers entstände an der Naturforschung mit zwingender Notwendigkeit, oder der Kulturhistoriker erzeugte an seiner Beobachtungsreihe völlig legitim und unvermeidlich eine Skepsis, etwa in Montaignes Art: niemals wäre dadurch schon der atheistische Theologe legitimiert, niemals uns die Pflicht abgenommen, vor unserm eignen Arbeitsgebiet mit offener Beobachtung zu stehn. Die Arbeitserträge der Kollegen mögen für uns die größte Bedeutung haben; vielleicht schaffen sie Probleme von schwerster, ja unlöslicher Dunkelheit: der Theologe bleibt verpflichtet, den ihm anvertrauten Bereich des Geschehens mit entschlossener Hingabe an sein eigenes Objekt aufzufassen. Zum Atheismus kann er nur kommen an der Beobachtung des religiösen Geschehens selbst. Borgt er denselben aus der allgemeinen Stimmung oder aus der Naturwissenschaft, so schändet ihn sein Atheismus. Wäre die Theologie eine Allerweltswissenschaft, wie die ältere Philosophie, so müßte sie freilich borgen und betteln gehn. Es gibt aber ganz bestimmte Ereignisse, die sowohl für die Menschheit als im Einzelleben die Gewißheit Gottes erzeugen, mit denen sie verbunden ist und in denen sie ihre Wirkung tut. Diesen Ereignissen schulden wir als Theologen ein Auge, das nicht durch ein erborgtes Leitmotiv verfälscht ist, sondern mit runder Hingabe an sein Objekt dieses selbst zu fassen sucht. Wäre es so, daß der Naturforscher nirgends Anlaß hätte, den Gottesgedanken zu bilden; wäre es so, daß der Historiker nirgends auf Vorgänge stieße, die über den Menschen hinausweisen, nirgends auf ein Gesetz, das größer ist als des Menschen Wille, nirgends auf ein Gericht, das menschliches Wollen als Sünde zerbricht; wäre es so, daß auch im theologischen Beobachtungsbereich nirgends ein begründetes Gottesbewußtsein entstände, nirgends als — sagen wir einmal: in der Weise, wie Jesus in Gott lebte, hier aber entstände es als unleugbare Wirklichkeit mit einer vom Theologen die Zustimmung fordernden Macht: so wäre zwar die Basis und der Inhalt der Theologie klein, aber die atheistische Theologie zerstört. Jäger will dagegen nicht wahrnehmen; er weiß a priori, daß er es in Jesus nur mit dem Menschen zu tun hat. . . .

Atheistische Methoden in der Theologie, in: A. Schlatter, Zur Theologie des Neuen Testaments und zur Dogmatik. Kleine Schriften, hg. von U. Luck, 1969, (134 — 150) 142 — 143.

Wenn wir . . . die Religion aus der Welt erklären wollen, so stellen wir uns bei der Beobachtung von Anfang und konsequent in einen radikalen Widerspruch mit unserm Objekt, das eben nicht aus der Welt erklärt sein will, sondern den Gottesgedanken laut und beharrlich geltend macht. Unser Objekt will, daß wir an Gott denken; der Beobachter will »ohne Zuhilfenahme des Gottesgedankens« denken.

T 30

Der schroffe Willenskonflikt ist da; können wir trotz desselben noch wahrnehmen? Und je mehr wir nicht nur beobachten, sondern erklären wollen, je mehr das Objekt in unser fertiges Schema hineingezwungen werden soll, umso stärker wird die wissenschaftliche Karikatur; umso sicherer verwandelt sich die angebliche Wissenschaft in Polemik gegen ihr Objekt, und es entsteht der nicht das Geschehene, sondern den Historiker bekundende Roman.

Atheistische Methoden in der Theologie, in: A. Schlatter, Zur Theologie des Neuen Testaments und zur Dogmatik. Kleine Schriften, hg. von U. Luck, 1969, (134 — 150) 148 — 149.

T 31 Die fortschrittliche Bewegung war . . . für mich mit der Bemühung eins, tiefer in die Schrift hineinzukommen, ihr Wort richtiger aufzufassen und die Bedingungen dazu zu schaffen, daß ihr ein unbefangenes Ohr zugewendet werde, das sie nicht sofort mit den vorhandenen Traditionen vermengt, sondern unsere eigenen Gedanken mit entschlossenem Gehorsam beiseite stellt, um ihre Aussage zu vernehmen. Das ergab meinen »Biblizismus«, der verlangt, daß bei der Lesung des Neuen Testaments keiner anderen Stimme Raum gewährt werde als dem Text allein.

Rückblick auf meine Lebensarbeit, 1977[2], 124.

5. Einheit und Mitte der Schrift

Auch die Behauptung der Einheit der Schrift darf nicht zum rein dogmatischen und leeren Formalprinzip werden, das zur Bevormundung der biblischen Autoren ausartet. Die Einheit der Schrift ist vielmehr von Christus als ihrer Mitte her zu bestimmen. Sie erweist sich dadurch, daß die Geschichte, die sie schuf, in Christus ihre Einheit hat. Auch hier denkt Schlatter also nicht dogmatisch im Sinne einer das Denken und Erkennen hemmenden Einstellung, sondern er argumentiert wirklichkeitsbezogen und theologisch durch den Bezug auf die »Geschichte des Christus«. Von Christus als der Mitte der Schrift her ist es für Schlatter dann auch möglich und legitim, im biblischen Schrifttum verschiedene Grade theologischer Bedeutung zu unterscheiden.

T 32 Einheit ist für die Schrift nötig, damit sie uns als Gottes Wort erkennbar sei und diene. Denn Einheit ist Gottes Merkmal, darum das Gesetz, das unserem Denken gegeben ist, das am Widerspruch verdirbt, und das Gesetz, das unserem Willen gegeben ist, der nicht gut ist, wenn er uns entzweit und den Hader schafft, und das Gesetz, das der Gemeinde des Christus gegeben ist, der dazu gekommen ist, damit er die in Gott geeinigte Menschheit schaffe. Soll uns die Schrift zu unserem Ziel helfen, so darf sie nicht durch Widersprüche ihr eigenes Wort zerstören und in uns den Hader hervorbringen.

Das dagegen gehört nicht zur Aufgabe der Schrift, daß sie rationalistischen Zielen diene, mit denen wir die Vollständigkeit und einheitliche Geschlossenheit unseres Gedankenlaufs zu unserem wichtigsten Anliegen machen, als hätte unser Leben darin seinen Zweck, daß wir ein vollständiges System von Begriffen hervorbringen. Die Bibel unterstützt die Entleerung unseres Lebens zum dialektischen Spiel mit Abstraktionen nicht. Sie läßt Lücken in unserem Gedankengang und weiß auch wohl, daß sie solche hat und sieht darin keinen Mangel. Da aber nicht nur die rationalistischen Ideale uns die Einheit für unser geistiges Leben als ein unentbehrliches Gut und Ziel darstellen, sondern das Bedürfnis nach ihr aus unserer inwendigen Organisation entsteht, wäre die Schrift für uns eine Erschwerung der Lebensführung, nicht eine Gabe, wenn sie Widersprüche in uns hineintrüge.

Wie überall, so wendet sich auch hier das Verlangen nach der Einheit oft zur leeren Eins, die die Fülle von sich ausstößt. Der reformatorische Schriftgebrauch hat die Neigung nicht überwunden, die alles in der Bibel auf dieselbe Fläche legt und jedes Schriftwort das Gleiche wie jedes andere sagen und bedeuten läßt. Da ja alles die absolute Autorität Gottes hat, scheint eine Gliederung hier ausgeschlossen zu sein. Daß sich aber dieser Gebrauch der Schrift an ihr vergreift, wurde dadurch offenbar, daß er durch seine gewaltsamen Gleichungen die Aneignung ihres Worts schwächte und hinderte.

Die Einheit der Schrift ergibt sich daraus, daß die Geschichte, die sie schuf und die sich in ihr bezeugt, im Christus ihre Einheit hat. Mit dem Christusnamen Jesu ist die Unterordnung der Propheten und Apostel unter ihn ausgesprochen. Der Mittelpunkt der Schrift, der aus ihr eine Einheit macht, läßt sich somit mit Luther so formulieren: was Christum treibe sei kanonisch. Das ergibt nicht nur die Grenze zwischen der Schrift und anderen Stimmen, sondern gibt auch innerhalb der Schrift ihren einzelnen Teilen ihren Platz und ordnet ihre Wichtigkeit und Wirksamkeit. Nur wäre dieser Satz mißbraucht, wenn mit ihm bewiesen werden sollte, daß einzig die ausdrückliche Verkündigung des Christus als das göttliche Wort zu gelten habe, so daß im Alten Testament nur das Bedeutung hätte, was direkt die messianische Verheißung enthalte, im Neuen Testament nur das, wodurch unmittelbar auf Jesus hingewiesen werde. So gefaßt würde sich der Gedanke jener Vorstellung vom königlichen Amt des Christus nähern, nach der es alles neben ihm entrechtet und vernichtet, so daß der Prophet nichts wäre, wofern er nicht von ihm spräche, der Apostel nichts, wofern er nicht ihn beschriebe. Damit wäre die konkrete Einheit der Schrift wieder durch eine leere Einerleiheit ersetzt.

Bei der Bildung des Urteils, wiefern ein Teil der Schrift den Christus bezeuge, ist auf die wirksamen Beziehungen zu achten, in der sein Gedanke zum Werk des Christus steht. Auch das Gesetz dient ihm; denn es gibt kein Verständnis seiner Sendung, wenn sich uns nicht Gottes Wille in seinem Gegensatz gegen unseren Willen enthüllt. Auch Jakobus führt zu ihm mit seiner Buße, die allem religiösen Übermut widerspricht und uns aufrichtig vor Gott beugt. Es bestehen hier aber zwischen den verschiedenen Männern und Zeiten deutliche Abstufungen, da ihr Auftrag und ihre Gabe individuell bestimmt sind. Sie führen nicht alle in derselben Vollständigkeit und Deutlichkeit in das Ziel des Christus ein und darnach bemißt sich die ihnen zustehende Wichtigkeit. ...

... Der Dienst, den uns dieser und jener Abschnitt leistet, ist nicht derselbe; denn der, der uns den Christus zeigen kann als den Geber des Geistes und der Gerechtigkeit [Röm 8], zeigt uns mehr als der, der uns die Sonne als den Boten Gottes beschreibt [Ps 19]. Der »Prediger«, der schwer Leidende, der nur noch die Furcht Gottes hat und alle menschlichen Werte auf nichts reduziert, tut uns nicht denselben Dienst wie etwa der Brief des Johannes, der uns die vollendete Freude und Liebe beschreibt. Ist aber dort eine schwächere Wirkung Gottes als hier geschehen? Auch um die Leere des menschlichen Daseins zu sehen und doch Gott nicht zu verleugnen, bedarf es der Gegenwart der allmächtigen göttlichen Gabe beim menschlichen Geist.

Der Einheit der Schrift in ihrem Grund entspricht die Einheit in ihrem Erfolg. Von jedem Punkt aus, an dem wir sie erfassen, werden wir in ihr Ganzes geführt. Sie erweckt mit der einen Funktion in uns auch die anderen, die zusammen das Vollmaß der göttlichen Gabe ergeben. In den einzelnen Lebensläufen mag sich das oft langsam vollziehen und durch mancherlei Schwierigkeiten aufgehalten werden; die Kirche hat gleichwohl die deutliche Erfahrung gemacht, daß ein aufrichtiger Anschluß an die Schrift nicht auf einen ihrer Teile beschränkt bleibt, wie sich auch die Entfernung von einem ihrer Teile nicht auf diesen allein beschränkt. Ihre Leitung führt uns, sowie nur irgendwo der Anschluß an sie vollzogen ist, in das Ganze der göttlichen Gnade ein.

Das christliche Dogma, 1977³, 369—372.

T 33 Wie ich meine Gerechtigkeit nicht in dem fand, was ich leistete, sondern in dem, was Gottes Wirken aus uns macht, so leitete ich auch die Einheitlichkeit meines Denkens nicht aus meiner dialektischen Kunst und Systembildnerei ab, sondern erwartete sie davon, daß mir die Wahrnehmung gewährt war, die mein Auge Schritt um Schritt vollständiger zu Gottes Werk heranführte. Weil es Gottes Werk war, das ich zu schauen hatte, war mir die Gewißheit gegeben, daß mein Denken zur Einheit gelange.

Rückblick auf meine Lebensarbeit, 1977², 110—111.

6. Literaturhinweise

Zur *Einführung in die Theologie Schlatters* vgl.: U. Luck, Einführung, in: A. Schlatter, Zur Theologie des Neuen Testaments und zur Dogmatik. Kleine Schriften hg. von U. Luck, 1969, 7—30; R. Riesner, Einführung, in: A. Schlatter, Jesus — der Christus. Acht Aufsätze mit einer Einführung von R. Riesner, 1978, 7—24; A. Schlatter, Rückblick auf meine Lebensarbeit, 1977² (gut lesbar!)

Zu *Schlatters hermeneutischem Ansatz* vgl.: P. Stuhlmacher, Adolf Schlatter als Bibelausleger, in: ZThK 1977 (Beiheft). 81-111, jetzt zugänglich in: P. Stuhlmacher, Versöhnung, Gesetz und Gerechtigkeit. Aufsätze zur biblischen Theologie, 1981, 271-301; ders., Adolf Schlatters Hermeneutik der Wahrnehmung, in: ders., Vom Verstehen des Neuen Testaments. Eine Hermeneutik, 1979 (NTD-Ergänzungsreihe Bd. 6), 156-162; vgl. ebenfalls: G. Egg, Adolf Schlatters kritische Position — gezeigt an seiner Matthäusinterpretation, 1968.

III. Karl Barth —
Jesus Christus als Zentrum der Theologie

1. Leben und Werk

a. Sein Leben und sein theologisches Programm

Karl Barth (10. 5. 1886-10. 12. 1968) gilt als der bedeutendste und neben Rudolf Bultmann einflußreichste Theologe dieses Jahrhunderts. Er ist bekannt geworden durch seine Haltung im Kirchenkampf (als Verfasser der »Barmer Erklärung«) und v. a. durch seine revolutionäre Auslegung des Römerbriefs (1. und 2. Aufl.) sowie durch seine »Kirchliche Dogmatik«, die — obwohl sie ca. 10 000 Seiten umfaßt — ein riesiges Fragment geblieben ist.

Barths Lehrer gehören dem theologischen Liberalismus des 19. Jahrhunderts an. Das durch sie repräsentierte, gebildete evangelische Christentum proklamiert und trägt — bis zum Beginn des 1. Weltkrieges — eine *kulturprotestantische Synthese* von Kultur, Geist und Religion. Erst durch die Erfahrung des ersten Weltkriegs verliert diese Art von Theologie ihre Glaubwürdigkeit. Das Verhalten seiner von ihm bisher verehrten theologischen Lehrer, die die Sache Gottes vorschnell, unreflektiert und unmittelbar mit ihrem deutschen Vaterland identifizieren, irritiert und desillusioniert Barth völlig. Da die alte Synthese von Zeitgeist und Gottes Geist irreparabel zerbrochen ist, wird ein Neuansatz nötig.

Der theologische Neubeginn bahnt sich bereits in Barths Zeit als Pfarrer in Safenwil an. Barths Neuanfang hat keine akademischen Ursprünge. Vielmehr gerät er angesichts der praktischen Probleme seines Pfarrerdaseins in zunehmende Distanz zur herrschenden Theologie. Die ihn drückende Predigtnot führt zur *Rückbesinnung auf die hl.Schrift*, zu einer ganz neuen und intensiven Hinwendung zur Bibel als der Quelle aller christlichen Verkündigung. Aus dieser — im doppelten Sinne des Wortes — »reformatorischen« Rückbesinnung auf die Bibel als das Wort Gottes entsteht zunächst der »Römerbrief«, das überragende Dokument der später etwas mißverständlich »dialektisch« genannten Theologie. »*Dialektisch*« kann man die Form nennen, in der diese Theologie gegenüber der als selbstverständlich geltenden Synthese von Bildung und Religion, Kultur und Theologie, Mensch und Gott die radikale Jenseitigkeit und Transzendenz Gottes allen diesen Bemühungen gegenüber betonte. In der programmatischen, das Anliegen der »dialektischen« Theologie (oder besser: Theologie der Krise) zusammenfassenden Schrift »Das Wort Gottes als Aufgabe der Theologie« (1922) stellt Barth fest: »*Wir sollen als Theologen von Gott reden. Wir sind aber Menschen und können als solche nicht von Gott reden. Wir sollen Beides, unser Sollen und unser Nicht-Können, wissen und eben damit Gott die Ehre geben.*«[1] Theo-Logie, die Frage nach der Möglichkeit eines angemessenen Redens von Gott, ist das zentrale Anliegen dieser Theologie. Barth weiß, daß das Wort Gottes, d.h. die Anwesenheit und Wirklichkeit des Wortes Gottes im Zeugnis menschlichen Redens von Gott »die ebenso notwendige wie unmögliche Aufgabe der Theologie« ist[2]. Da das Wort Gottes menschlich-hermeneutisch nicht verfügbar ist, müssen wir bedenken, »daß von Gott selber nur Gott *selber* reden kann[3]. Auf dieses Ereignis des Zu-Wort-Kommens Gottes durch die Texte kann die Theologie nur hinarbeiten[4], — für diese Offenbarung Gottes muß die Theologie

---

[1] K. Barth, Das Wort Gottes als Aufgabe der Theologie, in: Anfänge der dialektischen Theologie Bd.1 Karl Barth, Heinrich Barth. Emil Brunner, hg. von J. Moltmann 1977[4], (197—218) 199.
[2] Ebd., 216.
[3] Ebd., 217.
[4] Ebd., 217.

Theologie sich aber als das ihr selbst nicht erreichbare Ziel aller ihrer theologischen Arbeit offen und bereit halten. Wirklich sachgemäß haben wir also weder von dialektischer noch von Theologie der Krise, sondern von »Theologie des Wortes Gottes« zu reden.

Wort-Gottes-Theologie heißt aber zu Beginn unseres Jahrhunderts in der Auseinandersetzung mit dem damals tonangebenden theologischen Liberalismus und Kulturprotestantismus v.a. eins: die radikale Rückbesinnung auf Jesus Christus als das eine Wort Gottes. Droht sich die liberale Theologie im Arrangement und in der Verbindung mit der Kultur, dem Humanismus und dem Denken ihrer Zeit aufzulösen, so weist Karl Barth als führender Kopf einer Gruppe von ähnlich denkenden Theologen (u.a. E.Thurneysen, F.Gogarten, E.Brunner und anfangs auch R.Bultmann) auf das einzig tragende und für den christlichen Glauben spezifische Fundament hin: Jesus Christus! Dieser christologische Ansatz ist bestimmend für seine durch und durch christozentrische Theologie und für seine ebenso entschiedene Ablehnung der »natürlichen Theologie«, d.h. aller Versuche, den Glauben in allgemein zugänglichen und einsehbaren Tatbeständen zu begründen.

b. Hermeneutik des Wortes Gottes

Um die meist aus der »Kirchlichen Dogmatik« (= KD) stammenden Texte zur Hermeneutik besser einzuordnen, versuche ich eine Zusammenfassung ihres Kontextes, des § 19 der KD, »Gottes Wort für die Kirche«[5].

»Gottes Wort ist Gott selbst in der heiligen Schrift. Denn nachdem Gott als der Herr einmal zu Mose und den Propheten, zu den Evangelisten und Aposteln geredet hat, redet er durch deren geschriebenes Wort als derselbe Herr zu seiner Kirche. Die Schrift ist heilig und Gottes Wort, indem sie der Kirche durch den Heiligen Geist zum Zeugnis von Gottes Offenbarung wurde und werden wird«.[6] Mit dieser These beginnt Karl Barth sein Kapitel über die hl.Schrift (§§ 19 — 21; 505 — 830), — so beginnt er aber nicht seine Dogmatik überhaupt. Vielmehr denkt Barth konsequent von der Wirklichkeit des Wortes Gottes als der de facto schon an uns ergangenen Offenbarung her. Die Autorität der hl.Schrift bestimmt sich für ihn daraus, daß die Bibel Zeugnis dieser bestehenden Wirklichkeit ist. Basissatz der Barth'schen Lehre von der hl.Schrift kann darum nur sein, »daß die Bibel das Zeugnis von Gottes Offenbarung ist«[7]. Barth will diese Lehre aber nicht als abstrakte Begründung des Schriftprinzips verstanden wissen; die Gültigkeit der Lehre von der Bibel als Wort Gottes muß vielmehr immer weiter im Umgang mit ihr gewährt weden (511).

Wenn wir die Bibel als Zeugnis von Gottes Offenbarung bestimmen, dann unterscheiden wir sie zunächst als medium dieser Offenbarung von dieser Offenbarung selbst; zugleich betonen wir aber auch die Einheit mit dieser Offenbarung, die »Grund, Gegenstand und Inhalt dieses Wortes ist« (512). Wird Einheit und Unterschiedenheit von biblischem Zeugnis und Gottes Offenbarung erkannt, verbieten sich falsche Alternativen wie »Göttlichkeit oder Menschlichkeit« von selbst.

Wollen wir die Menschlichkeit der Bibel — und d.h. sie selbst — ernstnehmen, dann dürfen wir uns der Forderung nach ihrem historischen Verständnis nicht entziehen. Die hermeneutische Bemühung muß jedoch über das bloße Verstehen hinaus nach der »Sache« fragen, die das Anliegen des Textes ist und von der her er allein richtig erschlossen werden kann. So hat sich wahres Verstehen nicht nur um eine Kenntnisnahme, sondern um die Begegnung mit dem eigentlichen Gegenstand des Textes zu bemühen (514).

---

[5] K. Barth, Kirchliche Dogmatik Bd. I,2 (Die Lehre vom Wort Gottes. Prolegomena zur Kirchlichen Dogmatik), 1960[5], 505—598.
[6] Ebd., 505.
[7] Ebd., 511; Hervorhebung von mir. Die folgenden Seitenangaben im Text beziehen sich auf KD I,2 (s. Anm.5).

Die hier im Ansatz entwickelte hermeneutische Prinzipienlehre gilt allgemein, stellt also kein exklusives Postulat einer besonderen biblischen Hermeneutik dar. Das Verstehen der Bibel als Offenbarungszeugnis hat jedoch nach Barth Modell- und Vorbildcharakter für eine allgemein gültige Hermeneutik (515).

Wenn eine sach-gemäße, allgemeingültige Auslegung der Bibel nur in der Bemühung um ihre »Sache« zu erreichen ist, dann wird einerseits das Postulat einer besonderen biblischen Hermeneutik gegenstandslos; andererseits verbietet sich aber eine — etwa atheistische — Auslegung der Bibel, die dieser ihrer Sache, dem Zeugnis von Gott, nicht gerecht zu werden vermag (519). Wenn Barth die »souveräne Freiheit dieser Sache« hervorhebt (520), so ist für die allgemeine Hermeneutik von der biblischen Hermeneutik wieder das zu lernen (521 — 522; 526), daß sich eine sachgemäße Auslegung um eine Haltung der Offenheit dem Anliegen des Textes gegenüber bemühen muß (520). Auch hier dient nach Barth die biblische Hermeneutik als Korrektur und Wegweiser für eine allgemeine Hermeneutik.

Nachdem Barth bisher die Unterschiedlichkeit von biblischem Zeugnis und Gottes Offenbarung und die sich daraus ergebenden hermeneutischen Konsequenzen verfolgt hat, wendet er sich im 2. Abschnitt des § 19, »*Die Schrift als Wort Gottes*«, der Einheit des biblischen Zeugnisses mit der bezeugten Offenbarung zu. Die Schrift wird als Gottes Wort zunächst in sechsfacher Weise näherbestimmt:

(1) Die hl.Schrift als Kanon: (524 — 532) Die Kirche steht dem Zeugnis von Gottes Offenbarung in Form der *kanonischen* Schrift gegenüber. Wenn der Umfang und Inhalt des Kanons auch auf einem Urteil der Kirche beruht, so stellt diese doch nur fest, was sich bereits bewährt, ausgezeichnet und durchgesetzt hat (525). Der Blick auf die, in der ganzen Kirchengeschichte getriebene, Kanonkritik zeigt, daß die konkrete Gestalt des Kanons »immer nur eine in höchster Relativität geschlossene sein kann« (527). Barth warnt davor, die kirchliche Glaubensentscheidung als ein göttliches Gesetz zu verabsolutieren.

(2) Die Einheit der hl.Schrift: (532 — 537) Die verschiedenen biblischen Autoren bilden darin die *Einheit* des biblischen Zeugnisses, daß sie in ihrer Ganzheit Zeugen der *einen* Offenbarung sind. Die Erfahrung, Verheißung und Erwartung dieser Einheit verbietet nicht nur Abtrennungen dieses Kanons, sondern auch die, die Einheit des Zeugnisses in Frage stellenden Bevorzugungen bzw. Abwertungen bestimmter Bibelteile (535). Wenn die Mitte der Schrift bestimmt wird, darf dies nicht zu häretisierenden Einseitigkeiten oder Überbetonungen führen (531).

(3) Das Selbstzeugnis der hl.Schrift über ihre Autorität: (537 — 545) Barth beantwortet die Frage, ob und inwiefern die Lehre von der Bibel als hl.Schrift in ihr selbst begründet sei, durch den Hinweis a) auf das allgemeine und implizite und b) auf das besondere und explizite Selbstzeugnis der Bibel. Zu a: das Zeugnis der Bibel von sich selbst als hl.Schrift besteht in ihrem Wesen als Zeugnis von Jesus Christus; zu b: für die Christuszeugen des AT und NT gilt 2.Kor 5,20 (»Gesandte für Christus«) »als die ganze biblische Begründung des Schriftprinzips« (540). Die Bibel legitimiert sich also als hl.Schrift selbst, indem sie sich als Zeugnis von Gottes Offenbarung, »als notwendige Form jenes Inhalts bezeugt« (545).

(4) Die Einheit von Form und Inhalt der hl.Schrift: (545 — 548) Weil die Bibel in ihrem Zeugnis von der Offenbarung notwendige Form dieses ihres Inhaltes ist, verbietet sich für Barth eine Trennung von Inhalt und Form, von Offenbarung und Zeugnis. Das führt unter hermeneutischem Aspekt zu einer Kritik an einer historischen Forschung, die die Offenbarung *hinter* den Texten, in einer anderen als der von den Texten bezeugten Wirklichkeit, suchen will.

(5) Die abgeleitete Autorität der hl.Schrift: (548 — 556) Barth begegnet dem Einwand, daß die Qualifikation der Bibel als Wort *Gottes*(!), d.h. die Verabsolutierung der Bibel als etwas Relativem, die Absolutheit Gottes antaste, mit dem Hinweis, daß a) die Bibel selbst es

ist, die uns die Absolutheit Gottes, den Anspruch Gottes auf unser Leben, die Begegnung von Absolutem und Relativem als unser Gericht und — in Jesus Christus — als unsere Begnadigung erst offenbart und deutlich macht. Eben in dieser Funktion besteht ihre Autorität. b) Ihre abgeleitete Autorität beruht nicht auf der direkten, sondern auf der indirekten Identität von Menschenwort der Bibel und Gottes Wort.[8]

(6) Die uns unverfügbare Autorität der Bibel als Wort Gottes: (557 — 558) Daß die »heilige Schrift als das ursprüngliche und legitime Zeugnis von Gottes Offenbarung das Wort Gottes selber *ist*« (557), ist — obwohl Ausgangspunkt jeder Auslegung (558) — kein für uns übersichtlicher oder verfügbarer Tatbestand. Uns fehlt die Kompetenz, ein Urteil über die Autorität der Bibel abzugeben. Wir können eine solche Bekenntnisaussage nur wagen »in Dankbarkeit gegenüber dem, was wir in der Schrift schon gehört zu haben uns erinnern, und in Hoffnung gegenüber dem, was wir wiederzuhören erwarten dürfen«(557).

Auch in seiner Auslegung (559—561) der beiden zentralen neutestamentlichen Stellen über die Inspiration der Bibel (2.Tim 3,14 — 17; 2.Petr1,19 — 21) erhellt Barth die Inspirationsaussage als die geheimnisvolle, auf einer Tat Gottes beruhende, uns aber unverfügbare *Mitte* »zwischen den beiden Zeiten« (559): der von der Kirche in der Vergangenheit erfahrenen und von ihr für die Zukunft erwarteten Bewährung der Bibel als Wort Gottes.

Da »Glauben« nicht ein souverän distanziertes Erkennen seines Gegenstandes ist, sondern eine Beschlagnahme des Erkenntnissubjekts durch das Erkenntnis-»Objekt« darstellt (561), ist auch die Offenbarung Gottes in der Bibel nicht einfach für die menschliche Verstehensbemühung verfügbar. Gottes Offenbarung liegt in der Bibel darum nicht als »Offenbartheit« vor (562); die Verbalinspiration der Bibel bedeutet nicht ihre »Verbalinspiriertheit« (575). Vielmehr ist die Erkenntnis der Offenbarung wie die der Autorität der Bibel als Wort Gottes angewiesen auf das aus Gottes freier Gnade heraus geschehende Werk des Hl.Geistes. Er allein führt den Menschen durch das Medium der Bibel zur Begegnung mit dem Wort Gottes (561 — 563).

Im Blick auf die Frage nach der Irrtumsfähigkeit der Bibel plädiert Barth im Anschluß an Luther und Augustin für die grundsätzliche Unterscheidung »zwischen der Inspiration und also der göttlichen Infallibilität [Unfehlbarkeit] der Bibel und ihrer menschlichen Fallibilität [Fehlbarkeit]« (564). Wer diese Differenzierung unterschlägt, leugnet nach Barth den menschlichen Charakter der Bibel als menschlichem Zeugnis von Gottes Offenbarung und macht sich »des Doketismus[9] schuldig« (565).

Doch das eigentliche Wunder des Wortes Gottes besteht nicht darin, daß es uns gelingt, uns durch die, mit dieser Menschlichkeit der Bibel gegebenen Ärgernisse »hindurchzuglauben« (568); wunderbar ist vielmehr, daß Gott durch sein Wort »zu uns gekommen und unseren Glauben allererst *geschaffen* hat« (569). Von dieser fortwährenden, allein aus Gottes freier Gnade geschehenden Kondeszendenz [Erniedrigung], die sich in seiner freiwilligen Identifikation mit dem Wort der Bibel vollzieht, — von diesem »*Offenbarwerden Christi* in der *Bibel* durch das *Werk des Heiligen Geistes*« (570) — lebt die Kirche.

Mit Hilfe der bisherigen systematischen und biblisch-theologischen Erkenntnisse gelingt es Barth, die folgende Leitlinie zu formulieren, die es erlaubt, die bisherige Geschichte der Inspirationslehre kritisch zu sichten (571 — 585): »Die Inspirationslehre muß das Verhältnis zwischen dem Heiligen Geist und der Bibel auf alle Fälle so beschreiben, daß die

---

[8] Die Bibel »kann nicht selbständig selber offenbaren, sondern nur die in der Menschheit Jesu Christi geschehene und geschehende Offenbarung bezeugen« (ebd., 554). Die Bibel ist das »in und mit der Offenbarung selbst eingesetzte Zeichen« (ebd., 554).

[9] Als »Doketismus« bezeichnet man ein theologisches Denken, das den Wirklichkeitsbezug des christlichen Glaubens vernachlässigt (u.z.B. die Menschwerdung und das Leiden des Gottessohnes bestreitet).

ganze *Realität* der Einheit zwischen beiden ebenso zur Geltung kommt, wie dies, daß diese Einheit eine freie Tat der *Gnade* Gottes und also für immer der Inhalt eine *Verheißung* ist.« (571)

Barth schließt § 19 mit acht Bestimmungen der Bibel als Wort Gottes ab: (1) Erkenntnis der Inspiration bedeutet zuerst Anerkennung der nicht in unsere Voraussicht und Verfügung gestellten Souveränität des Wortes Gottes (585). (2) Die Bibel als uns anredendes Wort stellt ein, auf Gottes freier Entscheidung beruhendes Ereignis seiner Gegenwart dar (585 — 586). (3) Die Bibel als Gottes Wort ist die Stätte, an der wir mit dem Wunder rechnen dürfen, daß Gottes Gnade Ereignis wird (586 — 587). (4) Die Bibel als Gottes Wort, — das ist das Wunder, »daß hier fehlbare Menschen in fehlbaren Menschenworten Gottes Wort sagen« (587 — 588; 588). (5) Die Gegenwart des Wortes Gottes (588 — 589) haben wir erfahren und dürfen wir erwarten; sie ist aber keine ihr »nun einmal inhärierende [innewohnende] Eigenschaft« (588), sondern ein uns »*unfaßbares* Gegenwärtigsein« (589). (6) Da das Ereignis, daß sich die Bibel als Gottes Wort bewährt, nicht in unserer Macht liegt, ist es sinnlos, etwa durch die Unterscheidung von Geist und Buchstaben, das »Göttliche« in der Bibel ermitteln zu wollen (589 — 591). (7) Verbalinspiration bedeutet für Karl Barth: »Das fehlbare und fehlende menschliche Wort ist jetzt als solches in seinen Dienst genommen und ungeachtet seiner menschlichen Fehlbarkeit als solches anzunehmen und zu hören« (591 — 593; 592). (8) Wenn auch die Inspiration der Bibel nicht in unserer subjektiven Erfahrung ihrer Bewährung aufgeht, so helfen uns doch jenseits dieser Erfahrung irgendwelche objektiven Versicherungen nicht weiter. (593 — 595).

2. Die Angemessenheit historischer Kritik

Nach Barth nimmt man die Menschlichkeit der Bibel nur dann wirklich ernst, wenn man sich (a) ihrer historischen Erforschung nicht verschließt (T 34; T 37) und (b) bei der Verstehensbemühung vor allem nach der Aussageintention des Textes fragt und ihn von dieser »Sache« her auslegt (T 35; T 36). Barth steht historischer Forschung dann ablehnend gegenüber, wenn sie nicht mehr sachgemäß ist (T 40): (1) Wenn der Exeget mit dem Gegenstand des Textes nichts anzufangen weiß (T 39) und aus Gründen wissenschaftlich-atheistischer und deshalb doch voreingenommener Unvoreingenommenheit nicht mehr die zum Verstehen nötige Offenheit und Bereitschaft besitzt (T 35; T 38). (2) Liegt die Offenbarung in der Form des biblischen Zeugnisses vor, dann ist es illegitim, nach einer *hinter* diesen Texten stehenden Wirklichkeit zurückzufragen (T 37). Wer so forscht, sieht an den Texten und ihrem Aussagewillen: der Rede von der Wirklichkeit *Gottes* — vorbei und wird deshalb mit seiner Frage nach der hinter den Texten stehenden Wirklichkeit dem Wirklichkeitsanspruch des Offenbarungszeugnisses nicht gerecht (T 38).

Die Forderung, daß man die Bibel *historisch* lesen, verstehen und auslegen müsse, **T 34**
ist . . . selbstverständlich berechtigt und kann nicht ernst genug genommen werden. Die Bibel selbst stellt diese Forderung: sie ist auf der ganzen Linie, auch da, wo sie sich ausdrücklich auf göttliche Aufträge und Eingebungen beruft, in ihrem tatsächlichen Bestand menschliches Wort, und dieses menschliche Wort will offenbar eben als solches ernst genommen, gelesen, verstanden und ausgelegt sein.

Kirchliche Dogmatik I,2 (Die Lehre vom Wort Gottes. Prolegomena zur Kirchlichen Dogmatik), 1960[5], 513.

Gerade vom *Hören* eines menschlichen Wortes kann . . . sinnvollerweise nur da **T 35**
die Rede sein, wo es uns nicht nur in seiner Funktion des Hinweisens auf ein durch das Wort Bezeichnetes oder Gemeintes deutlich wird, sondern wo diese seine

Funktion uns gegenüber *Ereignis* wird, wo es also geschieht, daß wir durch das Mittel des menschlichen Wortes dieses *Bezeichneten* oder Gemeinten in irgendeinem Maß selber ansichtig werden. Dann und nur dann hat ein anderer mir etwas gesagt, und dann und nur dann habe ich von ihm etwas gehört. Alles andere, was man sonst Reden und Hören zu nennen pflegt, kann man, wenn man sich exakt ausdrücken will, nur als mißglückte Versuche, zu reden und zu hören, bezeichnen. . . .

. . . Hat mir sein Wort keine solche Anschauung vermittelt, ist mir die in seinem Wort bezeichnete oder gemeinte Sache nach wie vor unbekannt, dann habe ich sein Wort überhaupt nicht gehört, und wie sollte ich es dann verstehen können? Habe ich es aber gehört, wie soll ich es dann anders verstehen als von dem her, was er mir gesagt, also von der Sache, von der Anschauung her, die er mir vermittelt hat? Gewiß wird dieses Verstehen nun konkret darin bestehen, daß ich von der Sache zurückkehre zum Wort und seinen Voraussetzungen, zum redenden Subjekt in seiner ganzen konkreten Gestalt. Aber nur von der mir gesagten und von mir gehörten Sache her und gerade nicht aus sich selbst werde ich das Wort und das redende Subjekt zu erforschen versuchen.

Kirchliche Dogmatik I,2 (Die Lehre vom Wort Gottes. Prolegomena zur Kirchlichen Dogmatik), 1960[5], 514.

T 36 Wir müssen wissen um das Geheimnis dieser Sache, um ihr sachlich gegenüberzutreten, um wirklich offen und bereit zu sein, um uns wirklich an sie hinzugeben, wenn sie uns gesagt wird, damit sie uns also wirklich als Sache begegnen könne. Und es wird uns das Wissen um dieses Geheimnis, wenn es nun um das *Verstehen* geht, in eine eigentümliche Scheu und Zurückhaltung versetzen, die uns sonst ebenfalls nicht geläufig ist.

Kirchliche Dogmatik I,2 (Die Lehre vom Wort Gottes. Prolegomena zur Kirchlichen Dogmatik), 1960[5], 520.

T 37 Die Vorstellung, gegen die wir uns abzugrenzen haben, ist die im Zusammenhang mit dem modernen Historismus in der Theologie weithin heimisch gewordene, als könne und müsse es beim Lesen, Verstehen und Auslegen der Bibel darum gehen, über die biblischen Texte hinaus zu den irgendwo *hinter* den Texten stehenden Tatsachen vorzustoßen, um dann in diesen . . . Tatsachen als solchen die Offenbarung zu erkennen . . . . . . Nicht etwa um dieser Ergebnisse willen, denen ja zu allen Zeiten auch harmlosere, d.h. konservativere gegenüberstanden, ist dieser Weg als ein Irrweg zu bezeichnen. Er ist es darum, weil er grundsätzlich das Erliegen gegenüber der Versuchung bedeutet, den biblischen Kanon anders zu lesen, als er selber gelesen sein will und als er — denn das fällt hier zusammen — gelesen werden *kann*. Gilt die allgemeine hermeneutische Regel, daß ein Text nur im Wissen um seinen Gegenstand und von diesem Gegenstand her recht gelesen, verstanden und ausgelegt werden kann, dann mußte von diesem Gegenstand her . . . die Beziehung zwischen Gegenstand und Text als eine wesensmäßige und unauflösliche erkannt, dann durfte also jene Trennung von Form und Inhalt nicht vollzogen, es durfte nicht unter Absehen von der Form nach dem Inhalt gefragt werden. . . . Es kann sich also keineswegs etwa darum handeln, die sogen. »Kritik«, wie sie für diese Forschung bezeichnend gewesen ist, auszuschalten bzw. inskünftig zu unterlassen. Die sämtlichen in Betracht kommenden historischen Fragen sind ja auch an die ihrem literarischen Wesen entsprechend als Zeugnisse zu würdigenden biblischen Texte zu stellen, und es werden die aus ihrer Beantwortung sich ergebenden Differenzierungen der Auslegung dieser Texte nur zugute kommen können, sobald die Kritik klar in den Dienst dieser Aufgabe gestellt wird, sobald sie nicht mehr dem unsinnigen Ziel der Ermittlung einer hinter den Texten liegenden historischen Wahrheit zu dienen hat.

Die *historische Wahrheit,* die in ihrer Art in der Tat auch die biblische Wissenschaft zu ermitteln hat, ist der wahre *Sinn und Zusammenhang der biblischen Texte als solcher.* Sie ist also von der zu ermittelnden biblischen Wahrheit gerade nicht verschieden. Ist das begriffen und verstanden, ... dann kann und soll dem kritischen Fragen und Antworten, wie es durch den Charakter des biblischen Zeugnisses als eines menschlichen Dokumentes und also als einer historischen Größe nun einmal gefordert ist, freiester Lauf gelassen werden. Es kann und es wird dann dieses Fragen und Antworten nur der Ausdruck dessen sein, daß die Schrift in ihrem tatsächlichen Bestand ernstgenommen wird. ... Es ist also ... *nicht* die Annullierung der bibelwissenschaftlichen Arbeitsergebnisse der letzten Jahrhunderte ... zu fordern, wohl aber eine radikale Neuorientierung hinsichtlich des dabei zu verfolgenden *Zieles* auf Grund der Erkenntnis, daß die biblischen Texte insofern um ihrer selbst willen erforscht sein wollen, als die Offenbarung, von der sie zeugen, nicht hinter oder über ihnen, sondern *in* ihnen steht, geschieht und zu suchen ist.

Kirchliche Dogmatik I,2 (Die Lehre vom Wort Gottes. Prolegomena zur Kirchlichen Dogmatik), 1960[5], 545 — 548).

T 38

Wir würden es uns ... verbitten müssen, wenn uns etwa unter dem Titel eines wahrhaft »historischen« Verständnisses der Bibel ein solches Verständnis empfohlen werden sollte ...: ein Hören, bei dem wohl auf die biblischen Worte, aber gerade nicht auf das, worauf diese Worte hinweisen, geachtet, bei dem gerade das, was gesagt wird, nicht gehört oder überhört würde; ein Verstehen der biblischen Worte *aus* ihrem immanenten sprachlichen und sachlichen Zusammenhang, statt *in* diesem Zusammenhang von dem aus, was sie sagen und was als von ihnen gesagt zu hören ist; eine Auslegung der biblischen Worte, die schließlich nur in einer Auslegung der biblischen Menschen in ihrer geschichtlichen Wirklichkeit bestehen würde. Wir müßten dazu sagen, daß dies gerade kein ehrliches und vorbehaltloses Verstehen des biblischen Wortes als eines menschlichen Wortes, wir müßten also sagen, daß dies gerade *kein* historisches Verständnis der Bibel ist. Die Bibel in einem solchen Verständnis könnte allerdings kein Zeugnis sein. Wäre ihr doch durch dieses Verständnis, in welchem sie als menschliches Wort so wenig, ja so gar nicht ernst genommen würde, die Möglichkeit Zeugnis sein zu können, zum vornherein abgeschnitten.

Kirchliche Dogmatik I,2 (Die Lehre vom Wort Gottes. Prolegomena zur Kirchlichen Dogmatik), 1960[5], 516.

T 39

Wäre es wirklich an dem, daß ein Leser der biblischen Schriften dem Problem des in diesen Schriften Gesagten, Gemeinten, Bezeichneten der Offenbarung Gottes also völlig ratlos gegenüberstünde, daß er dort, wo die biblischen Schriftsteller hinzeigen, wirklich nur einen leeren Fleck sehen würde, dann würde das allerdings einerseits die Außergewöhnlichkeit des Inhalts der Aussagen dieser Schriftsteller, andererseits auch den Stand und Zustand dieses Lesers in eigentümlicher Weise beleuchten; es wäre dann aber sicher zunächst nur darüber entschieden, daß von einem legitimen Verständnis der Bibel durch *diesen* Leser nicht die Rede sein kann, daß *dieser* Leser als ernst zu nehmender Leser und Interpret der Bibel vorläufig, d.h. bis sein Verhältnis zu dem in der Bibel Gesagten vielleicht ein anderes geworden ist, ausscheidet. Eine Gleichberechtigung seiner Exegese mit einer auf die Sache, auf Gottes Offenbarung begründeten kann gar nicht in Frage kommen.

Und die Vorstellung, als ob wohl gerade eine solche völlige Teilnahmslosigkeit, weil sie völlige »Unbefangenheit« verspreche, die geeignetste, ja die eigentlich normale Disposition zur rechten Bibelexegese sei, wird man, nachdem sie einen Augenblick lang, etwa um 1910, in der protestantischen Theologie schon beinahe kanonisch zu werden drohte, wohl ruhig als geradezu drollig bezeichnen dürfen.

Kirchliche Dogmatik I,2 (Die Lehre vom Worte Gottes. Prolegomena zur Kirchlichen Dogmatik), 1960⁵, 519.

T 40 Man hat mich einen »abgesagten Feind der *historischen Kritik*« genannt. ... In der Tat, ich erhebe einen Einwand gegen die neueren Kommentare zum Römerbrief, durchaus nicht nur gegen die sog. historisch-kritischen, sondern auch gegen die etwa von Zahn und Kühl. Aber nicht die historische Kritik mache ich ihnen zum Vorwurf, deren Recht und Notwendigkeit ich vielmehr noch einmal ausdrücklich anerkenne, sondern ihr Stehenbleiben bei einer Erklärung des Textes, die ich keine Erklärung nennen kann, sondern nur den ersten primitiven Versuch einer solchen ...... Dem gegenüber meine ich nun, daß jener erste primitive Umschreibungsversuch und was dazu gehört nur den Ausgangspunkt bilden dürfte zu einem mit allen Hebeln und Brechwerkzeugen einer ebenso unerbittlichen wie elastischen dialektischen Bewegung zu leistenden *sachlichen* Bearbeitung des Textes. *Kritischer* müßten mir die Historisch-Kritischen sein! Denn wie »das was *dasteht*« zu *verstehen* ist, das ist nicht durch eine gelegentlich eingestreute, von irgend einem zufälligen Standpunkt des Exegeten bestimmte *Wertung* der Wörter und Wortgruppen des Textes auszumachen, sondern allein durch ein *tunlichst* lockeres und williges Eingehen auf die innere Spannung der vom Text mit mehr oder weniger Deutlichkeit dargebotenen Begriffe. κρίνειν heißt für mich einer historischen Urkunde gegenüber: das Messen aller in ihr enthaltenen Wörter und Wortgruppen an der Sache, von der sie, wenn nicht alles täuscht, offenbar reden, das Zurückbeziehen aller in ihr gegebenen Antworten auf die ihnen unverkennbar gegenüberstehenden Fragen und dieser wieder auf die eine alle Fragen in sich enthaltende Kardinalfrage. ...

Der Römerbrief 2.Aufl. 1922 (ND 1967), X — XII.

3. Biblische Hermeneutik als Wegweiser und Norm für eine allgemeine Hermeneutik

Barth entwickelt seine Hermeneutik zwar in der Bemühung um die Auslegung *biblischer* Texte, hält die sich ergebenden hermeneutischen Prinzipien jedoch für allgemeingültig (T 42). Eine besondere biblische Hermeneutik kann er deshalb eindeutig ablehnen (T 43). Von »pneumatischer Exegese« (T 46) mag er nur dann sprechen, wenn auch sie noch einmal ein

Hinweis darauf ist, daß das entscheidende, aber nicht in der Macht des Exegeten liegende (T 45) Ereignis jeglicher biblisch-theologischen Verstehensbemühung das Selbstzeugnis des Geistes ist (T 44). Wie für den jungen so ist auch für den alten und natürlich für den Barth der »Kirchlichen Dogmatik« die historische Kritik eine zwar wertvolle, aber doch nur vorbereitende Hilfe zum Verständnis der Texte (T 41). Eigentliches Verstehen und Erklären muß sich auf die »Sache« des Textes richten und ist letzten Endes ein dem Menschen nicht verfügbares Geschenk des Hl.Geistes, der allein durch die Bibel hindurch zur Begegnung mit dem Wort Gottes zu führen vermag.

Die Unterschiede von einst und jetzt, dort und hier, wollen beachtet sein. Aber **T 41** der Zweck der Beachtung kann nur die Erkenntnis sein, daß diese Unterschiede im Wesen der Dinge *keine* Bedeutung haben. Die historisch-kritische Methode der Bibelforschung hat ihr Recht: sie weist hin auf eine Vorbereitung des Verständnisses, die nirgends überflüssig ist. Aber wenn ich wählen müßte zwischen ihr und der alten Inspirationslehre, ich würde entschlossen zu der letzteren greifen: sie hat das größere, tiefere, *wichtigere* Recht, weil sie auf die Arbeit des Verstehens selbst hinweist, ohne die alle Zurüstung wertlos ist. Ich bin froh, nicht wählen zu müssen zwischen beiden. Aber meine ganze Aufmerksamkeit war darauf gerichtet, durch das Historische *hindurch* zu sehen in den Geist der Bibel, der der ewige Geist ist.

Der Römerbrief 2.Aufl. 1922 (Nachdruck 1967), V

Woher haben wir diese . . . hermeneutische Prinzipienlehre? . . . Warum pflegen **T 42** die im allgemeinen möglichen Überlegungen über das Wesen des menschlichen Wortes nicht zu den eben aufgestellten Sätzen zu führen? Ich würde antworten: darum nicht, weil man sich gerade seine hermeneutische Prinzipienlehre nicht, wie es hier allerdings geschehen ist, von der heiligen Schrift diktieren läßt. Fragt man sich nämlich, wie man sich als Leser der heiligen Schrift fragen muß: was Hören, Verstehen, Auslegen bedeuten kann unter der Voraussetzung, daß das durch das menschliche Wort Gesagte, Bezeichnete, Gemeinte nun eben Gottes Offenbarung ist, dann drängt sich die eben gegebene Antwort von selbst auf. *Hören* heißt dann zweifellos: durch das menschliche Wort die Offenbarung zu Gesicht bekommen — *Verstehen:* das menschlich konkrete Wort von der Offenbarung her erforschen — *Auslegen:* das Wort in seiner Beziehung zur Offenbarung erklären. In Erinnerung an die allein mögliche Erklärung der heiligen Schrift haben wir die eben angegebenen Erklärungsgrundsätze aufgestellt. Allerdings nicht in der Meinung, daß sie *nur* für die Bibelerklärung, sondern durchaus in der Meinung, daß sie, *weil* für die Bibelerklärung, für die Erklärung des menschlichen Wortes *überhaupt* Gültigkeit, daß sie also allerdings Anspruch auf allgemeine Anerkennung haben. . . . Gerade am Menschenwort der Bibel muß das gelernt werden, was hinsichtlich des menschlichen Wortes im Allgemeinen zu lernen wäre. Daß dies nicht allgemein anerkannt, daß es vielmehr üblich ist, gewisse anderweitig gewonnene falsche Meinungen über die Bedeutung und Funktion des menschlichen Wortes unbesehen auch auf die Bibel anzuwenden — diese Tatsache darf uns nicht verwirren darin, daß gerade der umgekehrte Weg der richtige ist. Es gibt keine besondere biblische Hermeneutik. Aber gerade die allgemein und allein gültige Hermeneutik müßte an Hand der Bibel als Offenbarungszeugnis gelernt werden. Wir kommen also mit der angegebenen Regel nicht von einer allgemeinen Anthropologie, sondern von der Bibel her, um sie als die allgemein und allein gültige Regel nun selbstverständlich auch und erst recht auf die Bibel anzuwenden.

Kirchliche Dogmatik I,2 (Die Lehre vom Worte Gottes. Prolegomena zur Kirchlichen Dogmatik), 1960[5], 515.

T 43 Wir haben mit dem, was über die Offenbarung als den Inhalt des biblischen Wortes und über die durch diesen Inhalt vorgeschriebene Hermeneutik gesagt wurde, keineswegs ein mysteriöses Separatvotum zugunsten der Bibel ausgesprochen. Die biblische Hermeneutik muß sich gegen den Totalitätsanspruch einer allgemeinen Hermeneutik gerade darum wehren, sie muß gerade darum diese besondere Hermeneutik sein, weil die allgemeine Hermeneutik so lange totkrank ist, als sie sich nicht durch das allerdings höchst besondere Problem der biblischen Hermeneutik auf ihr eigenes Problem mindestens hat aufmerksam machen lassen. Sie muß also gerade um einer besseren allgemeinen Hermeneutik willen es wagen, diese besondere Hermeneutik zu sein.

Kirchliche Dogmatik I,2 (Die Lehre vom Worte Gottes. Prolegomena zur Kirchlichen Dogmatik), 1960[5], 523.

T 44 Damit sie [= die Bibel] als Zeichen zeigen und damit uns also die ewige Gegenwart Christi in der Zeit offenbar werde, dazu bedarf es des fortgehenden, in immer neuen Akten sich ereignenden Werkes des Heiligen Geistes in der Kirche und an ihren Gliedern. Wenn die Kirche von der Bibel lebt, weil die Bibel das Wort Gottes ist, dann heißt das also: sie lebt von dem *Offenbarwerden Christi* in der *Bibel* durch das *Werk des Heiligen Geistes*. Wobei sie über dieses Werk *keine* Macht und *keine* Verfügung hat.

Kirchliche Dogmatik I,2 (Die Lehre vom Worte Gottes. Prolegomena zur Kirchlichen Dogmatik), 1960[5], 570.

T 45 Ist es nun aber ernst mit dem Ereigníscharakter dieses Wunders, dann können wir die *Gegenwart des Wortes Gottes* in der Bibel nicht als eine diesem Buch als solchem und in seinem uns vorliegenden Bestand von Büchern, Kapiteln und Versen nun einmal inhärierende Eigenschaft ansehen. Vom Buch als solchem in seinem uns vorliegenden Bestand können wir nur sagen: Wir erinnern uns, da und dort in diesem *Buch* das Wort Gottes gehört zu haben; wir erinnern uns in und mit der Kirche, daß das Wort Gottes auch schon in diesem *ganzen* Buch, in *allen* seinen Bestandteilen gehört worden ist; und daraufhin erwarten wir, das Wort Gottes in diesem Buch wiederzuhören, es selber auch da zu hören, wo wir es wohl bisher für unsere Person noch nicht gehört haben. Die Gegenwart des Wortes Gottes selbst aber, sein wirkliches, gegenwärtiges Geredet- und Gehörtwerden ist nicht identisch mit der Existenz des Buches als solcher. Sondern in dieser Gegenwart geschieht etwas in und mit dem Buch, wozu das Buch als solches zwar die Möglichkeit gibt, dessen Wirklichkeit aber durch die Existenz des Buches weder vorweggenommen noch ersetzt werden kann. Es fällt dann eine freie göttliche Entscheidung. Es ereignet sich dann, daß die Bibel, und zwar *in concreto:* dieser und dieser biblische Zusammenhang, d.h. die in dieser und dieser bestimmten Breite auf uns zukommende Bibel als Instrument in Gottes Hand genommen und von Gottes Hand gebraucht wird, d.h. als authentisches Zeugnis von Gottes Offenbarung zu uns redet und von uns gehört wird und also als Gottes Wort gegenwärtig ist. Es ist ein *unfaßbares* Gegenwärtigsein. . . .

Kirchliche Dogmatik I,2 (Die Lehre vom Worte Gottes. Prolegomena zur Kirchlichen Dogmatik), 1960⁵, 588 — 589.

Sie [— die biblisch-theologische Wissenschaft] hat [erstens] zum Lesen und Verstehen auch dieser Texte alle bekannten und erreichbaren Hilfsmittel, Regeln und Maßstäbe der Sprach- und Stilkunde, der vergleichenden Welt-, Kultur- und Literaturgeschichte gewissenhaft in Anwendung zu bringen. Historisch-kritischer Art ist aber an sich auch ihre zweite Voraussetzung — nur daß sie in der übrigen historischen Forschung von ferne nicht allgemein anerkannt ist und also in der theologischen Exegese, für deren Arbeit sie wesentlich ist, in einer gewissen Isolierung zum Tragen zu bringen ist. Es geht um die allgemeine Voraussetzung, daß es neben anderen auch solche Texte gebe, die nach der Intention ihrer Autoren und in ihrer faktischen Eigenart nur als Bezeugung und Verkündigung eines inmitten der sonstigen Geschichte angeblich oder wirklich stattgefundenen göttlichen Handelns und Redens gelesen und erklärt werden können, an deren Aussage man, will man sie nicht in diesem Charakter würdigen, nur vorbeilesen kann. Es gebe Texte, die über das hinaus, was sie in diesem Charakter sagen, nichts Wesentliches, sondern nur Unwesentliches hergeben — die zur Rückfrage nach hinter ihrer Botschaft liegenden, in ihrer Botschaft erst »gedeuteten«, von ihrer Aussage unabhängigen und also zu unterscheidenden Fakten jedenfalls nicht einladen, die Beantwortung solcher Rückfragen wohl geradezu unmöglich machen. Es gebe Texte, deren Aussagen bei den Lesern, sofern sie sie verstehen, zunächst nur auf Unglauben ... stoßen, oder aber bei ihnen Glauben finden kann. Warum sollte es nicht nach nüchtern historisch-kritischem Urteil auch solche rein kerygmatische und also sachgemäß nur als solche zu interpretierende Texte geben? Die biblisch-theologische Wissenschaft setzt voraus, daß es solche gebe und daß sie es im Besonderen im Alten und Neuen Testament eben mit solchen Texten zu tun habe: mit Texten, deren Aussagen wohl wie die aller anderen Texte objektiv zur Kenntnis genommen, die aber nur entweder mit dem Nein des Unglaubens oder mit dem Ja des Glaubens ihrem Sinn entsprechend verstanden werden können, die also nur in ständiger Berücksichtigung dieses ihres kerygmatischen Charakters sachgemäß zu erklären sind. ... Eben von daher tritt sie in der Erwartung — mehr ist nicht zu sagen, aber auch nicht weniger! — an diese Texte heran: daß ihr dieses Zeugnis in ihnen begegnen werde — wobei sie sich nun doch (eben darum geht es in dem sog. »hermeneutischen Zirkel«) für die Frage rückhaltlos offen hält: ob, inwiefern, in welcher Gestalt und in welchen konkreten Aussagen sich diese ihre Erwartung erfüllen, die Auszeichnung, die diese Texte für die Gemeinde besitzen, sich also bestätigen möchte. »Dogmatische« Exegese? Sie ist das nur insofern, als sie ein Dogma ablehnt, das ihr diese Erwartung zum vornherein verbieten, deren Erfüllung zum vornherein als unmöglich erklären möchte. »Pneumatische« Exegese? Sicher nicht, sofern sie etwa aus irgendeinem ihr vermeintlich eigenen Geistbesitz heraus über die Schrift verfügen zu können meinte. Sie mag aber so genannt werden, sofern sie sich die doch aus der Schrift selbst zu begründende Freiheit nimmt, ernstlich, letztlich und entscheidend nur eben die Frage nach dem in ihr vernehmbaren Selbstzeugnis des Geistes an sie zu richten.

Einführung in die evangelische Theologie, 1977 (2.Aufl. der Taschenbuchausgabe), 137 — 139

4. Jesus Christus — Einheit stiftende Mitte der Schrift

Ist Jesus Christus das eine und eigentliche Wort Gottes (T 47; T 48) und ist die Bibel das Zeugnis des Wortes Gottes, dann ist Jesus Christus als Mitte und Einheit stiftendes Band der hl.Schrift die selbstverständliche Voraussetzung der christo*zentrisch* ausgerichteten Theologie Barths. Da die Kirche in ihrer Geschichte immer wieder in der ganzen Bibel Gottes Wort gehört hat (T 49), darf sich die Auslegung nicht von vornherein bestimmten Texten des Kanons verschließen (T 50 — T 52). Wer die Bibel lesen und verstehen will, muß sich vielmehr dafür offen halten, in *allen* ihren Teilen das Wort Gottes zu vernehmen. Jesus Christus als der Gegenstand und die Mitte des ganzen Kanons alten und neuen Testamentes (T 53) ist jedoch, wie die Autorität der Schrift überhaupt, nicht nur dogmatisch zu behaupten, sondern im Umgang mit der Bibel zu bewähren (T 50; vgl. T 47; T 49).

T 47   Das Zeugnis der heiligen Schrift von sich selber besteht... einfach in ihrem Wesen als Zeugnis von Jesus Christus. Und es steht und fällt die Erkenntnis der Wahrheit dieses ihres Selbstzeugnisses, es steht und fällt die Erkenntnis ihrer einzigartigen Maßgeblichkeit mit der Erkenntnis, daß Jesus Christus der fleischgewordene Sohn Gottes ist. Weil aber diese Erkenntnis zusammenfällt mit der Erkenntnis des Glaubens an seine Auferstehung von den Toten, muß man sagen: die Schrift zeugt damit von sich selber, daß sie in ihrer entscheidenden Mitte die Auferstehung Jesu Christi von den Toten bezeugt.

      Kirchliche Dogmatik I,2 (Die Lehre vom Worte Gottes. Prolegomena zur Kirchlichen Dogmatik), 1960⁵, 538.

T 48   Wir können in dem Satz: »Die Bibel ist Gottes Wort« nicht etwa plötzlich ein anderes, geringeres, weniger gewaltiges und unzugängliches, weniger herrliches Wort Gottes meinen als das, das uns in der Trinitätslehre, in der Lehre von Christus und vom Heiligen Geist beschäftigt hat. Es gibt nur ein Wort Gottes und das ist das ewige Wort des Vaters, das, Fleisch geworden wie wir, um unserer Versöhnung willen wieder zum Vater gegangen ist, um durch den Heiligen Geist seiner Kirche gegenwärtig zu sein. Um dieses Wort und seine Gegenwart geht es auch in der heiligen Schrift, im Menschenwort seiner Zeugen.

      Kirchliche Dogmatik I,2 (Die Lehre vom Worte Gottes. Prolegomena zur Kirchlichen Dogmatik), 1960⁵, 569.

T 49   Wir erinnern uns, da und dort in diesem *Buch*, das Wort Gottes gehört zu haben; wir erinnern uns, in und mit der Kirche, daß das Wort Gottes auch schon in diesem *ganzen* Buch, in *allen* seinen Bestandteilen gehört worden ist; und daraufhin erwarten wir, das Wort Gottes in diesem Buch wiederzuhören, es selber auch da zu hören, wo wir es wohl bisher für unsere Person noch nicht gehört haben.

      Kirchliche Dogmatik I,2 (Die Lehre vom Worte Gottes. Prolegomena zur Kirchlichen Dogmatik), 1960⁵, 588f.

T 50   Muß die Kirche, muß auch die römische Kirche, muß aber auch Luther sich von der überlieferten *Ganzheit* des Kanons her fragen lassen, ob die jeweils vorgenommenen Bevorzugungen und Geringschätzungen wohlgetan sein möchten, ob damit nicht unentbehrliche Bestandteile des Offenbarungszeugnisses zum Schaden unserer Erkenntnis des Wortes Gottes vernachlässigt wurden, so darf und muß doch die Kirche auf Grund der Erkenntnis des Wortes Gottes, die sie vielleicht aus bestimmten Bestandteilen des Offenbarungszeugnisses im Unterschied zu anderen gewonnen, auch immer wieder nach dem *Recht* der überlieferten Ganzheit des Kanons fragen. Und wenn sie das darf und muß, wie sie es ja faktisch und praktisch auch auf der ganzen Linie tut, dann kann auch die Erwägung der Möglichkeit einer öffentlichen Veränderung dieses Bestandes, sei es wie im 16.Jahrhundert im Sinne einer Verengerung, sei es im Sinne einer Erweiterung, keine einfach verbotene Erwägung sein.

Kirchliche Dogmatik I,2 (Die Lehre vom Worte Gottes. Prolegomena zur Kirchlichen Dogmatik), 1960[5], 529.

Sie [= die Kirche] darf und muß darüber wachen, daß es nicht etwa unter dem Titel und in Anwendung jenes Luther'schen Kriteriums zu Vernachlässigungen bestimmter Seiten des biblischen Zeugnisses, zu häretisierenden Einseitigkeiten und Überbetonungen komme. **T 51**

Kirchliche Dogmatik I,2 (Die Lehre vom Worte Gottes. Prolegomena zur Kirchlichen Dogmatik), 1960[5], 531.

Sollte er [= Luther], etwa in seiner Lehre von Gesetz und Evangelium, die Würfel nicht in besten Treuen auch etwas gemeistert und das Kleid Christi nicht auch geteilt haben? . . . In allen diesen Fällen hat die Verkennung der *Einheit* der Schrift noch immer ihre Verkennung als *heilige* Schrift früher oder später nach sich gezogen und nach sich ziehen müssen; denn schon mit solch eigenmächtiger Bevorzugung hat man auch die jeweils bevorzugten Stücke schon nicht mehr als heilige Schrift gelesen. Ähnlich steht es aber mit diesem Bevorzugen auch im Einzelnen und Einzelsten. Es dürfte grundsätzlich wohl so sein . . .: wo bei der Auslegung der Schrift auch nur etwas übersehen wird, was eben auch geschrieben steht, wo man genötigt ist, zur Durchführung seiner Auslegung auch nur etwas, was auch geschrieben steht, abzuschwächen oder gar fallen zu lassen, da droht die Möglichkeit, daß die Auslegung das Eine, von dem die Schrift in ihrer Ganzheit zeugt, auch da, wo sie es gefunden zu haben meint, in Wirklichkeit verfehlt hat. Eine Auslegung ist in dem Maß vertrauenswürdig, als sie nicht nur den gerade vorliegenden Text, sondern mindestens implizit auch alle anderen Texte auslegt, in dem Maß, als sie mindestens den Ausblick für die Auslegung auch aller anderen Texte eröffnet. **T 52**

Kirchliche Dogmatik I,2 (Die Lehre vom Worte Gottes. Prolegomena zur Kirchlichen Dogmatik), 1960[5], 537.

Die kanonische Geltung des Alten Testaments ist nicht nur keine willkürliche Ergänzung des evangelisch-apostolischen Christuszeugnisses durch die alte Kirche, sondern sie war, bevor und indem die älteste Kirche entstand, eben in dem evangelisch-apostolischen Christuszeugnis selbst, das man jetzt als das Zeugnis der Erinnerung mit Recht neben jenen ursprünglichen Kanon als das Zeugnis der Erwartung stellte, sie war also eben in der neutestamentlichen Bibel selbst so begründet, daß diese, nur wenn man sie völlig unleserlich machen wollte, ohne jenen ursprünglichen Kanon als Zeugnis von Gottes Offenbarung gewürdigt und verstanden werden könnte. Ob es uns gefällt oder nicht: der Christus des Neuen Testamentes ist der Christus des Alten Testamentes, der Christus Israels. Wer das nicht wahrhaben will, zeigt damit nur, daß er auch an die Stelle des Christus des Neuen Testamentes in Wahrheit schon einen anderen Christus geschoben hat. **T 53**

Kirchliche Dogmatik I,2 (Die Lehre vom Worte Gottes. Prolegomena zur Kirchlichen Dogmatik), 1960[5], 541.

5. Die Bibel als Zeugnis von Gottes Offenbarung

»Die Bibel als Zeugnis von Gottes Offenbarung« ist der Basissatz (T 54) für Barths Überlegungen zur Autorität der hl.Schrift und zur biblischen Hermeneutik. Daß Gott de facto durch die Schrift zu uns gesprochen *hat* (T 55; T 56; T 61), rechtfertigt die Erwartung, daß wir ihn in ihr auch weiterhin hören *werden.* Nur in dieser und aus dieser Spannung heraus ist das Bekenntnis zur Bibel als Wort Gottes möglich (T 57; 58). Denn Gottes Wort ist dem hermeneutischen Zugriff und jeder menschlichen Qualifikation entzogen (vgl. III.3.). Neben die *Unverfügbarkeit der Bibel (*T 56) *als Wort Gottes* tritt die Erkenntnis ihrer *Wirklichkeitsbezogenheit,* die sich aus dem Aspekt der Bibel als menschlichem Zeugnis (T 59) von Gottes Offenbarung ergibt. Diese drei Koordinaten von a) Spannung zwischen Verheißung und Erfüllung der Bibel als Wort Gottes, b) Unverfügbarkeit des Wortes Gottes und c) Wirklichkeitsbezogenheit des biblischen Wortes — bestimmen Barths Lehre, oder besser: sein Bekenntnis zur Bibel als Wort Gottes, zur Verbalinspiration (T 60; 61) und zur Irrtumsfähigkeit (T 60) der hl.Schrift.

T 54 (Vgl. das Zitat auf Seite 40 bei Anmerkung 6)

T 55 Die Wahrheit dieses *Grund*satzes ist es, die sich uns darin bewiesen und erprobt hat, daß wir, in der Bibel suchend, in der Bibel Antwort auf unsere Frage nach Gottes Offenbarung gefunden haben.

Kirchliche Dogmatik I,2 (Die Lehre vom Worte Gottes. Prolegomena zur Kirchlichen Dogmatik), 1960[5], 511.

T 56 In ihrer Erinnerung und in ihrer Erwartung ist es das Zeugnis von Gottes Offenbarung, ist die Schrift heilige Schrift. Über das, was dazwischen liegen kann: über das Ereignis, daß dieses Zeugnis nicht nur in Erinnerung und Erwartung, sondern heute und hier Zeugnis von Gottes Offenbarung ist — über dieses Ereignis hat die Kirche weder Verfügung noch Macht.

Kirchliche Dogmatik I,2 (Die Lehre vom Worte Gottes. Prolegomena zur Kirchlichen Dogmatik), 1960[5], 534.

T 57 Wir glauben in und mit der Kirche, daß die heilige Schrift diese Priorität vor allen anderen Schriften und Instanzen, auch vor denen der Kirche selbst hat. Wir glauben in und mit der Kirche, daß die heilige Schrift als das ursprüngliche und legitime Zeugnis von Gottes Offenbarung das Wort Gottes selber *ist.* . . . Dieses »hat« und »ist« sind Aussagen über eine göttliche Verfügung, Tat und Entscheidung, auf die als solche wir, wenn wir diese Sätze bilden, einerseits als auf eine schon geschehene zurückblicken, auf die wir andererseits als auf eine künftige hinblicken. Sie sind also nicht: Aussagen über einen uns übersichtlichen und verfügbaren Sachverhalt. Sie sagen nicht, daß wir die Fähigkeit und Kompetenz haben, der Bibel diese ihre Priorität, diesen ihren Charakter als Gottes Wort zuzuschreiben, und daß die Bibel ihrerseits uns in dieser ihrer Priorität und in diesem ihrem Charakter ohne weiteres einsichtig wären. Wagen wir diese Aussagen, so wagen wir sie im Gehorsam und also nicht auf Grund und nach Maßgabe eines von uns selbst mitgebrachten und an diesem Gegenstand (als wäre seine Heiligkeit eine unsrer Beobachtung und Beurteilung zugängliche Eigenschaft!) herangebrachten Vorverständnisses und Vorurteils, sondern im Gehorsam gegen ein von diesem Gegenstand her schon gefallenes und in der Bereitschaft gegen ein von diesem

Gegenstand her wieder und aufs neue fallendes Urteil Gottes. Wir wagen sie in Dankbarkeit gegenüber dem, was wir in der Schrift schon gehört zu haben uns erinnern, und in Hoffnung gegenüber dem, was wir wiederzuhören erwarten dürfen. Sagen wir: die Bibel *hat* jene Priorität, sie *ist* Gottes Wort, dann ist also dieses »hat« zunächst auseinanderzulegen in ein: »sie hatte« und in ein »sie wird haben«, und dieses »sie ist« in ein »sie war« und »sie wird sein«. In dieser und nur in dieser Auslegung entsprechen die beiden Worte dem, was wir hier faktisch wissen und sagen können. . . . Wiederum darf aber über dieser unserer Auslegung der ausgelegte Text — und dieser lautet: »hat« und »ist« — nicht aus den Augen verloren und vergessen oder gar in seiner diese Auslegung fordernden, aber auch aller Auslegung spottenden Überlegenheit und Kraft angeschwächt, es darf die Wahrheit dieses »hat« und »ist« unter keinen Umständen durch Auflösung in ein Präteritum und Futurum geleugnet werden. Auch und gerade das »hatte« und »war« und das »wird haben« und »wird sein« lebt ja durchaus von seiner Mitte, von der Gegenwart des »hat« und »ist«. Und nur dann können unsere auslegenden Aussagen über die Erinnerung und Erwartung . . . echte Auslegung sein, wenn sie sich durchaus auf diese Mitte, auf die Gegenwart beziehen . . . , von der als solcher wir nichts sagen können als eben dieses überschwengliche »hat« und »ist«, weil sie das Ereignis dessen ist, was Gott in göttlicher Freiheit und Überlegenheit und Kraft selber und allein beschließt, will und tut.

Kirchliche Dogmatik I,2 (Die Lehre vom Worte Gottes. Prolegomena zur Kirchlichen Dogmatik), 1960[5], 557f.

Was . . . gesagt ist [in 2.Tim 3,14], ist deutlich und ausdrücklich im *Rückblick* darauf gesagt, daß die Schrift im Leben des Angeredeten eine bestimmte, entscheidende Rolle schon gespielt, daß sie den Beweis für das, was sie zu sein beansprucht, schon geführt, sich in ihrer Dynamik . . . schon bewährt hat. Nachher aber fährt Paulus fort mit der Zusicherung: eben diese Schrift wird dir auch nützlich sein »zur Belehrung, zur Überführung, zur Aufrichtung, zur Erziehung in der Gerechtigkeit« . . . , »damit der Mensch Gottes fertig werde, gerüstet zu jedem guten Werk«. Nun ist dieselbe Schrift also zum Gegenstand der *Erwartung* geworden, wobei doch der Inhalt der Erwartung kein anderer ist als der der Erinnerung, von der vorher die Rede war, nur daß jetzt eben das Ganze, was vorher als Gabe dargestellt war, den Charakter einer künftig zu ergreifenden und auszuführenden Aufgabe bekommt. . . . Inmitten dieser beiden Aussagen steht nun, nach rückwärts und vorwärts erleuchtend, der Satz: . . . alle, die ganze Schrift ist — wörtlich: »gottesgeistlich« d.h. von Gottes Geist eingegeben, erfüllt, beherrscht, und aktiv: Gottes Geist atmend, verbreitend, erkennen lassend. Es ist klar, daß dieser Satz für das Ganze entscheidend ist. Deshalb, d.h. in der Kraft der Wahrheit dessen, daß der Geist Gottes vor, über und in der Schrift ist, deshalb konnte sie und deshalb wird sie können, was vorher und nachher von ihr gesagt wird. Es ist aber ebenso klar: in dieser *Mitte* der Stelle wird eine Aussage über eine Beziehung zwischen Gott und der Schrift gemacht, die nur als eine Verfügung, Tat und Entscheidung Gottes selbst verstanden und die darum als solche nicht weiter entfaltet, auf die vielmehr nur — und nicht umsonst so kurz — Bezug genommen werden kann. Alles, was dazu zu sagen ist, wird im entscheidenden Punkt nur in der Unterstreichung und Abgrenzung des uns unzugänglichen Geheimnisses der

T 58

T 59 freien Gnade bestehen können, in der der Geist Gottes vor, über und in der Bibel gegenwärtig und wirksam ist.

Kirchliche Dogmatik I,2 (Die Lehre vom Worte Gottes. Prolegomena zur Kirchlichen Dogmatik), 1960⁵, 559.

Reden wir aber von einem Wunder, wenn wir sagen, daß die Bibel Gottes Wort ist, dann dürfen wir die *Menschlichkeit* ihrer Gestalt und die Möglichkeit des Anstoßes, den man an ihr nehmen kann, weder direkt noch indirekt in Abrede stellen. . . . Geschah an ihnen das Wunder, daß sie berufen wurden zu Zeugen der Auferstehung und daß sie den Heiligen Geist empfingen, so geschah dieses Wunder an ihnen selbst und also an ihnen im vollen Gebrauch ihrer menschlichen Freiheit, ohne Aufhebung der Schranken, die eben damit für sie wie für uns alle gesetzt waren. Es bedeutet ihre Existenz als Zeugen, wie sie in der heiligen Schrift vor unseren Augen und Ohren Ereignis ist, gerade die Existenz wirklicher (und also keineswegs durch die Existenz Gottes verdrängter und auch keineswegs durch irgendeine Magie im Vollzug ihrer Existenz gehemmter) Menschen, die uns als solche: im vollen Gebrauch ihrer Freiheit und innerhab der damit gesetzten Schranken Gottes Wort zu sagen haben. Daß die *Lahmen* gehen, die *Blinden* sehen, die *Toten* auferstehen, daß *sündige* und *irrende* Menschen als solche das Wort Gottes sagen, das ist das Wunder, von dem wir reden, wenn wir sagen, daß die Bibel Gottes Wort ist. Es gehört also zur Erkenntnis dieses Satzes die Anerkennung, daß seine Wahrheit in der durch die Kraft des Wortes Gottes Ereignis werdenden *Aufhebung* eines jeden Augenblickes und auf der ganzen Linie gegebenen *Anstoßes* besteht. Dieser Anstoß ist wie der Anstoß des Kreuzes Christi darin begründet, daß das Wort Gottes Fleisch ward und darum mitten im Fleisch seine Kirche begründet hat, beruft, sammelt, erleuchtet und heiligt bis auf diesen Tag. Dieser Anstoß ist also ebenso wie seine Überwindung in der Barmherzigkeit Gottes begründet. Eben darum darf er nicht geleugnet, eben darum kann er auch nicht von uns beseitigt werden. Eben darum ist jede Umdeutung des Wortes Gottes in ein unfehlbares biblisches Menschenwort oder jede Umdeutung des biblischen Menschenwortes in ein unfehlbares Gotteswort eine Auflehnung gegen das, wogegen man sich unter keinen Umständen auflehnen dürfte, nämlich gegen die Wahrheit des Wunders, daß hier fehlbare Menschen in fehlbaren Menschenworten Gottes Wort sagen — und damit eine Auflehnung gegen die Souveränität der Gnade, in welcher Gott selber in Christus Mensch wurde, um sich selber in seiner Menschheit zu verherrlichen.

Kirchliche Dogmatik I,2 (Die Lehre vom Worte Gottes. Prolegomena zur Kirchlichen Dogmatik), 1960⁵, 587f.

T 60 Wird es jetzt wahr in der Zeit, wie es in Ewigkeit wahr ist, daß die Bibel Gottes Wort ist, dann heißt das . . .: *Gott* redet jetzt, was dieser Text redet. Gottes *Werk* geschieht durch diesen Text. Gottes *Wunder* ereignet sich jetzt an diesem aus Menschenworten geformten Text. Dieser Text in seiner ganzen *Menschlichkeit* mit aller Fehlbarkeit, die dazu gehört, ist Gegenstand dieses Werks und Wunders. Durch Gottes *Entscheidung* wird jetzt dieser Text in Dienst und Gebrauch genommen. Und in Gottes *Geheimnis* vollzieht es sich jetzt, daß dieser Text jetzt und hier diese Bestimmung bekommt. Dennoch ist es nun eben dieser Text als solcher, von dem das alles zu sagen ist. Er als solcher will reden und zeugen, gelesen und gehört sein; in *ihm* und durch *ihn* das Wort Gottes, nicht irgendwo neben oder hinter ihm. ... Spricht jetzt Gott zum Menschen, dann spricht er jetzt wirklich die Sprache dieses konkreten Menschenwortes. Das ist das gute und notwendige Recht des Begriffes der *Verbal*inspiration. Ist das Wort nicht von der Sache zu trennen, gibt es also keine Verbalinspiriertheit, so ist doch auch die Sache nicht vom Wort zu trennen, gibt es also *Real*inspiration: Hören des Wortes *Gottes*, nur in der Form von *Verbal*inspiration: Hören des Wortes Gottes in der konkreten Gestalt des *biblischen* Wortes. Verbalinspiration bedeutet nicht: Unfehlbarkeit des biblischen Wortes in seinem sprachlichen, geschichtlichen, theologischen Charakter als menschliches Wort. Verbalinspiration bedeutet: das fehlbare und fehlende menschliche Wort ist jetzt als solches von Gott in seinen Dienst genommen und ungeachtet seiner menschlichen Fehlbarkeit als solches anzunehmen und zu hören. ... Der Glaube an die Inspiration der Bibel steht und fällt damit, daß das konkrete Leben der Kirche und der Glieder der Kirche ein wirklich von der *Exegese* der Bibel beherrschtes Leben ist.

T 61

Kirchliche Dogmatik I,2 (Die Lehre vom Worte Gottes. Prolegomena zur Kirchlichen Dogmatik), 1960[5], 591ff.

An die Inspiration der Bibel glauben, das heißt: auf Grund und entsprechend ihrem Zeugnis an den *Gott* glauben, dessen Zeugnis sie ist. Tun wir das nicht, was hülfe uns dann die sicherste Sicherung hinsichtlich der Göttlichkeit dieses ihres Zeugnisses? Tun wir es aber, wie sollten wir dann noch nach einer besonderen Sicherung dieser Göttlichkeit verlangen? Würden wir nicht glauben ohne zu glauben, wenn wir eine solche Sicherung für unentbehrlich erklären wollten? Unser Glaube ist es gewiß nicht, der die Bibel zu Gottes Wort macht. Aber eben die Objektivität der Wahrheit, daß sie Gottes Wort ist, können wir nicht besser sicherstellen als durch die Feststellung, daß sie unseren Glauben fordert, unseren Glauben begründet, die Substanz und das Leben unseres Glaubens ist.

Kirchliche Dogmatik I,2 (Die Lehre vom Worte Gottes. Prolegomena zur Kirchlichen Dogmatik), 1960[5], 594.

6. Literaturhinweise

Zur *Einführung*: E. Busch, Karl Barth's Lebenslauf. Nach seinen Briefen und autobiographischen Texten, 1976[2] (zugleich eine Einführung in seine Theologie); E. Jüngel, Art. Barth, Karl, in: TRE Bd.5, 1980, 251 — 268; W. Kreck, Zur Eröffnung der Barth-Ausstellung in Bonn am 1.2.1971, in: ders., Tradition und Verantwortung. Gesammelte Aufsätze, 1974, 262 — 274.

Zum *hermeneutischen Ansatz K. Barths*: G. Eichholz, Der Ansatz Karl Barths in der Hermeneutik, in: ders., Tradition und Interpretation. Studien zum Neuen Testament und zur Hermeneutik, 1965, 190 — 209; F.-M. Marquardt, Exegese und Dogmatik in Karl Barths Theologie, in: K. Barth, Kirchliche Dogmatik. Registerband, 1970, 651 — 676; R. Smend, Nachkritische Schriftauslegung, in: ΠΑΡΡΗΣΙΑ. K. Barth zum 80. Geburtstag, hg. von E. Busch, J. Fangmaier und M. Geiger, Zürich 1966, 215 — 237; vgl. außerdem: W. Lindemann, Karl Barth und die kritische Schriftauslegung, 1973 (zu dem Beitrag ist unbedingt die kritische Rezension von W. Schlichting [in: ThBeitr 9.Jhg. 1978, 43 — 46] zu vergleichen).

IV. Ernst Käsemann (Gerhard Ebeling) — radikale Kritik im Dienst reformatorischer Theologie

1. Person und Programm

a. Zur Person

Ernst Käsemann (geb. 1906) ist einer der bedeutendsten Schüler Rudolf Bultmanns. Die Einsichten seines Lehrers hat er sowohl fortgeführt als auch in vielen Teilen entscheidend modifiziert[1]. Der Bekenntnisbewegung dient er als ein Hauptziel ihrer Angriffe auf die »moderne Theologie«; Käsemann hat sich aber auch seinerseits kirchenpolitisch sowie in hermeneutischen Fragen offensiv mit dem Pietismus auseinandergesetzt.

b. Das Programm

Käsemanns Lebensarbeit ist gekennzeichnet durch zwei große Schwerpunkte: neben einer Vielzahl von Veröffentlichungen zum Neuen Testament[2] hat er sich als Christ und Theologe auch bewußt den Schwierigkeiten gestellt, die sich ihm aus seiner historisch-kritischen Arbeit am Neuen Testament ergaben. Wie soll der Dogmatiker, wie soll sich der Christ angesichts der vielen, zueinander in Spannung stehenden Theologien, die die historische Kritik nach Käsemann im Neuen Testament (Entsprechendes gilt auch für das Alte Testament) gefunden hat, verhalten? Die Antwort auf diese Frage findet der Lutheraner Käsemann in der grundlegenden reformatorischen Unterscheidung von Gesetz und Evangelium. Gesetz und Evangelium müssen wie im Alten Testament so auch im Neuen Testament unterschieden werden; Kanon im Kanon, Maßstab und Mitte der Schrift ist uns in der Vielzahl neutestamentlicher theologischer Gedanken das paulinische Evangelium von der »Rechtfertigung der Gottlosen«. Von diesem Ansatz her ist auch Sachkritik am Neuen Testament möglich. Als Lutheraner unterscheidet Käsemann streng zwischen dem Kanon, d.h. dem Gesamtbestand der biblischen Schriften, und dem Wort Gottes, das mit der Schrift nicht identisch ist. Die Bibel ist nur ein Notbehelf, ein »Hilfsmittel, um die Erinnerung an das verkündigte Wort Gottes festzuhalten und rein zu erhalten gegen allen Mißbrauch« (Gloege).[3] Das Wort Gottes ist allein die mündliche Verkündigung des Evangeliums. Diese Unterscheidung gestattet es Käsemann, die Menschlichkeit der Bibel, ihre von der historischen Kritik erkannten Mängel, zu akzeptieren und in ihr doch die Basis für das durch den Geist Gottes lebendige Evangelium zu erkennen.

Mit den pietistischen Angriffen auf die historische Kritik setzt er sich offensiv und nicht ohne Polemik auseinander, indem er sowohl die theologische Notwendigkeit der historischen Kritik als auch die falschen Praktiken einer auf historische Kritik verzichtenden biblizistischen Bibelauslegung aufdeckt.

---

[1] Zur Kritik Käsemanns an Bultmann vgl. (1.) E. Käsemann, Das Problem des historischen Jesus, in: ders., Exegetische Versuche und Besinnungen I, 1970[6] 187—214; ders., Sackgassen im Streit um den historischen Jesus, in: ders., Exegetische Versuche und Besinnungen II, 1968[3], 31—68 (gegenüber Bultmann Betonung der Notwendigkeit der historischen Rückfrage). — (2.) Ders., Gottesgerechtigkeit bei Paulus, in: ders. ebd. II, 181—193; ders. Neutestamentliche Fragen von heute, in: ders., ebd. II, 11—31, bes. 22ff (zur Kritik an Bultmanns Verständnis von »Gerechtigkeit Gottes bei Paulus«). — (3.) Ders., Zur Paulinischen Anthropologie, in: ders. Paulinische Perspektiven, 1972[2], 9—60, bes. 24ff (Zur Kritik an Bultmanns Konzeption Paulinischer Anthropologie).
[2] Seine wichtigsten Arbeiten finden sich in: Exegetische Versuche und Besinnungen Bd. 1 u. 2 (s. Anm. 1).
[3] G. Gloege, Zur Geschichte des Schriftverständnisses, in: E. Käsemann (Hg.) Das Neue Testament als Kanon. Dokumentation und kritische Analyse zur gegenwärtigen Diskussion 1970, (13—40) 25.28.

2. Zum Problem des Kanons im Kanon

Käsemann akzeptiert die Losung »tota Scriptura«. Er erkennt die ganze Schrift als kirchliche Autorität an. Da »tota Scriptura« als Norm es aber erlaubt, die ganze kirchliche Tradition samt all' ihren Irrtümern und Abwegen zu rechtfertigen, stellt sie als solche *kein Gegenüber* zur Kirche dar. Vielmehr ist auch die ganze Schrift als geschichtliches Buch ein Spiegel vom Kampf zwischen Glaube und Aberglaube. Deshalb hält Käsemann es für unumgänglich, einen »Kanon« (griech.: Maßstab) im Kanon der biblischen Bücher anzugeben, der das Wesen und das Unverzichtbare des christlichen Glaubens formuliert. Dieser »Kanon im Kanon« ist der kritische Maßstab für Aussagen der Schrift, Tradition und Predigt. Käsemann bringt den Kanon im Kanon als Mitte der Schrift auf die Formel von der »Rechtfertigung der Gottlosen«. Aber wenn auch in der Schrift selber der Kampf um den rechten Glauben tobt, so stellt Käsemann doch andererseits — in Anlehnung an Luther — die grundsätzliche Klarheit der Schrift in bezug auf das Evangelium heraus.

Wo man die Losung der tota scriptura [die ganze Schrift] antithetisch der anderen [sola scriptura] allein die Schrift gegenüberstellt, faktisch also den Bestand im ganzen wie in seinen Einzelheiten zur Norm werden läßt, ändern selbst scharfe Differenzierungen zwischen Mitte und Rändern, Ursprünglichem und Abgeleitetem, dauernd Gültigem und Situationsbedingtem nichts daran, daß der Kanon sein Kriterium von der kirchlichen Tradition her empfängt. . . . Aus der kirchlichen Tradition läßt sich so gut wie alles rechtfertigen. . . .

T 61a

Sola scriptura meint keineswegs die Ausscheidung des Kanons aus dem Bereich kirchlicher Tradition. Es meint die Unterscheidung echter und falscher, angemessener und unangemessener Tradition, die Prüfung der Geister auch im Blick auf die kirchliche Überlieferung. . . . Es hebt die Losung tota scriptura nicht auf, setzt sie vielmehr voraus. Doch ist diese Losung für reformatorisches Christentum nicht Norm, wie sich im Streit um die Apokryphen oder in der Aufnahme der altkirchlichen Auseinandersetzung um die Antilegomena[4] zeigt. Dann würde letztlich die kirchliche Tradition über den Kanon entscheiden, und folgerichtig müßte die Auslegung des Neuen Testaments dessen letzte Schriften, wie abgeleitet sie sind, derart berücksichtigen, daß von dort auch dessen Mitte tangiert werden würde. . . .

Die ganze Schrift hat kirchliche Autorität für sich. Alle kirchliche Autorität muß sich jedoch an derjenigen Christi messen, von ihr her richten lassen. Sie hat den Herrn nicht so integriert, daß er sie nur oder im allgemeinen zu sanktionieren hätte. . . . Sie hat stets diesen Herrn als letzte Appelationsinstanz sich gegenüber und so faktisch sogar gegen sich. Grundsätzlich bekundet er seine Autorität immer sowohl durch sie wie gegen sie. Das gilt auch für den Kanon.

Sola scriptura meint, daß wir die ganze Schrift behalten, um nicht dem Individualismus der Einzelnen, der Gruppen und Konfessionen zu verfallen, daß wir jedoch andererseits die ganze Schrift stets neu . . . zu befragen haben, ob und wie weit sie »Christum treibet«, weil wir in Dingen des Glaubens uns nicht einer fides implicita[5] überlassen wollen, ständig für ihn persönlich verantwortlich sind und

---

[4] Antilegomena sind altkirchliche Schriften, deren Aufnahme in den Kanon man z.T. »widersprach«.
[5] Fides implicita ist der Glaube an eine Lehre, die unausgesprochen — ohne speziell entfaltet zu ein —
   schon in einer anderen enthalten ist.

kirchlichem Zufall, kirchlichen Kompromissen, der Willkür der Institutionen uns ebensowenig ausliefern wie unserm eigenen Gutdünken. Wird damit aber nicht die Quadratur des Zirkels gefordert? Das ist nicht der Fall, wenn sich klar und ausreichend bestimmen läßt, »was Christum treibet« . . .

Was Christum treibet, wird ebensowenig einfach aus der Erfahrung der Einzelnen, der Gruppen oder der Kirchen ablesbar. . . . Offensichtlich kann es klar und ausreichend nur christologisch bestimmt werden. Doch genügt das nicht. Denn es gibt viele Christologien im Neuen Testament und heute noch. . . .

Verschiedene Christologien sind nicht ohne weiteres gegensätzlich, sondern mögen sich, im einzelnen mehr oder weniger angemessen, ergänzen, situationsbedingt andere Züge betonen. Das Gewicht muß hier offensichtlich . . . auf das christologisch Unverwechselbare und schlechterdings Unvermeidbare fallen. Christologisch unverwechselbar und unvermeidbar sind allein solche Aussagen, welche Botschaft und Werk des Nazareners nicht überspringen und die Herrschaft des Gekreuzigten bezeugen. Sie sind umgekehrt ausreichend, um das, was Christum treibet, klar herauszustellen. Weil es sich so verhält, ist die Rechtfertigung des Gottlosen jene Mitte aller christlichen Verkündigung und darum ebenfalls der Schrift, auf welche unter keinen Umständen verzichtet werden darf. . . . Weil in ihr Jesu Botschaft und Werk als Botschaft und Werk des Gekreuzigten, seine Herrlichkeit und Herrschaft sich unverwechselbar von allen andern religiösen Aussagen abheben, muß sie als Kanon im Kanon betrachtet werden, ist sie das Kriterium zur Prüfung der Geister auch gegenüber christlicher Predigt in Vergangenheit und Gegenwart schlechthin. . . .

Der Streit spitzt sich auf die Frage zu, was denn wirklich »Evangelium« ist. Dabei wird man weder auf die großen Taten Gottes noch auf die Stimme Christi verzichten dürfen. Doch sind das Chiffren, solange man nicht exakt sagt, worin diese Taten bestehen und was die Stimme Christi verlauten läßt. . . . Darum erscheint mir die Botschaft von der Rechtfertigung als qualifizierendes und scheidendes Kriterium auch des Neuen Testamentes unerläßlich. Sie kann das sein, sofern historisch-exegetisch das Merkmal Jesu im Unterschied von seiner gesamten religiösen Umwelt die Gemeinschaft mit den Sündern im Namen Gottes war, seine Kreuzigung entscheidend mit seiner Durchbrechung des Gesetzes zusammenhing, die auch die Heidenmission erst ermöglichte, und schließlich die urchristliche Verkündigung im allgemeinen mehr oder weniger zentral von da aus bestimmt ist. . . . Wo diese Rechtfertigung nicht mehr klar und zentral zu Worte kommt, endet für mich mit dem spezifisch Christlichen auch die theologische Autorität des Kanons, in den ich umgekehrt eben von hier aus das Alte Testament in weitem Umfang als promissio [Verheißung] einzubeziehen vermag. Insofern behaupte ich allerdings einen »Kanon im Kanon« und definiere zum mindesten grundsätzlich präzis dessen Grenzen. . . . Die Schrift bleibt Produkt eines kirchlichen Traditionsprozesses und deshalb vom Evangelium unterschieden, ohne daß dieses von jener gelöst werden sollte und dürfte. . . .

Das bedeutet . . ., daß es theologische Aussagen gibt, welche sich nicht mit dem Evangelium vereinigen lassen. . . . Unvereinbar mit dem durch die Rechtfertigungsbotschaft charakterisierten Evangelium ist jedoch eine Verkündigung der Rechtfertigung, welche allein dem Frommen widerfährt, und jede Lehre, welche darauf aufgebaut ist, daß der Mensch sich selbst transzendieren könne. Unvereinbar mit ihr ist es ebenso, wenn die Rechtfertigungsbotschaft, die jedem einzelnen gilt, durch kultische, institutionelle Ordnungen in den Schatten gerückt wird. Man wird diese Sachverhalte am Exempel der alttestamentlichen Tora, aber auch am Verhältnis von Paulus und Lukas, Paulus und Jakobus zu veranschaulichen und zu überprüfen haben, ins Christentum ständig eindringende Gesetzlichkeit und Schwärmerei bereits im Neuen Testament verifizieren und deshalb von dem unbegreiflichen, aber bei Theologen und in Gemeinden grassierenden Aberglauben abrücken, im Kanon bekunde sich überall nur echter Glaube, wenn vielleicht auch in nicht ganz adäquater Form.

Die Rechtfertigung des Gottlosen hat etwas mit dem 1.Gebot zu tun und ist dessen anstößigste und soteriologisch [im Blick auf das Heil] eindeutigste Explikation. Das besagt jedoch, daß es geschichtlich Jahwe nur im Streit mit Baal, Jakob nur in Bindung und Auseinandersetzung gegenüber Esau gibt, Christ und Antichrist stets gleichzeitig auf dem Plane sind, deshalb auch Glaube und Aberglaube, Kirche und Gegenkirche zwar unterschieden, aber nicht irdisch sauber getrennt werden können. Man verkennt den Kanon, wenn man sich einbildet, in ihm sei dieser Streit nicht im Gange, deshalb ihm gegenüber die Prüfung der Geister nicht notwendig. Das . . . gilt ebenso grundsätzlich wie die entgegengesetzte Feststellung, daß in der Schrift ausreichend und klar zutage tritt, auf was es ankommt, also das Evangelium. Weil das Kanonproblem nicht bloß historisch behandelt werden kann, sondern zugleich die Geltung der Schrift in der Kirche, ihrer Verkündigung und Lehre zur Debatte stellt, ist das Kanonproblem zutiefst das Problem seiner rechten Interpretation.

Kritische Analyse und Zusammenfassung, in: E. Käsemann (Hg.), Das Neue Testament als Kanon. Dokumentation und kritische Analyse zur gegenwärtigen Situation, 1970, (336—410) 402; 403f; 404f; 368; 406f.

[Zur Anklage und Ablehnung der historischen Kritik] Faktisch hat die Christenheit **T 62** das Alte Testament stets kritisch behandelt. So kam es beispielsweise zu einer allegorischen Interpretation. So wird jeder Bibelleser, weil er große Teile einfach nicht versteht, stets durch eine Auswahl bestimmt. Natürlich ist das sachlich nicht gerechtfertigt. Doch kennzeichnet das den Zwang, unter dem wir alle stehen, wenn Vergangenheit von uns nicht mehr durchschaut wird. Von da aus erscheint es komisch, wenn heute naive Willkür aus ihren Vorurteilen gegen die reflektierte und argumentative Kritik der differenzierenden Forschung zu Felde zieht. Trotz gegenteiliger Beteuerungen ließ nicht der heilige Geist, sondern pure Ahnungslosigkeit die Knüppel schneiden, die man im Kampf um die Bibel zu schwingen pflegt. Die halsbrecherische Art, mit welcher auf und unter der Kanzel wichtigstes Gut des Alten Testamentes interpretiert wird, spricht mehr für die Notwendigkeit der historischen Kritik als alle wissenschaftlichen Lehrbücher. Jeder fromme Unsinn kann sich in der Kirche des Wortes breitmachen und wird durch Ignoranz einerseits, Erbaulichkeit andererseits gestützt. Respektlosigkeit und tolle Einfälle können nicht mit dem Motto verteidigt werden: »Die Bibel hat doch recht«. Sie stellen aber die wilden Auswüchse einer radikalen Theologie weit in den Schatten. Wer dort toleriert und schweigt, sollte hier nicht verwerfen. Daraus ist die Lehre zu ziehen, daß man den heiligen Geist nicht zum Lückenbü-

ßer machen darf, wo Sachverstand, Logik und theologische Grundeinsichten fehlen. Der Geist, der das überflüssig macht, treibt in Glossolalie, und dagegen hat schon Paulus an die Vernunft appelliert.

Vom theologischen Recht historisch-kritischer Exegese, in: ZThK 64 (1967), (259 — 281) 268.

T 63 Die gegen die historisch-kritische Theologie erhobene Anklage lautet, daß sie Gemeinde und Glauben zerstöre, statt sie zu bauen. Recht und Unrecht solcher Anklage kann nicht entschieden werden, ohne daß man zuvor klarstellt, was Gemeinde im evangelischen Sinne ist und wodurch infolgedessen auch evangelischer Glaube grundlegend bestimmt wird. Die Antwort erscheint mir einfach: Gemeinde ist evangelisch die Schar unter dem Wort und im Hören des Wortes. Alle ihre sonstigen Merkmale müssen sich diesem letztlich entscheidenden Kriterium unterordnen. Gemeinde, die nicht creatura verbi [= vom Wort geschaffen] ist, ist für uns nicht mehr Gemeinde Jesu. Das wird polemisch gesagt. Daß christliche Gemeinschaften und Kirchen sich auf die Schrift ausrichten, versteht sich ja von selbst. Nur kann das in sehr verschiedener Weise geschehen. Das Kennzeichen der Reformation und ihrer Schüler ist die particula exclusiva, also das »allein«. Wir können ihrer auch hier nicht entbehren. Konkret bedeutet das: Das Verhältnis von Gemeinde und Gotteswort ist für uns nicht umkehrbar, so daß dialektisch aus der creatura verbi zugleich die faktisch und praktisch dem Wort als dessen Interpretin, Verwalterin, Besitzerin vorgeordnete Instanz werden dürfte. Natürlich hat die Gemeinde das Wort stets neu zu interpretieren, um es zu jeder Zeit und an jedem Ort vernehmbar werden zu lassen. In gewisser Weise hat sie es auch zu verwalten, sofern sie Mittel und Wege für es beschafft. Sie besitzt es aber nie. Denn sie bleibt des Wortes Magd. Macht sie das Wort zum Mittel für sich selbst und wird sie aus der Magd zur Herrin des Wortes, verliert sie sich selber. Sie ist regnum Christi [Reich Christi], weil sie durch das Wort erbaut wird. Sie bleibt das jedoch nur so lange, wie sie das Wort nicht in ihre Regie nimmt — eine Versuchung, welche die Kirche zu allen Zeiten bedroht hat. Es gibt die Freiheit eines Christenmenschen nur dort und so lange, wie er nicht sich selbst, sondern seinem Herrn gehört. Genauso behält Gemeinde nur dort und so lange den Charakter des regnum Christi, wie sie sich dem Worte unterordnet, ihm die ganze Gewalt und volle Freiheit beläßt. Auch eine sich selbst christlich nennende Gemeinde hat nicht die mindeste Autorität, muß vielmehr zu Ordnung und Umkehr gerufen werden, wenn sie das zu sagende evangelische Wort an sich mißt und ihre Gläubigkeit zur Grundlage der Verkündigung und abgeleitet der Theologie macht. Daß Verkündigung und Theologie das Fundament der Gemeinde und des Glaubens zerstören, ist für sich allein noch gar keine ernstzunehmende Anklage im christlichen Bereich. Denn das war oft genug die Aufgabe der Propheten und Apostel, wie man ebensosehr aus dem Eingang des Jeremiabuches wie aus den Sendschreiben der Apokalypse lernen kann, wenn man es aus der Reformationsgeschichte nicht mehr weiß. Ich möchte dasselbe von einer anderen Seite aus, nämlich positiv, ausdrücken: Wo das Wesen der Gemeinde im Hören steht und bleibt, da gibt es Gemeinde nie anders als in der peregrinatio [auf der Wanderschaft]. Wir kennen evangelisch keine heiligen Zeiten, Räume, Personen, Institutionen, an welche das Wort unverlierbar gebunden wäre und von denen aus es übertragen und legitimiert würde. Wir leben im Gegenteil mit Abraham, dem Volk der Wüste, den Propheten und Apokalyptikern des alten Bundes, mit Jesus und seinen Jüngern im ständigen Exodus, aus überkommenen Bindungen und festen Lagern stets neu auf den Weg der promissio [Verheißung] herausgerufen. Es nützt nicht, daß man einmal gehört hat. Man muß im Hören verbleiben. Kirche, deren Exodus ein Ende fand, ist nicht mehr Schar unter dem Wort, was immer sie sonst mit diesem Wort zu schaffen haben mag. Gilt das jedoch wirklich und gerade von der Schrift her, wird man kaum noch so selbstverständlich und unbeschwert, wie das heute weithin geschieht, die wissenschaftliche Theologie zur Buße rufen dürfen, ohne den Schaden der Gemeinde zu bedenken.

Zum gegenwärtigen Streit um die Schriftauslegung, in: E. Käsemann, Exegetische Versuche und Besinnungen Bd.II, 1970³, (268 — 290) 269f.

Überhaupt schafft nicht historische Kritik die unbewältigten Probleme, die durch **T 64** sie bewußt werden. Die heutige Krise erreicht ... ihren Höhepunkt darin, daß man sich kirchlich weithin der Probleme zu erwehren sucht, indem man diejenigen verketzert, die sie aufzeigen und formulieren. ... Verketzerung ist häufig das bequemste Mittel derer gewesen, die nicht aufbrechen konnten und wollten, weil der religiöse Besitz sie zum Umdenken und Neudenken unfähig machte. Gerade vom Evangelium her wird dem Historiker erlaubt, sich darüber kaltblütig hinwegzusetzen, wie seine Wissenschaft es ihm auch als solche befiehlt.

Vom theologischen Recht historisch-kritischer Exegese, in: ZThK 64. Bd. (1967), (259 — 281), 270f.

[Zur biblisch-reformatorischen Begründung der historischen Kritik] Zum Problem **T 65** der Auslegung muß ich als Exeget argumentieren, der die erste grundsätzliche hermeneutische Überlegung im Neuen Testament selbst, nämlich die paulinische Unterscheidung von πνεῦμα und γράμμα, ins Auge faßt. Die Antithese läßt sich nur schwer ins Deutsche übertragen. Denn gemeint ist nicht, wie antiker und moderner Idealismus verstand, der Gegensatz von Buchstabe und Geist, wobei »Buchstabe« sich auf das bezieht, was äußerlich, kontingent und fixiert begegnet und als solches nicht von geistiger Existenz ohne weiteres assimiliert werden kann. »Geist« wurde dementsprechend dann als die menschliche Fähigkeit gedeutet, seiner selbst inne zu werden und den Sinn von Welt und Geschichte zu begreifen. Als Jude hat Paulus in der schriftlichen Fixierung des göttlichen Willens kein Hindernis der Aneignung, sondern einen Vorteil gegenüber dem mannigfachen, wechselnden und vieldeutigen »ungeschriebenen« Gesetzen etwa der Natur oder menschlichen Vernunft erblickt. So wird von ihm γράμμα auch nicht auf etwas Formales bezogen, an das wir bei »Buchstaben« zunächst denken, sondern auf das göttliche Gesetz als Summe seiner Einzelforderungen, wie es im Alten Testament seinen Niederschlag erfuhr. γράμμα hängt also mit γραφή zusammen, ist, genauer gesagt, eine ganz bestimmte Erscheinungsweise der γραφή. Von der Antithese her dürfen wir formulieren: γράμμα ist jene »Schrift«, die vom »Geist« isoliert wurde, nicht auf die Intention des Geistes hin verstanden und interpretiert wird. Die Juden preisen ja den blinden Gehorsam, der nicht fragt, sondern das Gebot um Gottes Willen befolgt, selbst wenn der Mensch den darin sich bekundenden Willen nicht mehr versteht. Demgegenüber verficht das Neue Testament den sehenden Gehorsam als die

Haltung des Kindes, welches des Vaters Herz und Willen kennt und darum aus der Liebe heraus handeln kann. So ist Pneuma für Paulus anders als für den Griechen nicht göttliches oder menschliches Selbstbewußtsein, sondern nach 2.Kor. 3 die Kraft des eschatologisch [endzeitlich] neuen Bundes, bewirkt so nach Röm.2,29 allein Herzensbeschneidung und begründet nach Röm.7,6 den christlichen Gehorsam. Zusammenfassend können wir sagen, Pneuma sei für Paulus die göttliche Macht, welche Glaubensgerechtigkeit vermittelt und darum dem Gesetz des alten mosaischen Bundes entgegensteht. Diese kurzen Bestimmungen . . . mögen genügen. Hier kommt es ja darauf an, daß Paulus den Bibelleser nicht sich selbst überläßt, sondern ihm sagt, daß die Schrift von einer bestimmten Voraussetzung aus und auf ein bestimmtes Ziel hin interpretiert werden will. πνεύμα und γράμμα sind die beiden sich gegenseitig ausschließenden Möglichkeiten wie des christlichen Lebens, so auch des Schriftverständnisses. Die Schrift wird dann γράμμα, wenn sie nicht von jener Macht erhellt wird, welche Glaubensgerechtigkeit schafft, sondern wie das Gesetz von den Juden als Aufforderung zur Verdienst- und Leistungsfrömmigkeit verstanden wird. Die Bibel ist also für Paulus keineswegs als solche und von ihrem Gebrauch abgesehen Evangelium. Aber sie kann es werden, wenn und soweit sie recht ausgelegt wird. Das geschieht, wenn wir sie als Verkündigung der Glaubensgerechtigkeit hören, die das Kriterium zur Unterscheidung der Geister ist. Sie soll es wie den Propheten der urchristlichen Versammlung gegenüber, so auch bei der Schrift sein. Paulus hat dabei an das Alte Testament gedacht. Doch ist es nicht fraglich, daß das in seinem Sinne genauso wie für die urchristliche Prophetie auch für das Neue Testament gilt. Jeder schwärmerischen Auslegungswillkür ist damit ein Riegel vorgeschoben. Man kann nicht in die Schrift hineinlesen, was man darin finden möchte.

Man kann nicht einmal, sofern man das Evangelium in ihr sucht, alles unkritisch aus ihr entnehmen, was auf ihren Blättern steht. Wie Jesus sich kritisch gegen das Mosegesetz und seine Reinheitsforderungen gewandt hat, statt sich auf den Buchstaben des Alten Testamentes zu berufen, so will auch Paulus den kritischen Bibelleser und die kritische Gemeinde, die zwischen Gottes Willen und dem Buchstaben zu unterscheiden vermag. Außerordentlich gefährlich, aber gerade in dieser Zuspitzung für uns heute notwendig formuliert: Der Geist allein läßt die Schrift kritisch und recht hören. Man hat diese Einsicht immer wieder mißbraucht, weil man nicht präzis unter Geist verstand, was Paulus damit meinte. Doch stehen der Christ und die Gemeinde unentrinnbar in dieser Gefahr, weil sie zwischen Christ und Antichrist stehen. Gottes wirkliches Tun und Wollen ist nicht mit unseren Wünschen und Illusionen identisch, auch nicht mit unsern frommen Wünschen und Illusionen. Nichts ist »Geist«, was uns nicht in die Glaubensgerechtigkeit stellt, nämlich in die Rechtfertigung des Gottlosen. Gott hat es mit den Gottlosen zu tun, immer mit den Gottlosen und am meisten dann, wenn er es mit den Frommen zu tun hat. Das muß aus der Passions- und Ostergeschichte mehr als alles sonst gelernt werden, wenn wir ihre Botschaft recht hören und verstehen wollen. Das Evangelium begründet nicht eine neue Religion für die, welche fromm sein möchten, sondern das Heil für die Gottlosen, und Christen sind nicht die Frommen auf der Gnade, sondern die Gottlosen unter der Gnade. Wer diese Lektion noch nicht gelernt hat, kann keinen Anspruch erheben, im Namen des Glaubens und der christlichen Gemeinde über die Schrift und die rechte Auslegung zu urteilen. Hier und hier allein ist der Punkt, wo die Kirche zu stehen und zu fallen hat und alles andere mit ihr steht und fällt. Nicht daß man die ganze Bibel anerkennt, sondern daß man hier klar und unbeweglich bleibt, ist entscheidend. ...

Wer von der Reformation noch zu lernen bereit ist, hat zu hören, daß Erkenntnis des Evangeliums immer nur kritisch gewonnen und behauptet wird. Hat man den Kanon nie anders, als indem man ihn neu entdeckt, so erfährt man nie anders das Evangelium, als indem man sich vom Nicht-Evangelium abwendet. Ja und nein lassen sich hier von vornherein auf keine Weise voneinander trennen. So ruft Paulus in 1.Kor.14,29 dazu auf, die Prophetie, d.h. nach unserer Ausdrucksweise: die Predigt, kritisch zu beurteilen. In 1.Kor.12,11 nennt er die Unterscheidung der Geister Geschenk der Gnade, und er selber hat solche Gnadengabe ausgeübt, indem er lebenslang gegen Nomismus und Enthusiasmus als die beiden Gegner des Evangeliums ankämpfte. In Summa: Das Evangelium macht kritisch und schafft die kritische Gemeinde, während Kritiklosigkeit das Zeichen geistlicher Verarmung und Verkümmerung ist. Dabei muß bedacht werden, daß die Sendschreiben der Offenbarung geistliche Armut gerade religiös saturierten und kirchlich geordneten Gemeinden vorwerfen. Kritisch sein besagt: Kriterien zu haben. Indem wir nach den rechten Kriterien für die Schriftauslegung fragen, stehen wir vor dem, was man in der Fachsprache das hermeneutische Problem nennt.

Zum gegenwärtigen Streit um die Schriftauslegung, in: E. Käsemann, Exegetische Versuche und Besinnungen Bd.II, 1970³, (268 — 290) 276 — 278; 271f.

[Zur theologischen Begründung der Legitimität historisch-kritischer Forschung]　　　**T 66**

(1.) Historische Kritik verspricht und gewährt Wirklichkeitsnähe. Freilich gilt das in den Grenzen alles Menschlichen. Abstruse Einfälle lassen sich nicht ausschalten. Phantasie und Willkür werfen oft ein undurchdringliches Netz über die historische Realität, statt sie aufzuhellen. Mehr als die Hälfte unserer Arbeit müssen wir daran wenden, Kollegen und mutwillige Partisanen zu widerlegen oder zu korrigieren. Die alten Irrtümer kehren immer wieder und der Leerlauf ist auch hier riesengroß. Die Historie bleibt wahrscheinlich die fragwürdigste Wissenschaft. Wenn das alles konzediert [eingeräumt] ist, wird man gleichwohl feststellen und kann man überwältigend belegen, daß wir kein besseres Mittel besitzen, um zu vergangener Wirklichkeit vorzustoßen. ...

Geprüfte Wirklichkeit wird niemandem geschenkt. Sie will in Bewährung gewonnen werden, was uns zugleich menschlicher macht. Wohl gilt, daß das Evangelium Wirklichkeit setzt und vermittelt ohne alle Wissenschaft und über sie hinaus. Doch muß kritisch und sogar historisch nach dem Evangelium gefragt werden, wenn es vernehmlich bleiben soll, und zu seiner Bewährung im Leben gehört auch dieses hinzu, daß es uns nicht dem Alltag der Wirklichkeit verschließt, wie falsches Hören und Glauben es bewirken. Sein Verhältnis zur Wirklichkeit unterliegt also stets und notwendig der Diskussion, die auch in die Tiefendimension der Historie getragen werden muß. Man darf solche Diskussion um des recht verstandenen Evangeliums wie um unsertwillen nicht abschneiden.

Anders geraten wir mit unserer Botschaft wie mit unserem Glauben in den luftleeren Raum der Tabus, den die Geschichte Jesu exemplarisch und grundsätzlich
durchbrochen hat. Wir können nicht aus dem heiligen Geist wie in der hellenisti-
schen Inspirationslehre den Ersatz für Augen und Vernunft machen, so daß der
Mensch, seiner Geschöpflichkeit entkleidet, zum nicht mehr verantwortlichen
Instrument überirdischer Gewalten wird. Damit ginge sowohl die Möglichkeit
echter Liebe verloren, welche die Situation zu bedenken hat, wie der rechte Gottesdienst, der nach Röm.12,1 das Gottwohlgefällige kritisch herauszufinden hat.
Wir verlören dann zugleich den Kontakt zu unserer Welt, und das würde das
Evangelium sinnlos werden lassen. Denn das Evangelium wendet sich an diese
unsere Welt. Es würde nicht einmal genügen, wollte man formulieren, es sei auch
weltbezogen. Es ist immer weltbezogen. . . .

(2.) Es ist nicht nur das Ergebnis, sondern auch die Funktion dieser Kritik, darauf aufmerksam zu machen, daß Recht und Verheißung des Glaubens nicht ohne
weiteres aus der Geschichte ablesbar sind und die sogenannten Heilstatsachen
nicht mit verrechenbaren Fakten verwechselt werden dürfen. Bleibt der Glaube
auch nicht ohne Erfahrung, so ist er doch eben nicht Schau und seine Erfahrung
dauernd neuer Anfechtung ausgesetzt. Fragt die historische Kritik als Anwalt einer realistischen Geschichtsbetrachtung den Glauben nach dem Grunde seiner
Gewißheit, tut sie das aus der Erkenntnis, daß auf weite Strecken zwischen der
uns verifizierbaren Geschichte und ihrer theologischen Deutung schwerste
Spannungen, Inkongruenz und schroffe Gegensätze vorliegen. Die von göttlichem Anruf her verstandene Geschichte ist alles andere als ein Transparent des
göttlichen Handelns. Insofern ist es nicht zufällig, daß das Neue Testament alttestamentliche Erwählung und Führung in der Heilsverkündigung vom Kreuze Jesu münden läßt. Die Naivität eines doketischen [die Heilswirklichkeit verneinen-
den] Enthusiasmus müßte zum mindesten von hier aus zerbrechen. Das ist freilich nie gründlich und allgemein geschehen. In allen Kirchen behauptet der Doketismus seinen festen Platz und wird eben darum der historischen Kritik eine
»gläubige« oder »pneumatische« Theologie entgegengestellt. Es scheint einfacher
zu sein, auf diese Weise zu glauben, selbst wenn dabei Postulate und religiöse
Ideologie die Voraussetzung des Glaubens bilden. Man zahlt dafür allerdings den
Preis, daß die irdische Realität und der Kontakt zur Welt mißachtet, Mission und
Propaganda verwechselt und die Christen an Fiktionen über Gott und Menschen
gebunden werden. Indem historische Kritik einem falschen Kanonbegriff entge-
genwirkt, erhält sie theologische Relevanz: Sie billigt dem Glauben nicht das
Recht und die Freiheit der Illusion zu, welche Doketismus stets beansprucht. . . .

(3.) Man kann nicht die Freiheit und die Risikolosigkeit zugleich erstreben.
Wer aufbricht, weiß nie, ob er am gewünschten Ziel ankommt, und ändert zum
mindesten sich selbst unterwegs. Das größte Risiko besteht unter den heutigen
kirchlichen Verhältnissen jedoch darin, überhaupt nicht aufzubrechen, um der
Gefahr und Notwendigkeit, sich selbst zu wandeln, zu entgehen. Die abendländische Christenheit wird am tiefsten dadurch bedroht, daß sie den status quo zu
verteidigen sucht, der sich auf keinen Fall noch lange halten läßt, und Heil nicht
im Aufbruch erwartet. Sie predigt, man müsse das Leben verlieren, um es zu gewinnen, aber glaubt und lebt das nicht mehr. . . .

Daß unter solchen Umständen die kritische Theologie weithin als Störenfried und wohl gar als der Feind des Christentums schlechthin erscheint, ist begreiflich. Wer sie selber zu treiben hat, wird ihr keine Loblieder singen wollen und können. Es geht tatsächlich chaotisch bei ihr zu. Doch wahrt sie als unschätzbares Gut jene Unruhe, welche alle Kirchen heute nötiger haben als das tägliche Brot.

(4.) Ihr [der Gemeinde Jesu] ist immer nur verwehrt, was Dienst unmöglich macht. Die Freiheit ist das unverwechselbare Zeichen ihres Gottesdienstes in der Welt und die Angst vor solcher Freiheit das deutlichste Merkmal ihres Verfalls selbst in scheinbar intakten Kirchentümern. . . .

Das Gesagte ist auf unsern Umgang mit der Bibel zu übertragen. Auch er gibt Auskunft darüber, ob und wieweit wir statt aus Glauben aus frommen Fiktionen leben. Ist die Bibel uns im selben Sinne ein heiliges Buch, wie andere Religionen es haben, hat sie Tabucharakter. Sie macht dann ihrerseits deutlich, daß alles Christliche unter ihrem Regiment im Zeichen eines großen Tabus steht, also eines ausgesparten Feldes innerhalb des Alltags und der Weltgeschichte. Anders steht es, wenn wir aus der Bibel den Ruf in die Freiheit der Gotteskinder vernehmen, die überall unter dem offenen Himmel den von ihrem Herrn beanspruchten und im Glauben zu durchdringenden Raum seiner Herrschaft finden. Hier wird Theologie, die Luther als scientia libertatis [eine Wissenschaft der Freiheit] beschrieben hat, in der Bibel das Dokument einer menschlichen Geschichte unter der Verheißung und Forderung der Gnade und im Widerstreit von Glaube und Unglaube erblicken. Historische Kritik ist keineswegs der einzige Zugang zu ihr. Denn Geschichte kann mehr oder minder naiv auch vom sogenannten Laien entdeckt werden, und in einer immer stärker den Spezialisten ausgelieferten Welt sollte man sogar den Dilettantismus als verbleibende Möglichkeit relativer Selbständigkeit energisch ermutigen. Wissenschaftliche Erforschung der Wirklichkeit ist jedoch ohne historische Kritik nicht denkbar. Sie gegenüber der Bibel beseitigen oder einschränken zu wollen, wäre genauso töricht wie die Ablehnung der Medizin, weil man Gottes Wundern nicht vorzugreifen wagt. Eine Kirche, die sich überall sonst an das moderne Leben anpaßt, diskreditiert sich, wenn sie im geschichtlichen Bereich der Schriftauslegung reaktionär bleibt.

Vom theologischen Recht historisch-kritischer Exegese, in: ZThK 64 (1967), (259 — 281) 260f; 261; 270; 262f; 263; 262.

3. Gerhard Ebeling

Wir ergänzen die Aussagen Käsemanns durch Ausschnitte aus zwei programmatischen Aufsätzen von Gerhard Ebeling, einem wichtigen hermeneutischen Theoretiker der sog. Kerygmatheologie (Worttheologie). 1950 erscheint als erster Aufsatz der neugegründeten »Zeitschrift für Theologie und Kirche« sein Beitrag: »Die Bedeutung der historisch-kritischen Methode für die protestantische Theologie und Kirche«. Ebeling betont, daß die historisch-kritische Methode nicht nur eine rein formale wissenschaftliche Technik ist, sondern-begründet in der geistesgeschichtlichen Wende zur Neuzeit (T 68) — notwendigerweise auch inhaltliche Sach-Kritik an ihrem Forschungsgegenstand einschließt (T 67). Die aus den »Denkvoraussetzungen des modernen Geistes« (T 69) resultierende Sachkritik steht aber nach Ebeling nicht im Gegensatz zum theologischen Denken. In den mit der historisch-kritischen Arbeit verbundenen Anfechtungen und Verunsicherungen des Glaubens sieht Ebeling vielmehr eine legitime Konsequenz aus der reformatorischen Rechtfertigungslehre: So zerschlägt die historische Kritik die historisierenden Absicherungen des Glaubens, auf die sich der Christ ebenso wenig verlassen soll wie auf seine guten Werke (T 70).

In seinem 1980 erschienen Beitrag »Dogmatik und Exegese« kommt Ebeling zu einer wesentlich behutsameren Bestimmung des Wesens und der Grenzen von »Bibelkritik« (T 71). War und ist für die Bultmannschule die historisch-kritische Arbeit die theologische Methode per se, so erkennt der »späte« Ebeling nun auch die begrenzten Möglichkeiten dieser oftmals zur allein wahren Auslegungsmethode erhobenen Arbeitsweise (T 72).

T 67 Es führt nur zur Verschleierung der Problemlage, wenn man die historisch-kritische Methode für eine rein formale, voraussetzungslose wissenschaftliche Technik hält, deren Anwendung auf die historischen Gegenstände im Bereich der Theologie keine Konflikte hervorruft und das Gefüge der Dogmatik nicht antastet. Wenn es sich auch in einem höheren Sinn als richtig herausstellen wird, daß die historisch-kritische Methode die Wahrheit des christlichen Glaubens nicht erschüttert, so sind doch die Schwierigkeiten nicht leicht zu nehmen, die hier aufbrechen. Denn historische Kritik ist mehr als waches historisches Interesse. Beschäftigung mit der Geschichte und Studium ihrer Quellen hat es mehr oder weniger auch in der alten und mittelalterlichen Kirche gegeben und darum auch immer ein gewisses Maß von Kritik an Legenden und Geschichtsfälschung. . . . Denn dabei handelt es sich nicht einfach um eine größtmögliche Verfeinerung der philologischen Methoden, sondern um eine von neuen Denkvoraussetzungen herkommende kritische Auseinandersetzung mit der Überlieferung. Historisch-kritische Methode ist erst hervorgewachsen aus dem geistesgeschichtlichen Umbruch der Neuzeit. Sie ist nicht nur dort, wo sie etwa ihre legitimen Grenzen überschreitet, sondern wesenhaft verbunden mit Sachkritik. Sie kann bei der Beschäftigung mit der Vergangenheit und bei der Interpretation von deren Quellen nicht einfach das Wirklichkeitsverständnis beiseite setzen, wie es der Geist der Neuzeit gewonnen hat. Sie ist darum eng verkoppelt mit dem Fortschritt der Wissenschaften und mit der Entwicklung der Philosophie. Gewiß, sie ist damit in der Gefahr, nach der anderen Seite hin unkritisch zu werden, den Einflüssen des jeweils Modernen zu verfallen und sich bei der historischen Kritik unsachgemäßer Maßstäbe zu bedienen. Aber selbst wo man diese Gefahr erkannte, hat man sich doch nicht gezwungen gesehen, den eingeschlagenen Weg grundsätzlich zu verlassen, sondern nur um so sorgfältiger und selbstkritischer auch die Angemessenheit der eigenen Voraussetzungen immer wieder zu überprüfen.

Die Bedeutung der historisch-kritischen Methode für die protestantische Theologie und Kirche, in: G. Ebeling, Wort und Glaube I, 1969, (1 — 49) 28 — 29.

T 68 Um das Wesen der historisch-kritischen Methode zu erfassen, ist es . . . notwendig, sich Rechenschaft zu geben über die geistesgeschichtliche Wende zur Neuzeit . . . In der Neuzeit hat der christliche Glaube die Selbstverständlichkeit eingebüßt, mit der er mehr als ein Jahrtausend lang in der abendländischen Geschichte gegolten hat. Ihm kommt keine formale, extra controversiam stehende [unbestrittene] Autorität mehr zu. Selbstverständliche Allgemeingültigkeit besitzt jetzt nur noch, was der Mensch als solcher mit seinen rationalen und empirischen Fähigkeiten erkennen, einsehen, begründen und kontrollieren kann. Das führt aber zu einer positiven Feststellung: In der Neuzeit gibt es einen so vorher unbekannten Bereich neuer Selbstverständlichkeiten, deren Geltung sich auch der Christ nicht entziehen kann, und zwar auch dann nicht, wenn sie im Widerspruch stehen zu solchen Anschauungen, die vor dem Anbrechen der Neuzeit zu den Selbstverständlichkeiten christlicher Weltanschauung gehörten.

Die Bedeutung der historisch-kritischen Methode für die protestantische Theologie und Kirche, in: G.Ebeling, Wort und Glaube I, 1960, (1 — 49) 29 — 30.

In welchem inneren Zusammenhang steht nun die historisch-kritische Methode mit den Denkvoraussetzungen des modernen Geistes? Sie ist durch diese ermöglicht worden, weil erst mit dem Zusammenbruch der traditionellen abendländischen Metaphysik, d.h. mit dem Verlust von deren Selbstverständlichkeit, die Geschichtlichkeit der Existenz voll ins Bewußtsein getreten ist. Denn erst als die Absolutheit des bis dahin herrschenden Welt- und Geschichtsbildes entfiel, als der Traditionsbeweis kein Wahrheitsbeweis mehr war, als nicht nur bestimmte geschichtliche Erscheinungen, sondern das geschichtlich Gegebene überhaupt prinzipiell aufhörte, als solches von unbedingt bindender und sachentscheidender Autorität zu sein, als darum das Faktum der geschichtlichen Wandlung, der jeweiligen Zeitbedingtheit und des trennenden historischen Abstandes vor Augen stand, ergab sich die Freiheit, aber auch die zwingende Notwendigkeit, das Historische in seiner reinen Historizität, d.h. objektiv, aus der Distanz heraus zu betrachten. Erst damit wurde der kritische Blick außerordentlich geschärft für die Frage der Zuverlässigkeit und Echtheit der Quellen, für historische Abhängigkeiten, Zusammenhänge und Veränderungen. Kurz: erst da konnte der ganze Apparat historischer Forschungsmethoden, wie er uns heute selbstverständlich geworden ist, voll ausgebildet werden. Aber damit ist doch noch nicht alles gesagt. Das eigentlich Entscheidende und Revolutionierende erhielt die historisch-kritische Methode durch den Umstand, daß der moderne Historiker sich gezwungen sieht, auch die Quellen der Vergangenheit in das Licht der neuen Selbstverständlichkeiten zu rücken. Nicht daß er den Zeugen der Vergangenheit unterschöbe, als wären diese neuen Selbstverständlichkeiten auch für sie Selbstverständlichkeiten gewesen, wohl aber so, daß er den Tatsachengehalt des Bezeugten an diesen neuen Selbstverständlichkeiten prüft. So wird er z.B. Äußerungen, die das Ptolemäische Weltbild zur Voraussetzung haben, auch dann nicht als wahr akzeptieren, wenn die Quelle im übrigen von hoher historischer Zuverlässigkeit ist. Der moderne Historiker ist mit Recht davon überzeugt, daß er gewisse Dinge besser weiß. Auch die Tatsache, daß für die Neuzeit alles Metaphysische und Metahistorische in die Dimension des Problematischen gerückt ist, kann der moderne Historiker nicht einfach ausschalten bei der Lektüre der Quellen, die die Selbstverständlichkeit des Metaphysischen und Metahistorischen voraussetzen. Er kann z.B. nicht Aussagen als selbstverständlich gültig übernehmen, die metaphysische Wesen im Sinne des vorneuzeitlichen Weltbildes als innerweltliche und innergeschichtliche Faktoren einführen, wie er ja auch selbst die Grenzen wissenschaftlicher Methode überschreitet, wenn er von sich aus historisch Problemati-

T 69

sches durch metaphysische Aussagen zu erklären, d.h. selbstverständlich zu machen versucht. Er kann darum auch nicht die Anerkennung einer im ontologischen [seinsmäßigen] Sinne besonderen historia sacra oder scriptura sacra [heilige Geschichte bzw. Schrift] als eine die Methode der Forschung beeinflussende selbstverständliche Denkvoraussetzung übernehmen. Er behandelt alle geschichtlichen und literarischen Phänomene der Vergangenheit mit der gleichen, nämlich der historisch-kritischen Methode, die zwar sich je nach der Art des historischen Gegenstandes unendlich modifizieren, die aber durch kein historisches Objekt grundsätzlich außer Kurs gesetzt werden kann.

Die Bedeutung der historisch-kritischen Methode für die protestantische Theologie und Kirche, in: G. Ebeling, Wort und Glaube I, 1960, (1—49) 33—34.

T 70 Nur eine kritische Besinnung auf den entscheidenden reformatorischen Grundansatz kann weiterhelfen zu der Erkenntnis, ob und wie in dem komplexen Kraftfeld der Reformation als ganzer bestimmte innere Sachzusammenhänge mit der historisch-kritischen Methode der Neuzeit bestehen. Daß dies der Fall ist, dürfte schon aus den obigen Ausführungen hervorgehen, die auf der ganzen Linie die hermeneutische Relevanz der reformatorischen Theologie in ihrem Gegensatz zur katholischen Position aufzeigten. In dem sola fide [allein aus Glauben] der reformatorischen Rechtfertigungslehre liegt sowohl die Ablehnung aller vorfindlichen Sicherungen der Vergegenwärtigung, seien sie ontologischer, sakramentaler oder hierarchischer Art, als auch positiv das Verständnis der Vergegenwärtigung im Sinne echt geschichtlicher, personaler Begegnung. Ereignet sich diese Begegnung mit der geschichtlichen Offenbarung allein im Hören auf das Wort, so liegt die Zerschlagung aller vermeintlich die Glaubensentscheidung entbehrlich machender historischer Sicherungen auf der gleichen Linie wie der Kampf gegen die Heilsbedeutung der guten Werke oder gegen das Verständnis der Sakramentswirkung im Sinne des opus operatum [einer Wirkung durch den Vollzug]. Das sola fide zerstört allen heimlichen Offenbarungsdoketismus, der der Geschichtlichkeit der Offenbarung dadurch ausweicht, daß er sie zu einer Geschichte sui generis macht, von deren heiligem Raum die historisch-kritische Methode ängstlich ferngehalten werden muß. Nach reformatorischem Verständnis sind sowohl die Offenbarung wie der Glaube in ihrer echten Geschichtlichkeit entdeckt, und das heißt allerdings: Der Glaube ist der ganzen Anfechtbarkeit und Zweideutigkeit des Historischen preisgegeben. Nur so und nur darum kann es im Glauben und nur im Glauben zur echten Begegnung mit der geschichtlichen Offenbarung kommen. Wie auf der ganzen Linie der reformatorischen Theologie, so ist auch hier im Hinblick auf das Verhältnis zur Geschichte das Ja zur Ungesichertheit nur die Kehrseite der Heilsgewißheit sola fide. Und so ist die Frage berechtigt, ob eine Theologie, die sich dem Anspruch der historisch-kritischen Methode entzieht, überhaupt noch weiß von dem genuinen Sinn der reformatorischen Rechtfertigungslehre, selbst wenn die Formeln des 16. Jahrhunderts aufs korrekteste wiederholt werden.

Die Bedeutung der historisch-kritischen Methode für die protestantische Theologie und Kirche, in: G. Ebeling, Wort und Glaube I, 1960, (1—49) 44—45.

T 71 Die scharfe historische Optik erfaßt mit Recht möglichst distinkt [d.h. genau], was der Fall war, in Abhebung gegen das, was der Fall ist. Von dem, was als geschehen überliefert ist, unterscheidet man das, was wirklich geschah. Das ist die Überlieferungskritik, die das Ursprüngliche gegen das Spätere, das Eigentliche gegen das Vermeintliche in Schutz nimmt und zur Geltung bringt. Andererseits unterscheidet man von dem, was einst galt, das, was heute gilt. Das ist die Sachkritik, die sich von der Vorherrschaft des Früheren freimacht und es allererst vergangen sein läßt. Auf beide Weisen emanzipiert man sich vom Vergangenen, von der Autorität sei es der *traditio*, sei es des *traditum*. Die Sachlichkeit solcher Kritik entscheidet sich daran, ob dem, was kritisch betrachtet wird, ein Höchstmaß an Sorgfalt und Gerechtigkeit bei gleichzeitig strengster Selbstkritik zuteil wird. Was dahinter zurückbleibt oder an kritischem Urteil darüber hinausgeht, fällt außerhalb der Grenzen hermeneutischer Verantwortung. Das unglückliche Schlagwort Bibelkritik wäre mißverstanden, wenn es als eine solche Stellungnahme außerhalb hermeneutischer Verantwortung aufgefaßt würde. Innerhalb solcher Verantwortung kann Bibelkritik nur bedeuten: die Sache der Bibel so klar wie nur irgend möglich zum Leuchten kommen zu lassen gegen alles, was außerhalb ihrer oder auch in ihr, auf seiten der Überlieferung oder auf seiten unseres eigenen Wirklichkeitsverständnisses verdunkelnd wirkt und Mißverständnisse erzeugt.

Dogmatik und Exegese, in: ZThK 77 (1980), (269—286) 272.

Ein überliefertes Wort ist erst dann recht erfaßt, wenn deutlich wird, woraus es entsprungen ist, was zu ihm ermächtigt hat, woraufhin es gesagt werden kann. Diese Einkehr in den Ursprung eines Wortes schließt gewiß auch die Frage nach seinen äußeren Umständen, seiner Veranlassung und seiner Motivation mit ein, erschöpft sich aber nicht darin. Je nach dem Charakter eines Textes muß man bis zu der Erfahrung vorstoßen, die in ihm zur Äußerung gelangt ist. Je sachintensiver die Interpretation verfährt — z.B. was die paulinische Aussage über die Rechtfertigung aus Glauben eigentlich meint oder welche Wirklichkeit mit dem Worte pneuma angesprochen ist —, desto mehr kommt es darauf an, den Erfahrungsgrund einer Aussage zu erhellen. Denn erst dann, wenn man in den Erfahrungsgrund einkehrt, erschließt sich uneingeschränkt der Zugang zum Text. Man hat dies teils als Einfühlung in das innere Erleben des Autors bezeichnet, teils als Bewußtmachung eines Lebensbezuges, den man mit ihm teilt. In beidem liegt eine richtige Intention. ...

Dazu gehört die Tatsache, daß die methodisch betriebene Verstehensbemühung nur sehr begrenzt zum Erfolg führt. Es muß einem vor allem etwas einfallen und aufgehen. Mit der bloßen Beherrschung historisch-kritischer Technik erzielt man bestenfalls Fleißarbeiten. Der Wissenschaftler ist wie der Künstler letztlich auf Eingebung, auf Intuition angewiesen. Aber der Schritt zu einem entsprechenden eigenen Erfassen und Weitergeben ist noch einmal etwas völlig anderes und Unverfügbares: die Folge eines Empfangens und Erfaßtwerdens.

Dogmatik und Exegese, in: ZThK 77 (1980), (269—286) 275f.

4. Zum Problem geistlicher bzw. biblizistischer Schriftauslegung

Käsemann fürchtet, daß dort, wo man gegen die historische Kritik zu Felde zieht, an die Stelle der als ungöttlich empfundenen nun die fromme Willkür tritt. Wie wenig das hermeneutische Problem gelöst ist, wenn der *fromme* Mensch zum Schlüssel der Auslegung wird, zeigt der Blick auf die Sekten und die von ihnen beanspruchte Erleuchtung. Aber auch aus reformatorischer Sicht, der Unterscheidung von Gesetz und Evangelium, wird Käsemann eine biblische Spezialhermeneutik fragwürdig: »Nach Luthers Erklärung zum 3. Artikel ist nicht das Verständnis der Bibel, sondern die Erkenntnis des Evangeliums und dessen Annahme Werk des Geistes.«[6]

T 73 Man wird das Ideal protestantischer Gemeindefrömmigkeit wohl auf die Formel bringen dürfen: Jeder vor seiner Bibel. Zweifellos wird damit auf das Wesen der Kirche als der hörenden Gemeinde hingewiesen. Es muß ja auch tatsächlich jeder Christ für sich selber in die Schrift hinein, weil sich ja die Kategorien der persönlichen Aneignung und Verantwortung nicht von evangelischem Christentum lösen lassen. Doch darf über diesen Feststellungen nicht übersehen werden, in welche Nöte und Schwierigkeiten es führt, wenn diese Forderung derart allgemein und isoliert ausgesprochen wird. Die Bibel ist ein Dokument, das eine tausendjährige Geschichte umfaßt und vor 1800 Jahren abgeschlossen wurde. Wie kann der einzelne Christ die geschichtliche Distanz zu einem solchen Dokument überwinden, die geschichtlichen Zusammenhänge jeder Seite und Stelle seiner Bibel begreifen, mit ihren Widersprüchen fertig werden? Muß hier nicht notwendig die Schrift als ein einziges großes Losungsbuch betrachtet werden und der heilige Geist als das Mittel auch der historischen Erkenntnis und die Kraft, welche historische Abstände überwinden läßt? Ist damit aber die Funktion von Bibel und Geist nach den Bekenntnissen der Reformation richtig beschrieben? Sehr viele werden das schlicht, fröhlich und tapfer bejahen und sich dafür auf ihre Erfahrung und die ihnen geschenkte Erleuchtung berufen. Nun mag man durchaus zugestehen, daß niemand sich ungesegnet in die Schrift versenken wird, und doch im Blick auf die Sekten, die gerade so entstanden sind, darin das hermeneutische Problem völlig ungelöst finden. Es lohnte sich wohl, wenn eine Kirchenvisitation einmal ausschließlich damit befaßt würde, den theologischen Ertrag der sonntäglichen Predigten und wöchentlichen Bibel- und Gemeinschaftsstunden zu erheben. Man würde ein mehr als babylonisches Stimmengewirr feststellen, zugleich jedoch einen gemeinsamen Ausgangspunkt und Nenner dafür ermitteln: Überall wo der Kanon im ganzen als Gotteswort gilt und der Biblizismus herrscht, wird die persönliche Frömmigkeit des einzelnen ausschlaggebend sein. Ist aber der fromme Mensch der Auslegungsschlüssel der Schrift? Wenn es sich wirklich so verhielte, brauchte man jedenfalls nicht mehr gegen die historische Kritik zu Felde zu ziehen. Faktisch ist dann an die Stelle dessen, was man als willkürlichen und ungläubigen Eingriff in Gottes Heilsgabe empfindet, nur die fromme Willkür getreten. Ich vermag nicht einzusehen, daß der Unterschied erheblich ist, und meine, daß die sich streitenden Gegner nicht in ihrer Theologie und Dogmatik, aber

---

[6] E. Käsemann, Vom theologischen Recht historisch-kritischer Exegese, in: ZThK 64. Bd., 1967, 259—281, 264.

in ihrer alltäglichen Praxis und in ihren Sünden sich eng berühren. Alles heute erhobene Geschrei hebt die ungewollte Solidarität im Umgang mit der Schrift nicht auf. Der wissenschaftlichen Methodik steht zumeist nur fromme Gewalttat gegenüber.

Zum gegenwärtigen Streit um die Schriftauslegung, in: E.Käsemann, Exegetische Versuche und Besinnungen II, 1970[3], (268—290) 275f.

T 74

Autorität hat die Bibel für uns nur in usu [durch den Gebrauch, den Umgang mit ihr]. Wo sie nicht geöffnet, gelesen, gehört, meditiert, an ihrem Zentrum orientiert, diskutiert und schließlich vom Evangelium her angenommen oder abgelehnt wird, ist sie ein religiöses Dokument unter anderen und so wenig heilig wie die Oblate außerhalb der Abendmahlsfeier. Infolgedessen lesen wir ... die Bibel nicht als ein vom Himmel gefallenes Buch, dessen Verständnis übernatürliche Erleuchtung voraussetzt. Verstehen kann hier jedermann unter den gleichen Schwierigkeiten, wie sie andere antike Schriften bereiten, falls er sich darum Mühe gibt. Man muß sich hüten, die Lehre vom Geist pauschal mit dem Buch zu verknüpfen. Nach Luthers Erklärung zum 3. Artikel ist nicht das Verständnis der Bibel, sondern die Erkenntnis des Evangeliums und dessen Annahme das Werk des Geistes. Daß die Kirche stets die Bibel als geistgewirkt betrachtet hat, meint, daß sie das Evangelium nie von der Bibel gelöst wissen wollte, bedeutet nach reformatorischer Lehre jedoch nicht die Identität von Evangelium und Schrift. Ich würde persönlich sogar zuspitzen: Vom Schwergewicht des Ganzen kann man durchaus selbst als Nichtchrist etwas über das Evangelium in der Bibel merken, wie es tatsächlich immer wieder geschehen ist. Geistgewirkt ist die Annahme dieses Evangeliums. Anders müßte die Schrift unter die Dokumentation der Glossolalie fallen. Derartige Feststellungen sind heute notwendig, weil weit weniger Christen die Bibel lesen, hören, bedenken, als von ihrem Tabucharakter überzeugt sind. Die reformatorische Unterscheidung von Schrift und Evangelium ist außerhalb der Theologie im allgemeinen vergessen.

Vom theologischen Recht historisch-kritischer Exegese, in: ZThK 64 (1967), (259—281) 264f.

5. Die Autorität des Evangeliums

Käsemann betont (T 75) sowohl die methodisch begründbare menschliche als auch die theologisch einsichtige göttliche Unverfügbarkeit des Wortes Gottes. Deswegen wehrt er sich gegen eine Identifikation von Bibel und Wort Gottes und gegen die Anschauung von den »Buchdeckeln, die Offenbarung garantieren«. Wer a priori [von vorneherein] von der Bibel als einem irrtumslosen Buch spricht, steht in der Gefahr, ihren Wirklichkeitsbezug zu verneinen. Denn als ein derartig qualifiziertes Werk kann sie letzten Endes nur vom Himmel gefallen sein. Autorität besitzt die Bibel nicht an sich, sondern nur in dem Maß, in dem sie von ihrem Herrn, Jesus Christus, zeugt. Käsemann deutet an, daß eine ernstzunehmende Inspirationslehre historischen Erkenntnissen, z.B. der Textkritik, Rechnung tragen muß (T 76).

Für alle christlichen Kirchen gehören Gottes Wort und Kanon ... zusammen. Doch sind beide keineswegs identisch, wie Orthodoxie in ihren verschiedenen Spielarten meint. Sie können es gar nicht sein, wie schon eine ganz schlichte

T 75

Überlegung ergibt. Erstens: Welcher Kanon soll uns überhaupt leiten? Die hebräische, griechische, lateinische und deutsche Bibel sind untereinander ja nicht gleich. Im Gegenteil, jede neue Sprache und Übersetzung verändert die Bibel, wie jeder leicht nachprüfen kann. Zweitens: Es verändert sich aber auch, zumeist unbemerkt und doch dauernd und nicht unerheblich auf Grund neuer Funde und besserer Einsicht der hebräische und griechische Urtext, der allen Übersetzungen zugrunde liegt. Drittens: Selbst wenn eines Tages der völlig ausgeschlossene Fall einträte, daß wir einen gesicherten Urtext in Händen hätten, würde dieser Text weithin eine Überfülle nicht einwandfrei zu erhellender Stellen enthalten und immer wieder die verschiedensten Deutungen zulassen. Auch die gelehrtesten Spezialisten vermögen sich nicht über den Sinn bestimmter Worte, Aussagen und Anschauungen zu einigen. Es gibt nicht den ein für alle Mal festgelegten und festlegbaren Kanon. Wo man ihn zu haben wähnt, wiegt man sich in trügerischer Illusion. Wir haben immer nur ein Provisorium des Kanons und haben auch das nur im Widerstreit der Auslegung. Das zeigt sich in jeder pietistischen Gemeinschaft genauso wie in den theologischen Fakultäten, bei den Exegeten unter sich wie den Exegeten und Systematikern im gemeinsamen Gespräch. Daß die Kirche im stets neuen Exodus lebt, erweist sich auch in ihrem Umgang mit der Schrift. Wir haben sie nicht anders, als indem wir sie stets neu erhalten. Wer sie anders haben will, darf sie jedenfalls nicht aufschlagen. Wir alle erfahren ja, daß sie ihr Gesicht verändert, je nachdem das Kind, der Jugendliche, der Erwachsene oder der Greis, der Pedantische, der Verzweifelte, der Selbstgewisse hineinschaut. Das nicht aufgeschlagene, nicht ausgelegte Buch als solches kann nur ein Gegenstand des Aberglaubens werden. Das aufgeschlagene und sich der Auslegung öffnende Buch bleibt jedoch für keinen von uns in seinem ganzen Leben genau dasselbe, geschweige für uns insgesamt. Den Kanon gibt es, sofern wir damit nicht ein Ding zwischen zwei Buchdeckeln meinen, nicht von seinen Hörern und Lesern ablösbar, und jeder Bibelleser kann unablässig bei sich und anderen gewahren, was der Forscher im Spezialfall seiner Arbeit erkennt. Wir haben es bei der Schrift nicht mit einem festen und geklärten Besitz, sondern mit einer unendlichen Aufgabe zu tun. Natürlich gibt es die Gemeinde und jene Bibelbesitzer, für die nichts problematisch ist, weil sie alles schon im vorhinein wissen. Die mögen für den Kanon streiten, als handele es sich um eine Reliquie. Mit denen läßt sich jedoch nicht streiten, weil sie nicht unter, sondern auf der Schrift stehen und diese uns nun einmal nicht als Podium gegeben wurde. . . .

Es müssen sehr seltsame Bibelleser sein, welche noch nie gemerkt haben, daß Gott aus der Bibel heraus zu unsern Verlegenheiten und Fragen auch schweigen kann und immer wieder zum mindesten aus bestimmten Schriften, Blättern, Worten bestimmten Generationen gegenüber schweigt. Viele Predigten sind ein Zeugnis dafür, daß Gott aus der Schrift heraus nicht gesprochen, sondern geschwiegen hat, nicht selten wohlverstanden gerade die sogenannten erbaulichen und orthodoxen Predigten! Die Sekten sind ein Beweis dafür, daß Gott aus der Bibel heraus auch verblenden und verstocken kann, obwohl und gerade weil man auf den Bibelbuchstaben pocht. Es ist eben nicht alles Gottes Wort, was in der Bibel steht, auch wenn ich mit diesem Satz Widerspruch und Ärgernis errege. Letztlich geht es im heutigen Streit um diesen Satz, sein Recht oder Unrecht.

Wenn ich mit ihm nach Ansicht meiner Gegner das Fundament des Glaubens bedrohe oder zerstöre, dann sehe ich darin meine, des evangelischen Theologen, unaufgebbare Pflicht. Denn ein derartig orientierter Glaube ist nach meiner Meinung und, wie ich denke, nach reformatorischer Anschauung Aberglaube. Glauben und Aberglauben zu trennen, ist aber das Geschäft des Theologen. Es sind nicht die Buchdeckel, welche Offenbarung garantieren. Gott mag sich wie in die Krippe und in die Windeln auch zwischen zwei Buchdeckel begeben. Die Erfahrung der Kirche bezeugt es. Aber er bleibt darin nicht so gefangen, daß man ihn wie ein Ding hätte und manipulieren könnte. Er bezeugt uns das, wenn er nicht jederzeit aus diesem Buche zu uns spricht und nicht aus allen Blättern und stets den gleichen Blättern. Die Bibel macht ihn mit andern Worten nicht überflüssig, und so glauben wir denn auch nicht wie der Mohammedaner an ein Buch, sei es selbst die Bibel. Die Bibel kann man von Gottes Willen und Gegenwart lösen, zu einem heiligen Ding, einem Sachverhalt, einem Neutrum machen. Dann spricht ein himmlisches »Es« aus ihr. Heilig ist jedoch die Bibel nur, wenn und soweit der Herr aus ihr spricht, der sich nicht von uns vereinnahmen läßt wie eine Beute. Keine Gabe nützt, in der er sich nicht selber gibt, und in allen seinen Gaben gibt er zunächst sich selbst, nicht ein »Etwas«, das für sich sakrosankt ist. Darum will er als das Maß der Bibel gehört werden, was nichts anderes besagt, als daß die Bibel nur vom Evangelium her Autorität hat und behält und im übrigen ein religiöses Dokument unter andern ist. . . .

Daß es in der Bibel unechte Schriften gibt, mehr nichtapostolische als apostolische, auch frühkatholische Dogmatik und daß es darum historische Kritik an der Bibel gibt und geben muß, beweist ja nur, daß Gottes Wort, wenn es ergeht, uns nicht in den Himmel entrückt, sondern auf die Erde stellt. Der Kanon, in welchem es nicht auch unevangelische Lehre gäbe, könnte nur ein vom Himmel gefallenes Buch sein. Denn wo gäbe es das auf Erden: eine Gemeinde einzig der Glaubenden, der Gehorsamen, der von Gott Belehrten, der Heiligen? Wäre die Urchristenheit das gewesen, gehörte sie nicht in unsere Geschichte, könnten jedenfalls wir mit ihrer Geschichte uns nicht mehr einen. . . . Wer den Kanon irrtumslos, nur evangelisch, ganz und gar inspiriert sein läßt, versteht ihn doketisch und wird dann auch Jesus doketisch verstehen müssen und wie alle Doketen das Kreuz nicht mehr begreifen, aus dem Glauben ein Fürwahrhalten machen und aus der Kirche, die nun freilich auf die Frommen zusammenschrumpft, die Schar der Seligen. . . . Auf gar keinen Fall darf die Niedrigkeit und Verborgenheit des zum Kreuz schreitenden Jesus nachträglich mit Hilfe des fundamentalistisch verstandenen Kanons aufgehoben und der Glaube wenigstens an diesem einen Punkte in die Anfechtungslosigkeit gestellt werden. Auch die Bibel hält auf ihre Weise die Niedrigkeit und Verborgenheit des gekreuzigten Jesus fest. Gott redet durch sie wie durch den irdischen Jesus aus dem Dunkel heraus und verbirgt sich in ihr wie im irdischen Jesus und dessen Kreuz. Nur wenn man das stehen läßt, wird man Gott aus dem Kanon heraus im Evangelium auch hören können. Anders müssen wir das Evangelium um des Kanons willen verlieren, wie das in der Praxis unentwegt geschieht. . . . Die Bibel kann nicht Gott ersetzen.

Zum gegenwärtigen Streit um die Schriftauslegung, in: E. Käsemann, Exegetische Versuche und Besinnungen II, 1970³, (268—290) 270f; 279f; 282f.

T 76   Die Lehre von der wörtlichen Inspiration der Schrift ist absurd geworden. Wer an ihr festhält, liefert sich der Willkür aus, weil niemand mehr die ursprünglichen Worte kennt.

Respektvoll wird man zuhören, wenn jemand die Bibel ein unvergleichliches Buch nennt, und man wird dem zustimmen, wenn man für sich selber aus ihr das Evangelium empfangen hat. Gleichwohl bleibt dieses Urteil subjektiv und läßt es sich im objektiven Sinne nicht halten. Der Alttestamentler kann nicht mehr die Einflüsse Babyloniens, Ägyptens, Persiens leugnen, der Neutestamentler nicht diejenigen jüdischer Apokalyptik und Weisheit, hellenistischer Frömmigkeit und Popularphilosophie. . . . Das bedeutet, daß es den luftleeren Raum um den Kanon nicht mehr gibt. Er ist, objektiv betrachtet, ein Dokument des antiken Synkretismus, so lästerlich das vielen klingen mag. Eine Inspirationslehre, die dem nicht gerecht wird, ist von vornherein, selbst wenn sie sich nicht auf die Worte im einzelnen bezieht, unvertretbar, falsch und unredlich.

Vom theologischen Recht historisch-kritischer Exegese, in: ZThK 64.Bd. (1967), (259—281) 265f.

6. Literaturhinweise

Kritisch setzen sich mit *E. Käsemann* auseinander: (1) G. Maier, Kanon im Kanon — oder die ganze Schrift? , in: ThBeitr 3.Jhg. 1972, 21—31; (2) ders., Das Ende der historisch-kritischen Methode, 1974³, 33—36; (3) W. Tlach, Antwort an Ernst Käsemann. Theologische Beilage zum Informationsbrief Nr. 14 der Bekenntnisbewegung »Kein anderes Evangelium« (1979); (4) K.Stendahl, Der Jude Paulus und wir Heiden. Anfragen an das abendländische Christentum, 1978, 139—143; P.Stuhlmacher, Achtzehn Thesen zur paulinischen Kreuzestheologie, in: ders., Versöhnung, Gesetz und Gerechtigkeit. Aufsätze zur biblischen Theologie, 1981, (192—208) 207f.

Zur Hermeneutik G. *Ebelings* vgl. P. Stuhlmacher, Exegese und Erfahrung, in: Verifikationen. Festschrift für G. Ebeling zum 70. Geburtstag, hg. von E. Jüngel, J. Wallmann und W. Werbeck, 1982, 67—89.

V. Peter Stuhlmacher — Gerhard Maier: Gegenwärtige Vertreter einer biblischen Hermeneutik

1. Peter Stuhlmacher — Grenzgänger zwischen kerygmatischer Theologie, Pietismus und biblisch orientiertem Luthertum

a. Zur Person

Peter Stuhlmacher (geb. 1932 in Leipzig) studiert von 1952—1958 in Tübingen und Göttingen evangelische Theologie. Ab 1959 ist er als wissenschaftlicher Assistent am Evangelisch-Theologischen Seminar der Universität Tübingen tätig. 1962 promoviert er mit der Arbeit »Gerechtigkeit Gottes bei Paulus«.[1] 1963—64 steht er im kirchlichen Dienst und legt die zweite theologische Dienstprüfung ab. Ab Herbst 1964 ist er als Seminarassistent am Evangelisch-Theologischen Seminar der Universität Tübingen angestellt. 1967 habilitiert er sich für das Neue Testament mit einer Arbeit über das Thema: »Das Paulinische Evangelium«[2]. Nachdem er bereits ein Semester als Assistent gelesen hat, lehrt er von 1968—1972 als o.Professor für Neues Testament in Erlangen. Seit 1972 ist er Ordinarius in Tübingen. Hauptziel seiner exegetischen Arbeit ist die Konzeption einer biblischen Theologie. Da diese nicht zu trennen und darum auch nicht zu verwirklichen ist ohne eine biblische Hermeneutik, hat Stuhlmacher seit 1972 eine große Zahl hermeneutischer Aufsätze publiziert, die seit 1975 gesammelt in seinem Aufsatzband »Schriftauslegung auf dem Wege zur biblischen Theologie«[3] vorliegen. 1979 legt er einen Gesamtentwurf seiner Hermeneutik vor: »Vom Verstehen des Neuen Testaments. Eine Hermeneutik«.

b. Das Programm einer Hermeneutik des Einverständnisses mit den biblischen Texten

Die seine Exegese leitende und seine Verbundenheit mit den Problemen der Kirche manifestierende Frage definiert Stuhlmacher selbst mit aller Deutlichkeit: »Beruft sich die Kirche, der wir zugehören, mit ihrem Bekenntnis und ihrer Christuspredigt noch zu Recht auf die Bibel, oder müssen wir hinter jeden wesentlichen Satz des Apostolicums und des Christusevangeliums aus Wahrheitsgründen ein Fragezeichen setzen?«[4] Stuhlmacher betont auf Grund der eigenen hermeneutischen und exegetischen Analysen: »Ich kann historisch (!) nicht länger einsehen, daß die Rede von Jesu messianischem Anspruch, von seinem stellvertretenden Sterben für uns, von seiner Auferweckung und die Hoffnung auf seine kommende Herrschaft nur nachträgliche Interpretamente des Glaubens oder gar bloße Projektionen frommer Wünsche auf die Jesusgestalt seien, denen keine geschichtliche Erfahrung und Substanz zugrunde läge. Ich meine vielmehr zu sehen, daß in jedem dieser Fälle reale geschichtliche Vorgegebenheiten und Erfahrungen die Glaubensaussagen der biblischen

---

[1] 2. Aufl. 1966
[2] Bd. I Vorgeschichte 1968.
[3] Vgl. außerdem noch: (1) Adolf Schlatter als Bibelausleger, in: ders., Versöhnung, Gesetz und Gerechtigkeit. Aufsätze zur biblischen Theologie, 1981, 271—301; (2) Zur Methoden- und Sachproblematik einer interkonfessionellen Auslegung des Neuen Testaments, aus: Evangelisch-Katholischer Kommentar zum Neuen Testament. Vorarbeiten Heft 4, 1972, 11—55; (3) Wie steht es mit der deutschen Theologie?, in: Evangelische Kommentare 1977, 21f; (4) Hauptprobleme und Chancen kirchlicher Schriftauslegung, ThBeitr. 9 (1978), 53—69; »... in verrosteten Angeln« ZThK 77 (1980); (6) Zum Thema »Hermeneutik«, in: Communio Viatorum, Bd. 23, 1980, 179—184; (7) Exegese und Erfahrung, in: Verifikationen. Festschrift für Gerhard Ebeling zum 70. Geb., hg. von E.Jüngel, J.Wallmann und W.Werbeck, 1982, 67—89.
[4] Hauptprobleme (s. Anm. 3), 63 Anm. 18.

Texte provozieren und legitimieren.«[5] Die vorgegebene Aufgabenstellung und die gefundenen Antworten, die nicht auf dogmatisch vorgegebenen Zielprojektionen beruhen, sondern aus der exegetischen Detailarbeit Stuhlmachers und seiner — v.a. — Tübinger Freunde[6] erwachsen, haben ihm bei den in der Nachfolge Bultmanns stehenden Auslegern zu Unrecht den Ruf des konservativen Apologeten einer wissenschaftlich nicht mehr haltbaren Position eingetragen.[7]

Peter Stuhlmacher bemüht sich in seiner Hermeneutik des Einverständnisses »um eine Auslegungs- und Verstehensweise, die uns befähigt, in einem wissenschaftlich und kirchlich verantwortbaren Dialog mit den Texten der Schrift einzutreten.«[8] Gefordert ist die dreifache Bereitschaft, »sich dem Anspruch der Tradition, der Gegenwart und der Transzendenz zu öffnen«.[9] Wirkliches Verstehen ist nur dort zu leisten, wo man bereit ist, die »Rolle des Kritikers, der stets das letzte und entscheidende Wort behalten will, zu vertauschen mit dem Part dessen, der zu hören bereit ist, was die Texte aus sich selbst heraus zu sagen haben.«[10] So ist also (1.) Offenheit, gerade für die Möglichkeit der »Begegnung der uns aus der Transzendenz heraus zukommenden Wahrheit Gottes«[11] das hermeneutische Prinzip zur Interpretation biblischer Texte.

Da die Texte uns aber nie an sich, in ihrem »Ursprungs-Sinn«, sondern nur durch eine lange Interpretations- und Wirkungsgeschichte (hindurch) zugänglich sind, ist (2.) »erst aus der bewußten Bejahung unserer Traditionsverbundenheit heraus ... ein engagierter Dialog mit der ... Überlieferung über ihre Tragfähigkeit oder Transformationsbedürftigkeit möglich, aber auch notwendig.«[12] Die Interpretation biblischer Texte darf darum auch auf die Erfahrungen, die die Kirche in ihrer Geschichte mit diesen Texten gemacht hat, nicht verzichten.

Eine solche Hermeneutik des Einverständnisses schließt aber (3.) den *kritischen* Dialog mit der ihr vorliegenden Überlieferung (den Texten, deren Auslegung und Wirkungen) nicht aus sondern ein: will die Kirche heute »verständlich und mit Aussicht auf Gehör argumentieren«, dann darf sie »nicht hinter dem geschichtlichen Wahrheitsbewußtsein ihrer Zeit zurück bleiben«[13]

Wenn die Christen ihren Verkündigungsauftrag ernstnehmen, müssen sie 1.) ihren Umgang mit den biblischen Texten soweit wie möglich allgemeinverständlich ausweisen[14] und 2.) in der Lage sein, sich den kritischen Anfragen an ihren Glauben zu stellen, — dies allerdings in der Hoffnung, daß »sich die zentrale biblische Wahrheit, wie sie in Jesus Christus in Erscheinung getreten ist, in dem Streit um die Wahrheit, den die Kirche zu bestehen hat, stets durchsetzen wird.«[15]

Im Rahmen dieser hermeneutischen Bemühung, »einen heute einleuchtenden, der Bibel angemessenen und vor unserer kirchlichen Tradition ebenso wie vor dem Forum der

[5] Ebd.
[6] Vgl. die Arbeiten von H. Gese zum Alten Testament: Vom Sinai zum Zion. Alttestamentliche Beiträge zur biblischen Theologie, 1974; ders., Zur biblischen Theologie. Alttestamentliche Vorträge, 1977; vgl. das neue Buch von O. Betz: Wie verstehen wir das Neue Testament?, 1981; repräsentativ für M. Hengel ist sein religionsgeschichtlich wegweisendes Buch: Judentum und Hellenismus, 1973².
[7] Vgl. den Aufsatz von E.Gräßer: Offene Fragen im Umkreis einer biblischen Theologie, ZThK 77 (1980).
[8] Vom Verstehen des Neuen Testaments. Eine Hermeneutik (NTD-Ergänzungs-Reihe Bd. 6), 1979, 16.
[9] Schriftauslegung auf dem Wege zur biblischen Theologie, 1975, 121.
[10] Vom Verstehen des Neuen Testaments (s. Anm. 8), 16.
[11] Schriftauslegung (s. Anm. 9), 125.
[12] Ebd., 122.
[13] Hauptprobleme (s. Anm. 3), 53.
[14] Schriftauslegung (s. Anm. 9), 122.
[15] Hauptprobleme (s. Anm. 3), 53.

Wissenschaft vertretbaren Weg der Schriftauslegung und des Schriftverständnisses« aufzuzeigen[16], bestimmt Stuhlmacher nun zunächst die dreifache Gestalt des Wortes Gottes als geschehenes, bezeugtes und verkündigtes d.h. geschehendes Wort Gottes. Die Autorität der Bibel leitet sich aus ihrem Zeugnis von Jesus Christus als *dem* Wort Gottes ab. Die Versöhnung in Christus ist als Mitte der Schrift Legitimationsgrund, aber auch kritischer Maßstab für biblische Autoren.[17] Die Inspirationslehre ist hermeneutisch relevanter Ausdruck der Verheißung, daß durch das Zeugniswort der Bibel Gottes Wort auch heute an uns geschieht (z.B. durch die Predigt). Wird die Inspirationslehre umfassend auf die Geschichte bezogen und nicht doketisch mißdeutet, so fordert und fördert sie die historische Erforschung des fleischgewordenen und nicht vom Himmel gefallenen Wortes Gottes. Wenn Stuhlmacher auch die geistliche Schriftauslegung im Sinne einer pietistischen Wiedergeburtshermeneutik strikt ablehnt, so weiß er doch darum, daß sich die Auslegung der hl. Schrift nicht in ihrer historischen Erforschung erschöpft, sondern — soll sie zum Ziel kommen — auf das Wirken des Geistes angewiesen ist und bleibt[18]. Historische Kritik ist vor allem dort zu kritisieren, wo das ihr zugrundegelegte Wirklichkeitsbild ein Verstehen und Hören des »transzendenten«, unsere Wirklichkeit übergreifenden Anspruchs nicht mehr erlaubt.

2. Gerhard Maier: wissenschaftliche Theologie in der Tradition von Orthodoxie und Pietismus

a. Zur Person

Gerhard Maier (geb. 1937 in Ulm/Donau) legt zunächst das erste juristische Examen ab. Nach Abschluß des Theologiestudiums ist er als Assistent bei Otto Michel in Tübingen tätig. Von 1968 an ist er Vikar und dann Pfarrer in Baiersbronn (Schwarzwald). In dieser Zeit entsteht sein 1974 erscheinendes Buch »Das Ende der historisch-kritischen Methode«, das, weit verbreitet (1975³), viel Aufsehen erregt. 1971 veröffentlicht Maier seine Dissertation »Mensch und freier Wille nach den jüdischen Religionsparteien zwischen Ben Sira und Paulus«[19]. 1981 erscheint seine Monographie »Die Johannesoffenbarung und die Kirche«. Nach der Gründung des Albrecht Bengel-Hauses in Tübingen im Jahre 1970 wird Maier einer der Studienleiter. Heute ist er Rektor des evangelikalen Studienstiftes. Das vom württembergischen Pietismus gegründete und getragene Albrecht-Bengel-Haus »bietet eine kontinuierliche Begleitung des Universitätsstudiums« an; die abgehaltenen Tutorien zu Lehrveranstaltungen der Universität »leiten zu eigenständiger Auseinandersetzung mit dem dort Gehörten an«[20]. Im Rahmen dieser Aufgabe stellt sich Gerhard Maier den Herausforderungen gegenwärtiger akademischer Theologie und versucht, diese seelsorgerlich zu bewältigen.

    Gerhard Maier hat mit seinem Buch »Das Ende der historisch-kritischen Methode« viel Beachtung gewonnen; er ist einer der engagiertesten Vertreter hermeneutischer Grundsätze des Pietismus und darf als einer der bekanntesten und qualifiziertesten deutschen Evangelikalen gelten.[21]

[16] Vom Verstehen des Neuen Testaments (s. Anm. 8), 15.
[17] Vgl. v.a. P. Stuhlmacher (H. Claß), Das Evangelium von der Versöhnung in Christus, 1979, passim.
[18] Schriftauslegung (s. Anm. 9), 126.
[19] WUNT 12.
[20] H. Hafner, Art. Ausbildung, theologische, in: Evangelisches Gemeindelexikon, hg. von E. Geldbach, H. Burckhardt und K.Heimbucher, 1978, 38.
[21] Vgl. Maiers Aufsatz: Die hermeneutische Debatte seit 1970, in: ders., Wie legen wir die Schrift aus?, 1978, 7—22.

b. Das Programm einer historisch-biblischen Hermeneutik

Gerhard Maier vertritt — wie Stuhlmacher — ein pointiert hermeneutisches Anliegen. »Wie legen wir die Schrift aus?« lautet sein, auch publizistisch von ihm mehrfach vorgetragenes Anliegen.[22] Maier knüpft zur Beantwortung dieser Frage an Traditionen der altprotestantischen Orthodoxie[23] und des Pietismus, aber auch an das Werk Adolf Schlatters an. Andererseits zielt seine Arbeit auch auf vor dem Forum der Wissenschaft verantwortbare Methoden und Ergebnisse der Bibelauslegung ab. Gerade die weitgehende Öffnung für die Fragen und Probleme einer gegenwärtig wissenschaftlich verantwortbaren Schriftauslegung macht seine Anfragen und seinen Ansatz so bemerkenswert.

Die Grundzüge seines hermeneutischen Denkens sind klar formuliert und lassen sich knapp zusammenfassen: Für Maier hängen unsere vier Fragen nach der Auffindbarkeit einer »Mitte der Schrift«, nach der Möglichkeit historisch-*kritischer* Forschung, der Notwendigkeit einer besonderen biblischen Hermeneutik und der Autorität der Bibel ganz eng zusammen. Maiers Kernsatz lautet: »Kritik ist nicht die angemessene Antwort auf Offenbarung.«[24] Maier argumentiert von der Autorität der Bibel als dem »Zeugnis der göttlichen Offenbarung« her[25]. Wie »jedem einsichtigen Betrachter deutlich« sein muß[26], muß eine »*kritische* Methode für diesen Fall und diesen Gegenstand versagen . . ., weil sie eine innere Unmöglichkeit darstellt. Denn das Korrelat (Entsprechung) zur Offenbarung ist nicht Kritik, sondern Gehorsam, ist nicht Korrektur . . . sondern Sich-Korrigieren-Lassen«[27]. Deshalb verbietet sich aber nicht nur eine historisch-*kritische* Methode — es ist dem Menschen auch unmöglich, innerhalb der Bibel als Wort Gottes Wichtiges und weniger Wichtiges, Zentrales und Peripheres zu unterscheiden, also einen »Kanon« (= Bibelganzes) festzustellen. Dies würde wiederum Kritik an der Offenbarung bedeuten und einen der Offenbarung gegenüber überlegenen Standpunkt voraussetzen. Für Maier ist die Suche nach einem Kanon im Kanon aber auch de facto ergebnislos geblieben.

Seine Ablehnung der historischen Kritik und der Forderung nach einer Mitte der Schrift setzt also eine bestimmte Auffassung von der Autorität der Bibel voraus und zieht die Notwendigkeit nach sich, an Stelle des historisch-*kritischen* einen anderen, angemessenen Zugang zur Bibel zu suchen. Maier findet ihn in der historisch-*biblischen* Methode, einer besonderen Ausprägung der hermeneutica sacra.

3. Das Gespräch zwischen G. Maier und P. Stuhlmacher — ein Überblick

Nachdem G. Maier bereits 1972 (Th Beitr 3 (1972) 21—23) in einer kritischen Rezension des von Ernst Käsemann herausgegebenen Bandes »Das Neue Testament als Kanon« (Dokumentation und kritische Analyse der gegenwärtigen Situation, 1970) resümiert hatte: »Diese ›moderne‹ protestantische Exegese ist am Ende einer Sackgasse angekommen« (ebd.31), stellt er zwei Jahre später unumwunden »das Ende der historisch-kritischen Methode« fest. In seiner gleichnamigen Veröffentlichung konstatiert Maier zunächst (I) »die innere Unmöglichkeit des Begriffs« der Bibelkritik (5—20), denn: »Kritik ist nicht die angemessene Antwort auf Offenbarung« (so die Überschrift von I, f, S. 17). In einem zweiten

---

[22] Vgl. die gleichlautende Publikation (s. Anm. 21).
[23] Vgl. vor allem den Teil III in G. Maier, Das Ende der historisch-kritischen Methode, 1974.
[24] Ebd., 17.
[25] Ebd., 17.
[26] Ebd., 17.
[27] Ebd., 17—18.

78

Teil (II) belegt Maier »das tatsächliche Ende der historisch-kritischen Methode« (21—46), indem er die Überlegungen seines Aufsatzes von 1972 aufgreift: Die Exegeten sind offensichtlich nicht in der Lage, historisch-kritisch einen Kanon im Kanon, d.h. eine Mitte der Schrift festzustellen. Aus der durch die historisch-kritische Methode geschaffenen Sackgasse möchte Maier durch das Postulat einer »historisch-*biblischen* Methode« (III; 47—92) herausführen. Die proklamierte biblische Spezialhermeneutik wird a) in der Bibel begründet und b) in ihren einzelnen Methodenschritten vorgeführt.

1975 legt P.Stuhlmacher seinen Aufsatzband »Schriftauslegung auf dem Wege zur biblischen Theologie« vor. Die abgedruckten Beiträge bemühen sich einerseits um eine Bestandsaufnahme hermeneutischer Versuche und deren Probleme durch die ganze Kirchengeschichte hindurch. Im Blick stehen aber vor allem die Grundsätze gegenwärtiger protestantischer Exegese; diese bedürfen nach Stuhlmacher einer grundsätzlichen Revision, da sie historisch, theologisch und kirchlich vor die allergrößten Probleme stellen. Stuhlmacher fordert — im Gegensatz zu Maier — keinen Verzicht auf kritische Arbeit am NT, wohl aber eine Korrektur der historischen Methode. Der distanzierte, die Texte einseitig verobjektivierende Urteilsstandpunkt der historisch-kritischen Forschung soll 1. durch die Einführung eines vierten Prinzips des Vernehmens, das neben die für historische Kritik bisher konstitutiven Grundsätze von Kritik, Analogie und Korrelation tritt, und 2. durch die Aufforderung, die Wirkungen eines Textes, sein Verständnis in der ganzen Kirchengeschichte in die Auslegung miteinzubeziehen, aufgebrochen werden. Denn der cartesianische, die Texte lediglich verobjektivierende Urteilsstandpunkt ist nicht dazu in der Lage, den von den Texten erhobenen Wahrheitsanspruch und die in ihnen zum Ausdruck kommende Wirklichkeit ernstzunehmen und die Texte so als Dialogpartner zur Sprache zu bringen (Vgl. insbesondere Stuhlmachers Aufsatz zu A.Schlatter als Bibelausleger). Scharfe Kritik übt Stuhlmacher deshalb auch an dem in der Bultmann-Schule praktizierten Auslegungsverfahren der existentialen Interpretation, das die (Universal-)Geschichte auf (Existenz-)Geschichtlichkeit reduziert.

Das Gespräch zwischen Maier und Stuhlmacher beginnt eigentlich erst richtig, als Stuhlmacher in seinem Aufsatzband eine erstmalig dort abgedruckte, kritische Rezension von Maiers Traktat über »das Ende der historisch-kritischen Methode« veröffentlicht. (103—108, Anm.48) Stuhlmachers Vorwürfe lauten u.a. auf:

— Ausblendung der eigentlichen Problemgeschichte der protestantischen Hermeneutik seit der Aufklärung
— Verzicht auf wissenschaftliche Fundierung der biblischen Exegese
— Wiederholung der bereits hundertfältig gescheiterten Forderung nach einer geistlichen Schriftauslegung im Kreise der Wiedergeborenen
— völlig unzureichende dogmatische Absicherung seiner geistlichen Hermeneutik und historisch-biblischen Methode
— Beliebigkeit und Willkür der durch eine geistliche Schriftauslegung provozierten Ergebnisse, die nicht gegen Fehlurteile abgesichert werden können
— Diskrepanz zwischen dem durch die historisch-biblische Methode geforderten Verzicht auf »Kritik« und dem eigenen Wahrheitsgewissen
— eine durch Maiers »halbherzige Anleihen bei der historischen Kritik« (107) hervorgerufene, fehlende Geschlossenheit des hermeneutischen Entwurfs.

Trotz des kritischen Resümees — »dem württembergischen Pietismus wird nur dann gedient, wenn man methodisch und sachlich nicht hinter Adolf Schlatter zurückfällt« (108) — bleibt die selten anzutreffende Tatsache, daß ein Vertreter der an unseren Universitäten getriebenen Theologie Notiz von einem weit verbreiteten Ansatz evangelikaler Hermeneutik nimmt.

Die Chance des darin liegenden Gespräches wird denn auch von H. *Lindner* erkannt. So heißt es in seinem Aufsatz »Widerspruch oder Vermittlung? Zum Gespräch mit G.Maier und P.Stuhlmacher« (ThBeitr 7 (1976) 185—197): »*Die Zeichen stehen auf Synthese*« (186; Hervorhebung im Original). Nach der Analyse Lindners verbindet Maier und Stuhlmacher vor allem die »Hinterfragung der historischen Kritik und auch die Neubesinnung auf das Stichwort ›biblisch‹« (185). Nach einer Skizze der Position Stuhlmachers und Maiers sowie ihrer aufeinander bezogenen kritischen Äußerungen läßt sich Lindner mit verschiedenen Anfragen an beide Autoren auf das Gespräch ein:

An Stuhlmacher ergeht 1. die Frage, ob bei ihm »ein rationalistischer Vernunftbegriff und — via Troeltsch — ein rationalistischer Geschichtsbegriff auf dem Plan« seien; »Ergänzung und Korrektur der historisch-kritischen Methode, auch wo diese im Zeichen des dritten Glaubensartikels erfolgen, wären dann nur die angehängten Wagen eines Zuges, der schon längst seine Richtung eingeschlagen hat.« (193). 2. Daß »sich die aufklärerische Sachkritik auf Luther oder Calvin berufen kann« (194), wird bei Stuhlmacher »mehr vorausgesetzt als bewiesen« (Anm. 35 auf S. 194). 3. Lindner erhebt allerschwerste Bedenken gegen eine Geschichtsdeutung, die Bultmanns Entmythologisierungsprogramm — nach dem Grundsatz: »Geistesgeschichte als eine Art unentrinnbaren Schicksals« (195) — für die erste Hälfte unseres Jahrhunderts als einen großartigen theologischen Versuch akzeptiert, ihn aber heute für nicht mehr tragfähig hält. Hinter dem von Lindner aufgezeigten Problem steht die Frage nach einem Wahrheitsbegriff, der eine solche Unterscheidung ermöglicht. 4. Lindner widerspricht Stuhlmachers Berufung auf Schlatter, der ja gerade »im Rückgang hinter die Aufklärung einen eigenen erkenntnistheoretischen Ansatz gewagt« habe und sich sicher auf einen »nur instrumentalen Gebrauch der historischen Methode« (so Stuhlmacher, Schriftauslegung . . ., 86 und 98) nicht eingelassen hätte (196).

An Maier kritisiert Lindner 1. »einen kräftigen rationalistischen Einschlag«: einerseits dürfe bei Maier »Offenbarung« nicht mit einer kritischen Methode angegangen werden; andererseits werde »aber eigenartigerweise das Recht dieser Methode für die Profangeschichte vollauf bestätigt« (193). 2. Kommt Maier in dem von ihm vorgeschlagenen Programm ohne »kritische Exegese« aus? Darf »historische Kritik« mit Sachkritik im Sinne der Aufklärung identifiziert werden? Lindner plädiert für eine »kritische« im Sinne von genau hinschauender, differenzierender Erforschung der Bibel (193). 3. Von Schlatter aus gesehen, der nie eine besondere geistliche Hermeneutik gebraucht oder akzeptiert hat, besteht Stuhlmachers Kritik an Maiers »historisch-*biblischer* Methode« zu Recht (196).

Lindner stellt sich der Tendenz nach wohl eher hinter Maier, dem er darin recht gibt, daß er »den Rückgang hinter Semler und die Aufklärung empfiehlt« (196); er betont aber auch, daß »die kritischen Fragestellungen seit der Aufklärung sehr ernst genommen werden« müssen (197). Eine Entfaltung dieses Postulats sowie eine Antwort auf die Frage, wie ein solcher Rückgang hinter die Aufklärung auszusehen hätte und welches hermeneutische Programm sich von dort aus konzipieren ließe, bleiben bei Lindner leider offen. (M.E. wäre es sinnvoll, hier bei dem auch von Lindner am Schluß seines Aufsatzes erwähnten J.G. Hamann einzusetzen.)

In seiner kurzen Replik zu Lindners Aufsatz (ThBeitr 1977 8.Jg. Heft 2, 88—90) versucht Stuhlmacher, einige Mißverständnisse seines Ansatzes zurückzuweisen; er wehrt sich v.a. — mit Hinweis auf das gerade von ihm vertretene Programm einer Hermeneutik des Einverständnisses — gegen den Vorwurf eines »rationalistischen Vernunftbegriffes«.

G.Maier antwortet mit seinem Aufsatz: »Einer biblischen Hermeneutik entgegen? Zum Gespräch mit P.Stuhlmacher und H.Lindner« (ThBeitr 8 (1977) 148—160). In seinem Überblick über die jüngsten Fortschritte der hermeneutischen Diskussion würdigt er ausdrücklich auch Stuhlmachers hermeneutische Anfragen und Antworten.

Gemeinsamkeiten sieht er 1. in der Suche nach einem hermeneutischen Neuansatz; 2. in dem Willen »*zur Zuhilfenahme aller [!] gegebenen Möglichkeiten des Verstehens*« (so eine

Äußerung H.Freys, Die Krise der Theologie (Wuppertal 1971, 81), die Maier zustimmend (150) zitiert; Hervorhebung im Original). Das bedeutet 3. das Bemühen um eine wissenschaftliche Methode, die sich »in rational begründbaren Schritten und in einer den Nachvollzug ermöglichenden Weise ... den biblischen Aussagen nähert« (150). Konsens besteht auch 4. »über den wesentlichen Umfang der negativen Folgen der Bibelkritik« (150) und 5. in der Forderung, »daß die von Bultmann und Ebeling vollzogene Koppelung von reformatorischem Rechtfertigungsglauben und (bisheriger!) historisch-kritischer Methode gelöst werden muß« (151, Zusatz im Original). Ein Gespräch lohnt sich nach Maier über die folgenden vier, noch offenen Probleme:

— Maier lehnt nach wie vor die Bestimmung einer »*Mitte der Schrift*« ab; wer einen solchen »Kanon im Kanon« suche, denke *statisch* und könne damit der auch von H.Gese festgestellten prozessualen Entfaltung der Wahrheit in den biblischen Texten nicht gerecht werden; er stehe in der Gefahr, die festgestellte »Kerntradition« als platonische Idee zu behandeln.

— In der Haltung Stuhlmachers zur *Inspiration* sieht Maier eine unverständliche Diskrepanz zwischen »dem grundsätzlichen, begrüßenswerten »Ja« und einem »Nein zu jeder näheren Gestalt« (153).

— Für Maier sind »Kirchengeschichte und Weltgeschichte ... nicht Schicksalsgeschichte, sondern Entscheidungsgeschichte« 154. Damit ist für Maier »Stuhlmachers Auskunft, die historisch-kritische Methode sei für die Vergangenheit in Ordnung gewesen, nun aber nicht mehr ebenso tragfähig«, unmöglich gemacht (154).

Im Blick auf Stuhlmachers Berufung auf das neuzeitliche Wahrheits- und Wirklichkeitsbewußtsein als einem Maßstab theologischer Hermeneutik stellt Maier fest, daß die jeweilige Gegenwart erst den Auftrag habe, ihren Beitrag »zu einem sich geschichtlich erst noch ergebenden Wahrheits- und Wirklichkeitsverständnis« zu leisten (155). Von daher verbietet sich für ihn jedes pauschale Reden von »dem« bereits normativ vorliegenden Wahrheits- bzw. Wirklichkeitsbewußtsein.

— Kontrovers ist zwischen Maier und Stuhlmacher auch noch die kirchengeschichtliche Zuordnung von Pietismus und altprotestantischer Orthodoxie. Während nach Stuhlmacher »Pietismus und religiöser Freigeist seinerzeit gemeinsam gegen die Orthodoxie Front gemacht haben« (Schriftauslegung ..., 106, Anm.48), betont Maier, daß der Pietismus »gerade in der Schriftlehre ... mit der Orthodoxie an der Autorität und Inspiration der Bibel« festgehalten habe (156).

Luthers Bibelkritik ist unbestreitbar. Aber 1.) mäßigte er »deutlich erkennbar seine kanonkritischen Urteile ..., je älter er wurde«; 2.) fordert Maier, daß das reformatorische Selektionsprinzip »was Christum treibet« aufgehoben werden müsse in das Bengel'sche »was Gott uns offenbart«. Programmatisch heißt es: »die Reformation bleibt so lange unvollendet, als nicht dem sola scriptura das tota scriptura zur Seite tritt« (157).

Die von Lindner geforderte und von ihm als »kritische Exegese« definierte Schriftauslegung beruht nach Maier auf einem »unschuldigen Kritik-Begriff« und trifft das Problem eines angemessenen Kritik-Begriffes noch gar nicht; Maier deutet an, daß dieser in der Nähe von Bengels »crisis sacra«, Schlatters »keuscher Beobachtung« und Ladds »sober criticism« zu suchen sei (158).

Ausdrücklich besteht Maier gegenüber Lindner darauf, »an einer eigenständigen theologischen Methode bei der Auslegung der Schrift festzuhalten« (158). Die Notwendigkeit der hermeneutica sacra liegt, so Maier, im Charakter der Bibel als eines »unvergleichlichen Dokumentes« (vgl. 159) begründet.

Der Aufsatz Stuhlmachers »Hauptprobleme und Chancen kirchlicher Schriftauslegung« (ThBeitr 9 (1978) 53—69) stellt mehr als eine Antwort an Maier und Lindner sowie seine Kritiker aus den Reihen der Bultmann-Schule dar: er ist — schon kurz vor der Veröffentlichung seiner »Hermeneutik« (s.u.) — ein Rechenschaftsbericht, der sich mit der Kritik zur »Rechten« wie zur »Linken« auseinandersetzt.

Thetisch heißt es schon ganz zu Anfang auf die Frage nach der Hauptaufgabe kirchlicher Schriftauslegung: diese »*hat die Bibel aus Liebe zur Wahrheit wahrheitsgemäß auszulegen, und zwar im Kontext kirchlichen Lebens*« (53; Hervorhebung im Original). Damit steht die Schriftauslegung a) im Kontext der allgemeinen Wahrheitsfrage und b) kirchlich erfahrener wie bewährter Inspirationslehre als hermeneutischer Vorgabe.

Im Anschluß an A.Schlatter und P.Ricoeur votiert Stuhlmacher dafür, die Texte, die von ihnen bezeugte Wirklichkeit und ihren Wahrheitsanspruch, ganz neu ernstzunehmen und sich in der Exegese entfalten zu lassen. Der Ausleger soll *sich vor* dem Text verstehen, bevor er voreilig zu kurzschlüssiger Kritik schreitet.

Die biblischen Texte besitzen einen historischen und qualitativen Vorsprung vor allen christlichen Glaubenszeugnissen, die auf diesen Texten beruhen (57). Ihr besonderer Wert »wächst den Texten . . . aus ihrer sprachlichen Anteilschaft an der in Jesus Christus in die Geschichte eingegangenen Offenbarung Gottes« zu (57). Die kirchliche Schriftauslegung hat nun die Aufgabe der Kontrolle: sie überprüft die Übereinstimmung des jeweils aktuellen Wahrheitszeugnisses der Kirche mit den in ihrer normativen Bedeutung anerkannten biblischen Texten.

Dabei kommt die heutige Exegese an der historisch-kritischen Methode nicht vorbei, wenn sie wissenschaftlich, d.h. in Korrelation zum gültigen Erkenntnisstand operieren will. Das entbindet den Theologen allerdings nicht von der Pflicht, kritisch nach der Leistungsfähigkeit der historischen Kritik zu fragen. Diese kommt für Stuhlmacher ihrem Anspruch auf Wirklichkeits- und Textnähe nur ganz begrenzt nach. Das liegt v.a. daran, daß sie die »Texte selbst als eigenständige Wahrheitszeugnisse« übersieht: »die historische Textanalyse kann diese von den Texten selbst intendierte Wahrheitsfrage nur zu ihrem Schaden ausblenden« (61). Die biblische Exegese muß daher von dem Grundsatz ausgehen, »daß die Texte in ihrem vorliegenden Wortlaut wahr sein wollen« (61).

Abschließend befaßt sich Stuhlmacher mit dem Lebenshorizont der kirchlichen Schriftauslegung und nimmt damit auch implizit zur Frage nach einer besonderen biblischen Hermeneutik Stellung. Einerseits gilt: die Kirchliche Exegese erwächst »aus einer Ergriffenheit von der biblischen Wahrheit, die Jesus Christus heißt« (65); in diesem Sinne hat die kirchliche Schriftauslegung mit der Erfahrung des Zeugnisses des Geistes »der allgemein wissenschaftlichen eine (natürlich umstrittene) hermeneutische Erfahrung voraus« (65; Zusatz im Original). Dieses Glaubensinteresse an der Bibel ist nicht a priori als unwissenschaftlich zu verwerfen, sondern als ein, die wissenschaftliche Arbeit förderndes Motiv zu verstehen (66). Andererseits lehnt Stuhlmacher eine, vor allem vom Pietismus immer wieder geforderte, besondere Hermeneutik der Glaubenden u.a. deshalb entschieden ab, weil sie »bisher noch nie methodisch einsichtig und praktikabel expliziert worden« sei (68). Wegen der fehlenden Kontrollierbarkeit würden ihre Ergebnisse »zur Einfallspforte für alle möglichen Eingebungen werden (69, Anm.25).

Nach dieser literarischen Phase des Gespräches schien Tübinger Studenten aus der SMD und dem Albrecht-Bengel-Haus die Zeit gekommen zu sein, ein direktes Treffen der beiden Tübinger Theologen zu organisieren. Hans-Hermann Pompe und der Verfasser leiteten das Gespräch am 14.1.78, in dem Maier wie Stuhlmacher vorher von den Studenten sorgfältig vorbereitete Fragen vorgelegt wurden.

Einführend wurde Maier nach seinem Verhältnis zur altprotestantischen Orthodoxie und zum Fundamentalismus befragt. Er erläuterte: die Orthodoxie diene ihm nicht zur Begründung, sondern nur als Beispiel für seine Thesen; im Gegenüber zum Fundamentalismus sei für ihn »die Unfehlbarkeit kein Thema pietistischer Diskussion. Dem Pietismus gehe es nicht a priori um Irrtumslosigkeit, sondern um die Zuverlässigkeit des Wortes Gottes.« (Festgabe für Otto Michel. ThBeitr9 (1978) (222-234) 224).   Stuhlmacher wurde gebeten anzugeben, »welche Sicherungen gegen einen Rückfall in das frühere, bereits überholte Stadium der radikalen historischen Kritik in Ihrem hermeneutischen Konzept eingebaut sind« (224). Stuhlmacher legte dar, daß es eine solche methodische Absicherung angesichts des wissenschaftlichen Wahrheitsbewußtseins unserer Zeit zwar nicht geben könne; die historische Kritik sei aber durch das von ihm geforderte Prinzip des Vernehmens zu flankieren; grundsätzlich gelte, daß sich die Bibel immer wieder gegen Fehlinterpretationen durchsetze (225).

Zu den weiteren Fragenkreisen wurden beide Autoren gemeinsam befragt, zum zweiten: »Mitte der Schrift, Kanon im Kanon«, zum dritten: »zur Hermeneutik der Schrift« (v.a. zur Frage nach der Berechtigung und Möglichkeit einer geistlichen Schriftauslegung) und zum vierten: »zur Wertigkeit der Schrift« (zur Autorität der Bibel, Inspirationslehre etc.). Hauptsächliche Streitpunkte des auch direkt zwischen Maier und Stuhlmacher ablaufenden Gespräches waren die Fragen nach (1.) der Möglichkeit einer Bestimmung der und (2.) der Legitimität der Frage nach einer Mitte der Schrift. Da wir im folgenden Teil wichtige Partien des Gesprächsprotokolls abdrucken werden, erübrigt sich ein näheres Eingehen auf diese Diskussion.

In einem 1978 erschienenen Heft »Wie legen wir die Schrift aus?« (ThuD 14) faßt Maier in einem ersten Aufsatz »die hermeneutische Debatte seit 1970« zusammen (7—22). Weniger hilfreich scheint mir das Seite 11—14 zu findende Resümee über das Gespräch mit Stuhlmacher, das durchsetzt ist mit einigen, *nach* diesem Dialog schwer verständlichen Mißverständnissen: es bleibe nach Stuhlmacher a) »allein dem historischen Urteil überlassen, wie radikal ein Ausleger verfahren will« (14). b) »Der Kanon im Kanon wird von Stuhlmacher unverändert beansprucht und fast im Sinne von Herbert Braun (!) durch die drei Blöcke Jesus, Paulus und Johannes markiert.« (14; Zusatz von mir); c) Stuhlmacher sehe »im Neuen Testament den richtigen gegen den falschen Jesus . . . auf dem Plan« (14): »Es gibt also keine Einheit der Bibel.« (14) Damit stehe Stuhlmacher in entscheidenden Punkten gegen Schlatter, auf den sich Maier selbst immer wieder beruft.

Interessanter als dieser erste ist der zweite Aufsatz: »Auf dem Weg zu einer biblischen Hermeneutik« (23—41). In diesen mehr programmatischen Ausführungen, die in 12 Thesen Maiers Konzept einer biblischen Schriftauslegung umreißen, wird — trotz aller vorhergehenden Polemik gegen Stuhlmacher — die Nähe in der Sache und in den Anliegen deutlich:

— In These 2 betont Maier, daß die Hermeneutik »*bestimmte Ergebnisse nicht garantieren*« *kann* (24, eine Feststellung, die auch Stuhlmacher in der Festgabe für Otto Michel ThBeitr 9 (1978) 224—225 getroffen hatte).
— These 3 begründet die Notwendigkeit der historischen Erforschung der Bibel mit Gründen, die man durchaus auch bei Käsemann finden kann: »a) die Bibel ist auch ein Geschichtsdokument, so daß geschichtliche Erforschung unsere Erkenntnis erweitern und vertiefen kann. b) Die historische Schriftforschung kann zur Korrektur schwärmerischer oder traditioneller Urteile führen.« (25; im Original hervorgehoben) Über alles Zeitinteresse hinaus begründet Maier die Notwendigkeit historischer Forschung damit, daß »Gott eine besondere Zeit gewürdigt hat, die Sendung seines Sohnes zu sehen und in ihre Sprache aufzunehmen (Gal.4,4)« (26).
— Ausdrücklich betont er mit Stuhlmacher die Angewiesenheit der Exegese auf die Dogmatik (zu These 5, S. 29).
— In These 6 legt Maier ein Bekenntnis zur wissenschaftlichen, d.h. zur methodisch geordneten und kontrollierbaren Schriftauslegung ab, — wenn er auch, ähnlich wie Stuhlmacher (Hauptprobleme und Chancen . . ., VI) hervorhebt, daß der historische Zugang nur *ein* Weg zur Botschaft der Bibel darstellt (These 4). Maier besteht aller-

dings auf seiner kompromißlosen Ablehnung des bisherigen Kritikbegriffes (31).

— Wie Stuhlmacher betont Maier die Prävalenz (Vorrangigkeit) der Bibel für die Schriftauslegung: »Dabei ist das Hören auf die Schrift bedingt durch ein grundsätzliches Offensein für die Möglichkeit göttlicher Offenbarung.« (These 8, S. 32; im Original hervorgehoben). Es ist nach Maier ein Verdienst v.a. der Vertreter einer pneumatischen Exegese, auf das Angewiesen-Sein des Auslegers auf die Offenbarung Gottes (Maier spricht von einer »Hermeneutik des Angewiesenseins«, (These 8, S.32)) und d.h. auch auf die Frage nach den Voraussetzungen einer angemessenen Exegese hingewiesen zu haben (35).

Maier wendet sich vom Postulat der Offenheit her gegen die Inanspruchnahme der philosophischen Hermeneutik Ricoeurs durch Stuhlmacher: »Damit ist gesagt, daß wir weder durch Paul Ricoeur noch durch eine andere philosophische Verstehenslehre auf das richtige Hören vorbereitet werden können« (35).

— In These 11 wird deutlich, daß für Maier — wie für Schlatter und Stuhlmacher — Inspiration und Geschichte zusammengehören. Die altprotestantische Vorstellung der Inspiration als Diktat, während dem die Boten Gottes zu bloßen, »bewußtlosen« Griffeln werden, lehnt er ab. (38) Mit Stuhlmacher teilt Maier das Vertrauen, daß sich die Bibel immer wieder auch gegenüber historischen Anfragen durchsetzen und ihre Wahrheit bewähren wird. Sehr aufgeschlossen heißt es — wohl vor allem im Blick auf fundamentalistische Praktiken —: »Unsere Ehrfurcht vor der Bibel kann sich auch darin konkretisieren, daß wir zugeben, für bestimmte Fragen keine Antwort zu haben. Jedenfalls möchte ich jede Künstelei und jedes gewaltsame Zusammenbiegen vermeiden. Wir sollten auch über historische Aporien (Ratlosigkeiten) offen reden können, und zwar im Gehorsam des Vertrauens, aber nicht mit verkrampften Blicken beobachten.« (39) Noch einmal betont Maier — und er kann sich hierfür auf pietistische Väter berufen —, daß die Inspiration der Bibel nicht mit ihrer »sachtechnischen Irrtumslosigkeit« identisch zu sein brauche (39).

Gegenüber Stuhlmacher formuliert Maier aber ebenso deutlich sein anderes Verständnis der Einheit der Schrift: »Es gibt in der Bibel verschiedene Theologien, aber nicht gegensätzliche Theologien.« (38) Die Schriftauslegung hat die Einheit der Bibel zur Voraussetzung (These 12). Vom Standpunkt der Einheit der Schrift, die Maier allerdings nicht nur dogmatisch behauptet, sondern die sich seiner Meinung nach »auch historisch aufweisen« läßt (41), muß er jede — von einer »Mitte der Schrift« ihren Ausgang nehmende — innerbiblische Sachkritik ablehnen (40).

Wenn auch die verbleibenden Differenzen nicht überraschen, so rufen die bestehenden Übereinstimmungen in den Intentionen — und bis in die Formulierungen hinein — doch Erstaunen hervor. Dies gilt umsomehr, als Maier sich m.E. auch dort gegen Stuhlmacher abgrenzt, wo de facto weitgehendes Einverständnis besteht.

In seiner 1979 erschienenen Hermeneutik »Vom Verstehen des Neuen Testaments« (Eine Hermeneutik, NTD-ER Bd.6) wird das Gespräch mit den Evangelikalen insofern weitergeführt, als auch in dieser Veröffentlichung der »uns gegenwärtig noch immer beschäftigende Streit um die Art und Weise der Schriftauslegung« (185) im Mittelpunkt von Stuhlmachers Interesse steht. Ohne auf Gerhard Maier ausführlicher einzugehen, stellt Stuhlmacher fest, »daß der Kernpunkt dieses Streites die Frage sei, inwiefern die historisch-kritische Auslegungsmethode der Bibel und ihrem Christuszeugnis gerecht werde oder nicht.« (185) Die Auseinandersetzung über diese Frage trägt Stuhlmacher zum einen mit der »Gruppe der sog. radikalen Kritiker« dann mit der »Schar derer, die auf recht unterschiedlichem Niveau ein Nein zur historischen Bibelkritik sagen« (185) aus. Wie wir bereits feststellen konnten, versucht Stuhlmacher, einen Weg aufzuzeigen, der sowohl der Forderung nach redlicher, kontrollierbarer und vor den nichtchristlichen Zeitgenossen

verantwortbarer Schriftauslegung Rechnung trägt als auch den Texten, ihrem Wahrheitsanspruch und dem berechtigten kirchlichen Interesse an der Bibel, gerecht wird. Stuhlmacher gelingt es, sein Programm plausibel dadurch zu konsolidieren, daß er die Geschichte
der Hermeneutik ausführlich darstellt, die in ihr konstant auftretenden Schwierigkeiten
reflektiert und auf der Basis dieser eingeholten hermeneutischen »Erfahrung« erneut sein
Programm der mit einer biblischen Theologie eng verbundenen Hermeneutik des Einverständnisses präsentiert.

In der jüngst erschienenen Veröffentlichung »Heiliger Geist und Schriftauslegung«
(1983, ThuD 34) beschäftigt sich Maier v.a. mit zwei Fragen: (1.) Welche Rolle spielt der
Heilige Geist bei der Enstehung der Heiligen Schrift? und (2.) »Welche Rolle spielt der Heilige Geist bei der Schriftauslegung?«

Im ersten Beitrag des Bandes (»Der Heilige Geist und die Schrift: Das inspirierte Wort«,
9—19) geht Maier der Frage nach der Schriftinspiration nach, die er als »denjenigen geschichtlichen Gesamtvorgang« definiert, »durch den der Heilige Geist bestimmte Schriften zu Gottes Wort an alle Menschen gemacht hat« (13). Bemerkenswert ist der Versuch,
Inspiration und Geschichte zusammenzudenken (13f. u.ö.), sich im Anschluß an Hebr 1,1
(polytropos) und das biblische Reden von Inspiration einem bestimmten, eindimensional
festgelegten, v.a. mechanistischen (16) Inspirationsverständnis zu verweigern und »die sogenannten ›Versehen‹, ›Widersprüche‹, ›Irrtümer‹ . . . der Schrift« nicht zu verleugnen,
sondern auch diese organisch — im Sinne einer heilsgeschichtlichen Sicht des Werdens
der biblischen Schriften und des Kanons (13) — als Werk des Heiligen Geistes zu verstehen (18).

In dem Versuch, Inspiration und Geschichte im Anschluß an Schlatter zusammenzudenken, den Inspirationsvorgang gesamtgeschichtlich zu betrachten und damit das Verstehen des göttlichen Wortes durch die jeweiligen Adressaten mit in den Inspirationsvorgang einzubeziehen, liegen m.E. fruchtbare Ansätze zu einem weiteren Gespräch mit
Stuhlmacher. Zu fragen wäre m.E., ob Maier (17) Schlatters Position schon voll eingeholt
hat, wenn er — noch relativ einseitig — formuliert, »daß Gottes Geist der Gebende und
der Menschengeist der Empfangende ist«. Bezieht Schlatter die Geschöpflichkeit und Aktivität des Menschen im Inspirationsvorgang nicht doch noch ganz anders mit ein? (Vgl. T
19 und T 21).

Der 2. Beitrag des Bandes (»Der Heilige Geist und die Schriftauslegung: Der inspirierte
Ausleger«, 21—29) ist durch außerordentlich vorsichtige und angesichts der gegenwärtigen Gesprächslage weise abwägende Überlegungen zum Verhältnis von Geist und Methode, zur Frage des inspirierten Auslegers und zum Problem einer besonderen biblischen
Hermeneutik geprägt. Maier geht die Fragen »pneumatozentrisch« an (22), indem er
»nicht . . . bei der Person des Auslegers« ansetzt, »sondern beim Werk des Heiligen Geistes
beim Ausleger« (22). Der Ausleger — durch den Heiligen Geist ergriffen, verwandelt und
erfüllt — tritt im persönlichen Glauben und mit einem Vertrauensvorschuß an die Bibel
heran, der wissenschaftlich kein Fehler, sondern eine Hilfe beim Auslegungsprozeß ist. Der
wissenschaftliche Zweifel sei der aus der Beziehung zu Gott heraus geschehenden Auslegung nicht angemessen, andererseits sei der wiedergeborene Ausleger auch nicht »gegen
Irrtümer gefeit« (23/25). Die Inspiriertheit des Auslegers lasse sich nicht an den Ausle-
gungsergebnissen ablesen, sondern sei nur darin sichtbar, daß dieser »die Einheit der
Schrift sucht, die das innere Zeugnis des Geistes in der Kirche bekundet hat« (25). Im Kontext des Problems von »Geist und Methode« tritt Maier für das notwendige, der Überprüf-
barkeit der Auslegung dienende Zusammenwirken von Geistesleitung und wissenschaft-
lich-methodischer Bemühung ein. Es gebe — auch im NT — keine bestimmte inspirierte
Methode; darum gelte es, die Mehrdimensionalität der Schriftauslegung neu zu entdecken
und kritisch gegen eine Verabsolutierung des historischen Verstehenszuganges festzuhalten.

85

Maier plädiert vorsichtig aber eindeutig für eine besondere biblische Hermeneutik, die sich nicht durch spezifische Arbeitsschritte oder Methoden auszeichne, sondern durch die dem Auslegungsvorgang zugrundegelegten Voraussetzungen (28ff). Die Rechenschaft Maiers gegenüber den von ihm referierten Argumenten gegen eine hermeneutica sacra sowie die positiv für sie ins Spiel gebrachten Argumente vermögen m.E. nicht zu überzeugen: Es bleiben die Frage nach der — ja auch von Maier geforderten — Kontrollierbarkeit — auch des inspirierten — Auslegungsvorganges, die Frage nach der rationalen Verantwortung des Glaubens (Maier verweist selbst auf 1. Petr 3,15), das Problem der Aufspaltung der einen, theonomen Wirklichkeit durch die Rede von einer allgemeinen und einer besonderen biblischen Hermeneutik und die Frage nach den besonderen Ergebnissen einer besonderen Auslegungsmethode. Der von Maier mit Recht immer wieder gekennzeichneten Bedrohung der theologischen Wahrnehmung durch einen zu engen Kritikbegriff wäre wohl am ehesten durch die Forderung einer weltanschaulich offenen und nicht atheistisch verstellten Methodik zu begegnen.

Im dritten Teil (»Weitere Erwägungen«, 31—42) befaßt sich Maier (1.) mit den praktischen Konsequenzen der Schriftinspiration für den Auslegungsvorgang, die er in der Offenheit für die historische Frage, aber auch in der Freiheit für eine mehrdimensionale Schriftauslegung, in »Erwartung« und »Vertrauen« als Eckpfeilern einer biblischen Hermeneutik und in der Konzeption der Theologie als einer Wissenschaft sui generis wahrnimmt. — Zur zweiten Frage nach dem Verfahren einer besonderen biblischen Hermeneutik äußert sich Maier v.a. in Abgrenzung gegen allgemein praktizierte Verfahren (Kritik am gängigen Analogie-, Kritik- und Geschichtsbegriff). Die von Maier im Rahmen einer und für eine hermeneutica sacra geforderten Elemente eines besonderen Geschichtsbegriffes (Gott als Urheber der Geschichte) und eines besonderen Verstehens der Geschichte (Untrennbarkeit von Fakten und Bedeutung: »Christus starb — für *uns*«) sind wesentlich. Maiers Postulate können aber wiederum eine besondere biblische Hermeneutik nicht begründen, weil dies zu einer Zerreißung der Wirklichkeit nach dem alten Muster: Heilsgeschichte und Profangeschichte führen würde. Vielmehr ist der Gottesgedanke und die — wissenschaftstheoretisch wesentliche — Einsicht in die Untrennbarkeit von Faktum und Bedeutung nicht nur für den unmittelbar theologischem Erkennen zugänglichen Bereich, sondern für die ganze Wirklichkeit zur Geltung bringen.

Es bleibt zu hoffen, daß dieses in der Formulierung moderate und an Einsichten und Anstößen reiche Heft die Diskussion in und um die evangelikale Hermeneutik weiterbringt.

Ohne schon jetzt abschließend Stellung nehmen zu wollen, glaube ich, daß sich eine Fortsetzung des Gespräches lohnen würde: Beide, Maier wie Stuhlmacher, zeichnen sich durch ihre Offenheit gegenüber hermeneutischen Problemen aus. Der evangelikale Theologe Gerhard Maier ist bereit, über Inspiration, Unfehlbarkeit der Schrift und den Kritikbegriff neu nachzudenken. Der Universitätstheologe Peter Stuhlmacher weiß um die Bedeutung der Inspirationslehre und reflektiert über die Unzulänglichkeit der in seiner Zunft lange Zeit (zu) selbstverständlich gehandhabten historischen Kritik.

Wie ich das in meinem Nachwort zur Diskussion zwischen Maier und Stuhlmacher (ThBeitr 9 (1978) 231—234) ausgeführt habe, scheint sich die Rückbesinnung auf Adolf Schlatter — auf den sich beide Theologen bereits zustimmend bezogen haben — als eine Orientierung für die zur Beantwortung anstehenden Fragen anzubieten. Schlatter hat seine Position in einer, zur heutigen manche Ähnlichkeiten aufweisenden Situation gewonnen. Sein Problembewußtsein und Verständnis für beide, »Positive« wie »Kritiker«, hat bei ihm zu einem bis heute nicht eingeholten hermeneutischen Programm geführt, das fruchtbar zu machen eine große Chance und Aufgabe dieses Gespräches wäre.

4. Ist Bibelkritik erlaubt?

a. G.Maier: Das Ende der historisch-kritischen Methode

Nachdem Maier als das Wesen der historischen Kritik bestimmt hat, daß sie zwischen echtem und unechtem Glauben in der Bibel unterscheiden wolle (T 77), nennt er seine Einwände gegen die historische Kritik: 1.) Der Kanon im Kanon ist unauffindbar (T 78); die Suche nach ihm ist der Bibel unangemessen. 2.) Kritik ist nicht die angemessene Antwort auf Offenbarung (Andere, m.E. weniger wichtige Einwände lauten: »Die Offenbarung ist mehr als eine Sache« (Ende . . ., 12); »das Ergebnis steht schon vor der Auslegung fest« (ebd., 14); außerdem macht Maier der historischen Kritik den Vorwurf der »mangelnden (n) Praktizierbarkeit« (ebd., 15; Klammer von mir)) (T 79). Zum Problem der Sachkritik nimmt Maier eine differenzierte und ambivalente Position ein: einmal räumt er die Möglichkeit sachlicher Irrtümer in der Bibel ein (T 80), — andererseits schließt er theologische Sachkritik aus (T 81).

Was besagt die methodische Bezeichnung »historisch-kritisch«? Sie hat einen Bestandteil, der offenbar im geschichtlichen Verändern und Erfahren Gottes einen berechtigten Anhalt hat, nämlich den des Historischen (Geschichtlichen). . . .

  Es ist . . . entscheidend, zu sehen, daß die einsetzende und immer tiefer greifende Umwälzung sich mit der Bestimmung »kritisch« verbindet. Das Kritische war Motor und Beschleuniger der Bewegung. Hierauf ruhte der bestimmende Akzent. Im Feld des Kritischen lagen die zahlreichen Voraussetzungen der neuen Methode, die man selbst immer weniger in Frage stellt und die man des öfteren einfach mit dem modernen Bewußtsein oder noch einfacher mit dem Satz: »Dahinter können wir nicht zurück« umschützte. . . .

  Indem wir uns jetzt der Angemessenheit von Methode und Begriff zuwenden, wird es unumgänglich, festzustellen, was die historisch-kritische Methode überhaupt beabsichtigte. Wir versuchen, eine Art Querschnitt zu legen. Diesen Querschnitt sehen wir in einer dauerhaften Überzeugung, deren ungefährer Anfangspunkt bei Semlers Satz liegt: »Die Wurzel des Übels (in der Theologie) ist die Verwechslung von Schrift und Wort Gottes«; ihr vorläufiger Endpunkt wird sichtbar in Käsemanns Aussagen, im NT seien Glaube und Aberglaube zugleich auf dem Plan, er wolle daher »von dem unbegreiflichen . . . Aberglauben abrücken, im Kanon bekunde sich überall nur echter Glaube«. Die Kritik verfolgte also das positive Ziel (zumindest von ihr positiv verstanden), einerseits das formal Biblische bzw. den »unechten« Glauben in der Bibel deutlich zu markieren, andererseits den »echten« Glauben bzw. das inhaltlich Verpflichtende herauszuarbeiten.

Das Ende der historisch-kritischen Methode, 1974, 6, 7, 9.

Es liegt nun zutage, daß der Versuch, das Wort Gottes in der Schrift oder das Echte und Verpflichtende in ihr herauszuarbeiten, unweigerlich in die Aufgabe mündet, den »Kanon im Kanon« zu finden. Will man sich nicht subjektiver Willkür ausliefern, dann müssen sachliche Maßstäbe, die allgemein überzeugen, eingesetzt werden. Die evangelische Theologie hat deren verschiedene benützt. Davon ist das lutherische »was Christum treibet« das bekannteste und verbreitetste. Neuere evangelische Theologen stellen auf die Nadelspitze der paulinisch-reformatorischen Rechtfertigungsverkündigung ab (Joest, Käsemann); andere neh-

T 77

T 78

men dafür das älteste Kerygma des NT in Anspruch, wobei sie sogleich hinzufügen, daß man dies mit ihren Methoden nicht exakt erfassen könne (Kümmel, Marxsen), oder heben einen Block von Schriften zu diesem Zweck hervor (H.Braun). Alle bis zum heutigen Tag unternommenen Versuche solcher Art sind fehlgeschlagen. Einen anerkannten »Kanon im Kanon« gab es wohl zeitweise in bestimmten Schulen, es hat sich aber keine Lösung für irgendeine Kirche oder auch nur Generation durchsetzen lassen. Ein Grund liegt darin, daß entweder die Maßstäbe zu wenig genau oder zu wenig überzeugend oder die Ergebnisse trotz gleichlautender Maßstäbe noch zu verschieden waren. »Ihr Zeugnis stimmte noch nicht überein« (Mark.14,59). Den Hauptgrund bildet jedoch die einfache Tatsache, daß die Bibel selbst keinen Schlüssel gibt, um Wort Gottes und Schrift und damit Christus und die Schrift zu scheiden. Das heißt aber zugleich, daß Methode und Forschungsgegenstand offenbar in keine wahre Entsprechung treten konnten. Der Versuch war offensichtlich falsch »aufgebaut«.

... *Die Bibel läßt sich nicht in eine göttliche und eine menschliche auseinanderlegen* ... Ist gesagt, daß, was heute und hier als ewig empfunden wird, auch gestern oder morgen empfunden wurde oder werden muß? Ist dies »Ewige« etwas anderes als ein Höchstwert dieser gegenwärtigen Zeit? Und selbst wenn wir auf solche »ewigen« Wahrheiten stoßen, wie Semler und Lessing sie gemeint haben, wie sichern wir uns dann davor, daß es nur menschliche gleichlautende Stimmen sind, die eventuell mit einem theo-logein, mit göttlicher Offenbarung gar nichts zu tun haben?

... Wir halten einstweilen als Ergebnis fest, daß die Anwendung der historisch-kritischen Methode zwangsläufig die Bibel in zwei Bibeln zerlegte, eine menschliche und eine göttliche, wobei aber trotz redlichen Bemühens infolge des Fehlens eines Schlüssels niemals Übereinstimmung entstand, was nun also stets und fest zum Kanon »göttlicher Wahrheiten« gerechnet werden müßte.

Das Ende der historisch-kritischen Methode, 1974, 10f.

T 79 *Kritik ist nicht die angemessene Antwort auf Offenbarung* ...
Wir wollen einmal voraussetzen, daß die vorliegende kanonische Schrift wirklich das Zeugnis der göttlichen Offenbarung ist. Keine sich um wissenschaftliche Objektivität bemühende Exegese bzw. Theologie kann diese Möglichkeit ausschließen, und wollte es auch bisher nicht. Dann aber ist jedem einsichtigen Betrachter deutlich, daß eine *kritische* Methode für diesen Fall und diesen Gegenstand versagen muß, weil sie eine innere Unmöglichkeit darstellt. Denn das Korrelat (Entsprechung) zur Offenbarung ist nicht Kritik, sondern Gehorsam, ist nicht Korrektur — auch nicht auf Grund der teilweise anerkannten und verwendeten Offenbarung —, sondern Sich-korrigieren-Lassen. Wie Hiob muß der Mensch hier verstummen, weil Gott ihm etwas zu sagen hat. Der zu Erlösende kann so wenig über die Erlösung befinden wie ein Patient das Rezept des Arztes nach seinem Geschmack vernünftigerweise verändern kann. ...

Von da aus wird noch einmal der Fehlansatz der historisch-kritischen Methode klar. Entgegen Luthers servum arbitrium [»Vom unfreien Willen«] meint sie, die Vernunft, das intellegere, aus dem Sündenfall herausnehmen und sich ihrer kritisch, d.h. dort: offenbarungs-unterscheidend und also offenbarungs-entscheidend bedienen zu können. Tatsächlich hat sie damit die Vernunft dem Offenbarungsanspruch schon entzogen! Welche Blindheit! Sie will nicht wahrhaben, daß jede Kritik und folglich die kritische Methode in der Theologie einen Standpunkt erfordert, von dem her Ein- und Zuordnungen erfolgen und Beurteilungen und Bewertungen geschehen können. Da ja die Kritik erst an die Bibel herantreten will, kann der Standpunkt für sie unmöglich in der Bibel selbst liegen, auch wenn sie sich sofort dort ein Terrain gewonnen hat und letzteres nun zum weiteren Ausgangspunkt nimmt.

Demnach bezeichnet die historisch-kritische Methode grundsätzlich einen Vorgang, bei dem die Bibel von einem außerbiblischen Ort her mit außerbiblischen Maßstäben angegangen wird, unter der Zielsetzung, dabei das Wort Gottes zu entdecken. Die große Entdeckung in Pascals Memorial: »Gott Abrahams, Gott Isaaks, Gott Jakobs — nicht der Philosophen Gott« ist dabei verloren gegangen.

Das Ende der historisch-kritischen Methode, 1974, 17f.

T 80 Unsere Ehrfurcht vor der Bibel kann sich auch darin konkretisieren, daß wir zugeben, für bestimmte Fragen keine Antwort zu haben. Jedenfalls möchte ich jede Künstelei und jedes gewaltsame Zusammenbiegen vermeiden. Wir sollten auch über historische Aporien (Ratlosigkeiten) offen reden können, und zwar im Gehorsam des Vertrauens, aber nicht mit verkrampften Blicken beobachten. ...

Der Pietismus interessierte sich viel mehr für die Zuverlässigkeit der Verheißungen als für die sachtechnische Irrtumslosigkeit der biblischen Angaben. Die Aussage des Beters in Ps 33,4: »Des Herrn Wort ist wahrhaftig, und was er zusagt, das hält er gewiß«, und Jesu Formulierung in Mt 5,18: »bis daß es alles geschehe«, scheinen ihm recht zu geben. Damit hat er die prägende Spannung von Verheißung und Erfüllung aufgenommen. Das hat seinen Blick auf das große Ganze der biblischen Botschaft gerichtet. Das hat es ihn verschmerzen lassen, daß in der Textüberlieferung gelegentliche Unsicherheiten — in Bengels Diktion »Sandkörnlein« — blieben. Bengel konnte »Fehler des Gedächtnisses« der Apostel ertragen, für J.T.Beck sind sogar »chronologische, topographische, rein weltlich historische Gegenstände« nicht unbedingt irrtumslos. Natürlich trägt auch da der Kritiker die Beweislast. Es ist mir eine offene Frage, ob Gott die menschlichen Boten auch da korrigieren mußte, wo eine sachtechnisch ungenaue Angabe *seine* Pläne nicht stört.

Wie legen wir die Schrift aus?, 1978, 39.

T 81 ... Zum anderen grenzen wir uns von jeder Sachkritik ab. Denn innerbiblische Sachkritik, wie sie zuletzt auch Stuhlmacher forderte, bedeutet, biblische Aussagen kämpfend gegeneinander ins Feld zu führen. Sie stört nicht nur den geschichtlichen Zusammenhang in der Schrift, sondern zerstört u.U. sogar die Heilsgewißheit. Schlatter sieht hier das Richtige, wenn er schreibt: »Einheit ist für die Schrift nötig, damit sie uns als Gottes Wort erkennbar sei und diene.« Ich denke, es läßt sich auch historisch aufweisen, daß die biblischen Aussagen in einer letzten Einheit ihrer Botschaften und Ziele zusammenklingen. Wir schließen mit einem Satz, dem Karl Heim in seinem Lebensrückblick zustimmte: »Ein einheitlicheres Buch als die Bibel kann ich mir nicht denken.« Sola scriptura (allein die

Schrift) und tota scriptura (die ganze Schrift) sind deshalb untrennbare Seiten derselben Offenbarung.

Wie legen wir die Schrift aus?, 1978, 40f.

b. P. Stuhlmacher: Bedeutung und Grenze der historischen Kritik

Stuhlmacher differenziert sein Urteil über die Bedeutung der historisch-kritischen Methode. Einerseits hebt er ihre Leistungen hervor (geschichtliches Wissen; hermeneutische Integrationskraft und ökumenische Bedeutung; vgl. T 82); andererseits weiß er um ihre großen praktischen, kirchenpolitischen und theoretischen Probleme (T 83 und T 84). Diese differenzierte Sicht verhindert eine pauschale Ablehnung oder Bejahung der historischen Kritik. Diese ist zwar theologisch und wissenschaftlich unaufgebbar (T 85), muß aber notwendigen und weitgehenden Korrekturen unterworfen werden, damit sie ihren Aufgaben wirklich gerecht zu werden vermag (T 86).

Die von Stuhlmacher hier vorgetragenen Vorschläge für eine »positive Kritik« (T 87) münden unmittelbar ein in seinen Entwurf einer »Hermeneutik des Einverständnisses«.

T 82 Die Erfolge und Erfahrungen der protestantischen, kritischen Schriftauslegung haben ... auch den Katholizismus bewogen, die von ihm lange Jahrhunderte hindurch *perhorreszierte* historische Kritik als unentbehrliches Instrument der historischen Forschung anzuerkennen und seiner eigenen Hermeneutik einzufügen. In dem Maße, wie dies geschehen ist, beginnt sich die Exegese in beiden Kirchen wieder zu berühren und z.T. sogar zu überschneiden. Wir verdanken der theologischen Adaption der historischen Kritik heute ... nicht nur unsere gesamte geschichtliche Kenntnis von der Entstehung und Eigenart des biblischen Kanons aus Altem und Neuem Testament, sondern auch die Neubegegnung der seit dem 16. Jh. getrennte Wege gehenden protestantischen und katholischen Exegese. *Unter diesen geschichtlichen Umständen besteht kein Anlaß, pauschal von einem Scheitern der historischen Kritik zu sprechen; es besteht vielmehr Anlaß, auf den mittels dieser Methode erzielten Gewinn an historischen und hermeneutischen Einsichten zu verweisen.*

Historische Kritik und theologische Schriftauslegung, in: P. Stuhlmacher, Schriftauslegung auf dem Wege zur Theoloie, 1975, (59-127) 98.

T 83 ... Es sind ja keineswegs nur ein paar Leute aus dem kirchlichen Fundamentalismus, sondern auch Bibelexegeten von hohem Rang wie Ernst Käsemann, die von einem (Teil-)Bankerott der kritizistisch gewordenen Bibelexegese sprechen. Wenn — um nur zwei neutestamentliche Beispiele zu nennen — gleichzeitig gesagt werden kann, wir könnten vom Menschen Jesus geschichtlich so gut wie nichts mehr wissen und bräuchten dies theologisch auch nicht, und: der christliche Glaube könne heute nur noch Anhalt am Menschen Jesus suchen; oder: die neutestamentliche Missionsbotschaft mitsamt der Verkündigung der für uns geschehenen Lebenshingabe Jesu habe ihr entscheidendes geschichtliches Ursprungsdatum im Ereignis und Bekenntnis der Auferweckung Jesu von den Toten, und: wir müßten endlich einsehen lernen, daß die Auferweckungsanschauung eine altertümlich zwar verständliche, heute aber psychologisch durchsichtige, bloße Projektion des Vertrauens ehemaliger Jesusjünger zu Jesus trotz dessen Kreuzigung sei, dann sind wir in unserem Wahrheitsgewissen ebenso wie in unserem Bekenntnis aufgerufen, diesen Gegensätzen auf den Grund zu gehen und uns zu fragen, mit wem wir es denn in Zukunft halten müssen. *Eine historisch-kritische Bibelexegese, die unter Berufung auf dieselben methodischen Prinzipien zu derart gegensätzlichen Urteilen kommt, müssen wir zur kritischen Reflexion auf diese ihre Prinzipien auffordern und zur Einsicht in das, was sie erkennen und was sie nicht beurteilen kann.*

Evangelische Schriftauslegung heute, in: P. Stuhlmacher, Schriftauslegung auf dem Wege zur biblischen Theologie, 1975, (167—183) 173f.

Die historische Kritik hat gerade die in dieser Kritik ausgebildete Theologenschaft stark in ihrem Schriftgebrauch *verunsichert* und ist gleichzeitig zu *kompliziert* geworden, um in der theologischen Ausbildung wirklich angeeignet und dann auch einleuchtend praktiziert werden zu können. Dem Siegeszug der historischen Kritik stehen also die Problematik eines Teiles ihrer aktuellen Spitzenergebnisse und gleichzeitig die Erfahrungstatsache entgegen, daß historische Bibelexegese offenbar nur von einem kleineren Teil der darin ausgebildeten Theologen wirklich sachkundig und wegweisend praktiziert werden kann. Die praktischen Konsequenzen dieses Dilemmas bekommen wir alle zu spüren, und zwar in Form jener kirchlichen Auseinandersetzungen, die uns gegenwärtig belasten.

T 84

Evangelische Schriftauslegung heute, in: P. Stuhlmacher, Schriftauslegung auf dem Wege zur biblischen Theologie, 1975, (167—183) 168.

Der Streit um die Wahrheit, den die Kirche zu bestehen hat, wird heute im Zeichen eines wissenschaftlich geprägten Wahrheitsbewußtseins geführt. Die kirchliche Schriftauslegung kann unter diesen Umständen ihrer angestammten Interpretationsaufgabe nur nachkommen, wenn sie bereit und fähig ist, die Welt der biblischen Texte für das moderne Wahrheitsbewußtsein aufzuschlüsseln. Sie muß deshalb selbst *wissenschaftlich verfahren*, und zwar im Vertrauen auf die auch heute gegebene Durchsetzungsfähigkeit der biblischen Wahrheit, die Jesus Christus heißt.

T 85

Die biblischen Texte sind von Menschen in bestimmter Zeit und Sprache verfaßt, haben also gerade als das kirchlich nicht überholbare Wahrheitszeugnis, als das sie kirchlich gelten, eine spezifisch historische Gestalt. Diese historischen Textgestalt fordert zur genauen historischen Analyse und Interpretation der Bibel heraus. Es ist darum der Aufgabe der kirchlichen Schriftauslegung in der Gegenwart angemessen, wenn sie sich bei ihrer Arbeit der *historisch-kritischen Auslegungsmethode* bedient, und zwar mit aller Freiheit und Konsequenz. Das von den großen Kirchen heute gemeinsam bejahte Wagnis der Übernahme der historisch-kritischen Methode in die exegetische Theologie ist nicht größer als das Wagnis der Alten Kirche im zweiten und dritten Jahrhundert, die dem damals vorherrschenden Wahrheits- und Wissenschaftsbewußtsein adäquate Methode der pneumatischen Textauslegung in die kirchliche Exegese zu übernehmen. Gewinn und Verlust dieses Wagnisses halten sich damals wie heute die Waage. Damals wie heute ist die anerkannte Auslegungsmethode ein wissenschaftliches Instrument zur Wahrheitsfindung, das in dem Maße leistungsfähig ist, als es das in den biblischen Texten vorliegende Wahrheitszeugnis in seiner eigentümlichen Gestalt und Fülle erkennbar macht. Bleibt die Auslegung hinter diesem Anspruch zurück, weist also der Wortlaut der biblischen Texte offenkundig über die von der Schriftauslegung artikulierten Aussagen hinaus, ist sie selbst korrekturbedürftig und bedürfen ihre Methoden der Revision.

Hauptprobleme und Chancen kirchlicher Schriftauslegung, in: ThBeitr 9 (1978), (53—69) 59.

T 86 Wir haben heute Grund, eine solche Revision zu vollziehen, weil wir vor einigen charakteristischen Fehlpraktiken der historischen Kritik stehen. Diese Fehlentwicklungen müssen erkannt und korrigiert werden, bedeuten aber nicht, daß die historische Entdeckungsarbeit an den Texten der Bibel als solche aus Gründen der Frömmigkeit eingestellt oder wenigstens eingeschränkt werden müßte. Die Situation ist vielmehr die, daß die historische Kritik einer methodenkritischen Überprüfung und Selbstkorrektur bedarf, um dem Anspruch der Text- und Wirklichkeitsnähe, unter dem sie innerhalb und außerhalb der Theologie angetreten ist, auch heute gerecht werden zu können.

Daß sie diesem Anspruch z.Z. nur begrenzt genügt, zeigen folgende vier Umstände aufs deutlichste: Sowohl in der protestantischen als auch in der katholischen Exegese potenziert sich die Kritik gegenwärtig nur allzu oft zu unwirklichen Ergebnissen, d.h. zu Resultaten, die im faktischen Geschichtsverlauf und Textwortlaut keinen Anhalt mehr haben. Es ist zweitens in der kritischen Exegese üblich geworden, die Textwelt der biblischen Texte allzu rasch als antiquiert zu betrachten und kritisch zu hinterfragen, statt sie in ihrem geschichtlichen Eigenwert gelten zu lassen und als Herausforderung an unser gegenwärtiges Wirklichkeitsverständnis verständlich zu machen. Eng verwandt mit dieser kritischen Hinterfragung ist drittens der ... Vorgang, daß die historische Textauslegung den die historische Tatsachenfeststellung transzendierenden Wahrheits- und Wirklichkeitsgehalt der biblischen Texte einfach ausblendet und sie dementsprechend nur als Lebenszeugnisse einer fernen Vergangenheit erscheinen läßt. Viertens schließlich folgt auch die kritische Exegese z.T. noch sehr unreflektiert den seinerzeit von E. Troeltsch provozierend herausgearbeiteten inneren Urteilsgesetzen der historisch-kritischen Methode, statt sich diese Gesetzmäßigkeiten bewußt zu machen und sie angesichts der kirchlichen Wahrheitsbindung, die auch die exegetische Theologie zu bedenken hat, kritisch zu bewähren.

Diese vier Fehlpraktiken der historischen Kritik in der biblischen Exegese lassen sich nur durch hermeneutische Reflexion und bessere, d.h. den Texten angemessenere historische Arbeit überwinden. Einer sich überschlagenden Kritik ist nur zu begegnen durch einen maßvollen Gebrauch des Methodenverbundes, den die historische Methode in der Praxis umschließt. Insbesondere scheint es mir von Bedeutung zu sein, daß nicht einzelne exegetische Fragestellungen auf Kosten anderer überbetont werden und daß die Arbeitsresultate der Kritik ständig am Zusammenhang der uns bekannten Geschichtsabläufe kontrolliert werden.

Das Überspielen der eigengewichtigen Textwelt der Bibel läßt sich nur vermeiden, wenn nicht vorschnell nach der theologisch einzig legitimen »Sache« hinter, neben oder über den biblischen Texten gefragt wird, sondern wenn primär die Texte selbst als eigenständige Wahrheitszeugnisse aufgehellt werden. Die in die Textwelt eingegangene Offenbarung Gottes in Christus wird uns nicht losgelöst von der Sprache der Texte, sondern nur von ihr her, d.h. nach Ricoeur *vor* den Texten, zugänglich.

Die Ausblendung des die historische Tatsachenfeststellung transzendierenden Wahrheits- und Wirklichkeitsgehaltes der biblischen Texte ist überwindbar, wenn auch die biblische Exegese von dem (für alle historische Textinterpretation gültigen) Grundsatz ausgeht, daß die Texte in ihrem vorliegenden Wortlaut wahr sein wollen. Sie wurden zu dem Zweck abgefaßt und tradiert, daß ihr Wahrheitszeugnis von den Lesern und Hörern der Texte zur Kenntnis genommen und mit allem Ernst erwogen werde. Die historische Textanalyse kann diese von den Texten selbst intendierte Wahrheitsfrage nur zu ihrem Schaden ausblenden; sie muß sie vielmehr ausarbeiten und so neu zur Erwägung stellen.

Die der historischen Kritik zugrundeliegenden Urteilsregeln schließlich sind als sinnvolle Arbeitshypothesen zu betrachten, die stets neu bewährt werden müssen. Dies gilt auch und gerade dann, wenn der wissenschaftliche Konsens einer Zeit diese Regeln von sich aus nicht zu hinterfragen zwingt. Statt diesen Konsens einfach zu übernehmen oder sogar theologisch vorgängig zu legitimieren, muß eine kirchliche Schriftauslegung bereit sein, die Spannung zwischen geschichtswissenschaftlicher und theologischer Wahrheitserkenntnis durchzuhalten.

Hauptprobleme und Chancen kirchlicher Schriftauslegung, in: ThBeitr 9.Jhg. (1978), (53—69) 60—62.

T 87

Der hermeneutische Standort der positiven Kritik läßt sich folgendermaßen charakterisieren: So unentbehrlich die historisch-kritische Hinsicht auf die biblischen Texte bleibt, so sehr ist zu warnen vor einem Kritizismus, der die biblischen Texte nicht mehr sagen läßt, was sie wollen. Es geht der positiven Kritik darum zuerst und vor allem um die Eigenart und Selbstaussage der biblischen Texte und um einen sorgsamen Nachvollzug ihrer Gedankengänge. Die Kritik an der Überlieferung will der Wahrnehmung der wesentlichen Selbstaussagen der Texte dienen. Die positive Kritik ist zweitens bemüht, die der historischen Methode wesenhaft innewohnende Tendenz zur Distanzierung von Vergangenheit und Gegenwart durch eine Wertschätzung der Tradition und Wirkungsgeschichte zu flankieren. Die historische Arbeit lehrt, die biblischen Traditionen zunächst als Lebens- und Glaubenszeugnisse der Geschichte zu verstehen. Dies ist unverzichtbar und gibt der Bibel ihr eigenes geschichtliches Profil. Die Bibel ist jedoch von Anfang an das Lern- und Lebensbuch der Kirche gewesen und bis heute geblieben. Bei der Auslegung der Bibel muß deshalb die sich in den großen geschichtlichen Bekenntnissen zusammenfassende kirchliche Auslegungstradition ebenso mitbedacht werden wie die Tatsache, daß die biblischen Texte einzeln und die Schrift insgesamt aus sich selbst heraus eine Wirkung auf die Gegenwart entfalten. Diese Wirkungsgeschichte will hermeneutisch beachtet sein! Der Bibelausleger bedarf bei seiner Interpretationsarbeit der Beratung und der Kritik durch den Kirchenhistoriker und den Dogmatiker. Er sollte sich der Pflicht zur Verarbeitung der kirchlich-dogmatischen Tradition nicht schon deshalb enthoben wähnen, weil seine Hauptaufgabe die genaue historische Erhellung der biblischen Texte ist. Unsere protestantische Tradition legt der Bibelexegese die Verpflichtung auf, die hl.Schrift in wissenschaftlich verantwortbarer Art und Weise zu interpretieren, und zwar aus dem Geist des Glaubens heraus, in dem diese hl.Schrift verfaßt und zum kirchlichen Kanon erhoben wurde.

Vom Verstehen des Neuen Testaments. Eine Hermeneutik (NTD Ergänzungsreihe Bd.6), 1979, 29f.

5. Gibt es eine »Mitte der Schrift«?

a. G.Maier: Die erfolglose, wissenschaftlich, theologisch und seelsorgerlich nicht zu verantwortende Suche nach einer Mitte der Schrift

Gerhard Maier lehnt die Bestimmung einer Mitte der Schrift im wesentlichen aus zwei Gründen ab: a) praktisch ist die Suche bisher ergebnislos verlaufen (T 88 und T 89). b) Hinterfragt man dieses erfolglose Unternehmen, so erkennt man seine haltlosen Voraussetzungen (vgl. T 88). Maier kritisiert v.a. den unkontrollierbaren Subjektivismus der Ausleger: jede Bestimmung eines »Kanons im Kanon« setzt schon ein Vorurteil voraus (T 89)! Die Bestimmung der Mitte der Schrift führt in der Regel zur Kritik an biblischen Aussagen und setzt bereits eine kritische und deshalb der Bibel nicht angemessene Position voraus. Die Rede von einer »Mitte der Schrift« ist aber nach Maier auch theologisch bedenklich: 1. die statische Redeweise von einer »Mitte« der Schrift wird der geschichtlich geschehenden Offenbarung nicht gerecht (T 90); 2. die *vergebliche* Suche nach einem Kanon im Kanon zeigt, daß diese Suche selber nicht gottgewollt sein kann. Denn das Ziel der Liebe Gottes mit uns ist Gewißheit und nicht verzweifelte Ungewißheit (T 91).

T 88 1. Die Exegeten können das NT nicht mehr als Einheit begreifen, sondern nur noch als Sammlung verschiedener Zeugnisse, die unter sich widersprüchlich sind und verschiedenen Rang einnehmen.

2. Es steht für sie fest, daß der formale Kanon nicht gleichzusetzen ist mit dem Wort Gottes. Bis heute hat die Semlersche Scheidung von Schrift und Wort Gottes unumstrittene Bedeutung. Diese These und die Feststellung der Widersprüchlichkeit des NT ergänzen und stützen sich gegenseitig.

3. Angesichts der beschriebenen Lage suchen Exegeten und Systematiker seit über 200 Jahren nach dem Kanon im Kanon, d.h. nach dem verpflichtenden Wort göttlicher Autorität. Dieses 200jährige Unternehmen ist gescheitert, da niemand in der Lage ist, einen Kanon im Kanon überzeugend und einsichtig anzugeben.

4. Da jeder den Kanon im Kanon verschieden bestimmt und dies auf Grund nicht mehr hinterfragter Option (d.i. aus freier Wahl) geschieht, spricht unkontrollierbare Subjektivität das letzte Wort darüber, was göttliche Autorität besitzen soll.

5. Sofern Systematiker einen Kanon im Kanon ablehnen, um der Schrift die Freiheit zu erhalten, müssen sie die Einheit der Schrift außerhalb der Schrift suchen, weil keiner die historisch-kritische Methode mit ihren Widerspruchsergebnissen überwindet. Katholischerseits nimmt man die Zuflucht zum Lehramt der Kirche, die damit über die Schrift entscheidet, evangelischerseits zu einer geistlichen Erfahrung der Gemeinde, die eine Einheit im Gegensatz zur Schriftforschung erbringt und damit praktisch über die Schrift zu stehen kommt.

Das Ende der historisch-kritischen Methode, 1974, 43.

T 89 . . . Es läßt sich einfach nicht übersehen, daß keine Exegese *zwingend*, ohne Ausgang von einem Vorurteil, einen Kanon im Kanon als qualifizierenden und scheidenden Maßstab aufweisen kann. Gerade darum gehen die Schlüssel in der Geschichte der Auslegung auseinander. Keiner dieser Schlüssel vermag dem Mißbrauch der Schrift Einhalt zu gebieten, vielmehr ist jeder von ihnen das Eingangstor zu abwegigem Gelände. Immer stärker tritt hervor, daß die babylonische Gefangenschaft durch die historisch-kritische Methode bedeutet, den jeweiligen Exegeten in einem schädlichen Ausmaß der Subjektivität zu überliefern.

Das Ende der historisch-kritischen Methode, 1974, 36.

T 90

Ich habe den Eindruck, daß Stuhlmacher hier hinter die von Gese erreichte Position zurückfällt. Geht es in der Bibel wirklich um eine »prozessuale Entfaltung der Wahrheit«, dann ist zumindest nicht von der Hand zu weisen, daß die biblisch dokumentierte Offenbarungsgeschichte aus Schritten göttlicher Pädagogik besteht, die jeweils im Ganzen des Prozesses sinnvoll verstanden werden können, ohne theologisch herabgestuft werden zu müssen. Es zeigt sich eben auch hier, daß der Vorstellung von der »*Mitte der Schrift*« zu gerne ein statisches Denken entspricht, dessen Konzeption konzentrischen, um die angenommene Mitte geordneten Kreisen ähnlich ist. Der geschichtlichen Entfaltung der Wahrheit entspräche eine heilsgeschichtliche Ordnung der Schriftaussagen viel besser. Kirchengeschichtlich beweisen uns die Föderaltheologie, die prophetische Theologie des 17./18. Jahrhunderts und der wissenschaftliche Pietismus, daß wir als Protestanten sehr wohl auf diesem Wege zu einer adäquaten Erfassung der Schrift kommen können. Wie wollen wir sonst der von H. Küng mit Recht monierten Wandlung zum materiellen Selektionsprinzip entgehen?

... Zwar ist hier [bei Stuhlmacher] die Käsemannsche Alternative von »echtem« und »unechtem« Glauben in der Schrift wesentlich modifiziert und ein m.E. erheblicher Fortschritt erreicht, indem um die »Kerntradition« auch angelagerte und näherungsweise »richtige« Traditionen angetroffen werden können. Stuhlmacher kann auf diese Weise Gegensätze durch Stufen ersetzen. Aber der »Kanon im Kanon« bleibt prinzipiell in Kraft. Die Formulierung »Kerntradition« erinnert überdies an die unglückselige Scheidung von »Schale« und »Kern«, die seit der Aufklärung die biblische Exegese belastet. Wollen wir wirklich jene Linie fortsetzen, die es z.B. Wilhelm Bousset erlaubte, eine eschatologische Schale von einem angeblich metaphysisch-ewigen Kern des Evangeliums abzutrennen? ... Wollen wir wieder den Weg ebnen, den einst Albert Schweitzer ging, als er trotz seiner konsequenten, gegen die liberale Theologie gerichteten Eschatologie dann doch mit Ritschl und Harnack die Apokalyptik zur Schale und die ewige ethische Wahrheit des Prophetismus zum Kern erklärte...? Selbstverständlich *will* Stuhlmacher solche Konsequenzen nicht. Aber die Frage ist, wie man eine scheinbar objektiv festgestellte »Kerntradition« hindern will, unter der Hand sich den ewigen platonischen Ideen anzunähern, vollends nachdem vorher so statisch von einer Mitte der Schrift die Rede war.

Einer biblischen Hermeneutik entgegen? Zum Gespräch mit P. Stuhlmacher und H. Lindner, in: ThBeitr 8.Jhg. (1977), (148—160), 152f.

T 91

Die Vertreter der historisch-kritischen Methode sind in einen scharfen Gegensatz zu den orthodoxen Gedanken von der perspicuitas (Klarheit) und sufficientia (Genügsamkeit) der Schrift getreten. Sie haben die Klarheit durch den von ihnen geführten Nachweis der Widersprüchlichkeit beseitigt und die Unklarheit durch die vergebliche Suche nach einem Kanon im Kanon festgehalten und vertieft. Sie haben die Genügsamkeit der Schrift aufgehoben, indem die historisch-kritische Arbeit nötig wurde, um die Schrift zu begreifen. Soweit ihre Anschauungen sich durchsetzten, kam es zu einer Trennung von Schrift und Gemeinde. Da es bei der Schrift jedoch nicht sein Bewenden hat, sondern die Schrift uns Gott begegnen und kennenlernen läßt, ist durch die Aufhebung der Klarheit und Genügsamkeit der Schrift auch die Gewißheit des Glaubens zerstört. Ist unsicher, *wo* der lebendige Gott redet, dann weiß ich auch nicht mehr, *wer* da redet. Damit ist Vertrauen unmöglich geworden und die Unwissenheit jener gerechtfertigt, die zu Jesus traten mit der Frage: »Was muß ich tun, daß ich das ewige Leben ererbe?«

Es wäre ein großer Fehler, die Schuld an solcher Entwicklung der Dinge etwa im Unvermögen der *Methodiker* zu suchen. Vielmehr ist es die Schuld der *Methode*, die man gewählt hat. Die obige Darlegung zeigte, daß die Methode scheitern mußte, weil sie ihrem Gegenstand nicht entsprach. Wir können jetzt als bewiesen annehmen, daß die Schrift selbst keinen Kanon im Kanon anbietet, sondern letzterer ihr gewaltsam und gegen ihren Willen abgenötigt wird. Was für eine grausame Einrichtung Gottes wäre es denn, die uns so lange und so verzweifelt nach dem verbindlichen Kanon suchen ließe mit dem Ergebnis zunehmender Ungewißheit? Das ständige Zeugnis der Schrift bestätigt ja, daß Gewißheit das Ziel der Liebe Gottes und der Inhalt des Gebets ist: »Laß meinen Gang fest sein in deinem Wort und laß kein Unrecht über mich herrschen«, während die Ungewißheit aus dem Gegenspiel zu Gott entspringt. Sollte es einen Kanon im Kanon wirklich geben, so wäre nicht allein Schrift und Wort Gottes zu scheiden, sondern auch Christus von der Schrift, der Heilige Geist von der Schrift und der eine Christus in der Schrift vom andern Christus in der Schrift. Das Licht eines neuen Doketismus fiele auf den Vorgang der Fleischwerdung und gewisse Partien der Schrift. Der Kanon im Kanon rückte in gefährliche Nähe zur Idee, die Kontingenz der Geschichte würde zumindest angegriffen. Für den unbefangenen Hörer der Schrift wären das ganz offensichtlich unsinnige Ergebnisse.

Das Ende der historisch-kritischen Methode, 1974, 45f.

b. P. Stuhlmacher: Das exegetische Recht und die theologische Notwendigkeit der Rede von einer Mitte der Schrift

Im Gegensatz zu Maier glaubt Stuhlmacher, daß die Frage nach der Mitte der Schrift eindeutig beantwortet werden kann (T 92; 94). Das Evangelium von Jesus Christus als dem messianischen Versöhner ist das ganz klar erkennbare Zentrum der Bibel; von dort muß und kann die im Dienst der Verkündigung des Evangeliums stehende sachkritische Exegese (T 93) ihren Ausgangspunkt nehmen. Von diesem Zentrum her erschließt sich sowohl die Einheit und der Zweck jeder einzelnen neutestamentlichen Schrift (T 95), ergibt sich aber auch Ansatz und Notwendigkeit zur kritischen Hinterfragung einzelner biblischer Aussagen (T 96; 97).

T 92   Man hat uns Protestanten seit der Reformation von katholischer Seite aus vorgehalten, unsere Rede von einer Mitte der Schrift beruhe auf einem unhaltbaren, ja ketzerischen Auswahlprinzip. Leider ist der evangelische Fundamentalismus heute nur zu gern bereit, die alte kontroverstheologische These zu übernehmen. Nur ist sie dadurch noch lange nicht haltbar geworden! Kein kundiger Exeget des Neuen Testaments wird heute leugnen, daß der Kernbestand des Neuen Testaments aus den drei ersten Evangelien, den Paulusbriefen und dem Johannesevan-

gelium besteht, und er wird auch nicht bestreiten, daß wir ohne die Apostelgeschichte kaum etwas von der Urgemeinde und dem missionarischen Aufbruch
der Apostelgeneration wüßten. Zu diesen Allgemeinplätzen ökumenischer Erforschung des Neuen Testaments kann man ein paar ganz einfache, ebenfalls unumstrittene Tatbestände der neutestamentlichen Kanongeschichte hinzuneh-
men. Die eben genannten Schriften des Neuen Testaments sind vom 2.Jh. an ohne
schwerwiegende Auseinandersetzungen zum Kernbestand des kanonischen
Neuen Testaments aufgerückt. Nur das Johannesevangelium ist für kurze Zeit
des Gnostizismus verdächtigt worden. Umstritten blieben im neutestamentlichen Kanon nur ein Teil der sog. katholischen Briefe (d.h. Jakobus-, 1.u.2.Petrus-,
1.–3.Johannes- und Judasbrief), der Hebräerbrief und die Johannesoffenbarung.
(Luthers bekannte historische und theologische Skepsis gegenüber dem Jako-
bus-, Judas- und Hebräerbrief sowie der Apokalypse des Johannes ist also gar
nicht so häretisch wie man mancherorts meint, sondern nur eine Wiederaufnah-
me alter, schon das 3. und 4.Jh. durchziehender kirchlicher Debatten um den Bestand des biblischen Kanons.) Versuchen wir nun *das theologisch Gemeinsame* der
vier Evangelien, der Paulusbriefe und der frühen apostolischen Missionstradition
aus der Apostelgeschichte aufzusuchen, stoßen wir auf die missionarische Verkündigung Jesu Christi als des Retters und der Zukunft der Welt. Genauer: auf die
Erzählung und Verkündigung von Jesu Sendung, Werk, Tod und Auferweckung
zum Heil der Welt. Oder noch einmal präziser: auf die missionarische Proklama-
tion Jesu Christi als des Sohnes Gottes, durch dessen Werk und Geschick sich
Gott mit den Menschen versöhnt und ihnen im Glauben und in der Hoffnung einen neuen Weg zur endzeitlichen Gottesgemeinschaft eröffnet hat. In einem
Satz: *Wir stoßen auf das Evangelium von Jesus Christus, dem Versöhner und Herrn.*

Evangelische Schriftauslegung heute, in: P.Stuhlmacher, Auf dem Wege zur biblischen Theologie, 1975,
(167—183) 176f.

... Die Auslegung muß eine den Schrifttexten zugewandte, das Evangelium auf-   **T 93**
spürende Exegese sein, welcher der Predigt dieses Evangeliums zudient. Statt
dem kirchlichen Lehramt die Definition und Zusammenschau des vielschichti-
gen Schriftzeugnisses zu der einen Glaubenswahrheit zu überlassen wie bisher,
muß nun die Exegese selbst die Auffindung des Evangeliums leisten, und sie kann
das nur, wenn sie es wagt, sachkritische Exegese zu sein, d.h. eine Schriftauslegung, welche bei ihrem Umgang mit den biblischen Texten das Evangelium vom
Gesetz, die zentrale Glaubensverkündigung von der peripheren und undeutli-
chen unterscheidet. In dem Maße, wie die Gesamtexistenz der Kirche an der Bezeugung und dem Zuspruch des Evangeliums hängt und dieses Evangelium allein
aus der Schrift zu erheben ist, rückt die sachkritische Exegese der heiligen Schrift
damit ganz von selbst aus dem Rang einer Hilfsdisziplin zur eigentlich beherr-
schenden, theologischen Hauptaufgabe in den reformatorischen Kirchen auf.

Historische Kritik und theologische Schriftauslegung, in: P. Stuhlmacher, Schriftauslegung auf dem Wege zur
biblischen Theologie, 1975, (59—127) 72f.

Das Neue Testament zerfällt keineswegs in eine nicht mehr miteinander zu ver-   **T 94**
einbarende Pluralität von auseinandergehenden und einander widerstreitenden
Traditionsbildungen. Es stellt sich aber auch nicht einfach als profil- und span-
nungsloses Ganzes dar, in dem jedes Wort und jede Schrift gleichen Rang und

Wert besäßen! *Wir haben im Neuen Testament das zum kirchlichen Kanon erhobene Zeugnis einer weit ausladenden, geschichtlich differenzierten Verkündigung der Versöhnung vor uns.* Ein Blick auf 1.Kor.5,9, Kol.4,15f., die Apostolischen Väter und die verstreuten neutestamentlichen Apokryphen belehrt uns dabei, daß wir im heutigen Neuen Testament nur eine kirchliche Auswahlsammlung aus dem ursprünglich noch reicheren Schrifttum des Ur- und Frühchristentums vor uns haben. Eine Auswahlsammlung, die sich der Person und dem Werk Jesu von Nazareth verdankt und ihre innere Einheit dadurch erlangt, daß sie diesen Jesus auf vielfältige Weise als den messianischen Versöhner verkündet, dessen Versöhnungswerk die Erfüllung der Friedensverheißungen des Alten Testaments heraufführt und auf den Anbruch der neuen Schöpfung vorausweist. *Das Evangelium von der Versöhnung Gottes mit seiner Schöpfung durch die Sendung des Messias Jesus Christus ist das Herzstück des Neuen Testaments.*

Dieses Herzstück erstirbt, wenn man das Neue Testament vom Alten abtrennt. Warum erstirbt es? Weil dem Neuen Testament die gesamte Exposition der Hoffnung auf Versöhnung und Frieden mit Gott als Vollendung der Schöpfung von jenem Alten Testament her vorgegeben wird, das z.Z. der Entstehung des neutestamentlichen Schrifttums noch über das Buch Daniel hinaus offen

P. Stuhlmacher/H. Claß, Das Evangelium von der Versöhnung in Christus, 1979, 43f., Calwer Paperback, hg. G. Henning, Calwer Verlag Stuttgart.

T 95 *Diese Sache einer biblischen Theologie des Neuen Testaments ist mit dem Evangelium von der Versöhnung in Christus identisch.* Man kann diese Sicht vertreten, ohne die neutestamentlichen Einzeltraditionen und Einzelbücher sämtlich über einen vorgeformten paulinischen Leisten zu schlagen. Die Frage nach der das Neue Testament einigenden Mitte muß freilich gestellt werden, und sie kann auch, wie wir sahen, beantwortet werden: *Die Mitte des Neuen Testaments ist Jesus Christus als der messianische Versöhner.* Von ihm her und auf ihn hin ist das Alte Testament zu lesen, und von ihm her entscheidet sich auch, was die Haupt- und welches die Nebenschriften des Neuen Testaments sind. Entbehrlich oder gar theologisch verwerflich ist kein einziges neutestamentliches (oder alttestamentliches) Buch; aber bezogen auf den Christus, der die Liebe Gottes in Person ist, haben sie unterschiedliches Gewicht, so daß sich eine Unterscheidung von Zentral- und Randschriften der Bibel ergibt.

P. Stuhlmacher/H. Claß, Das Evangelium von der Versöhnung in Christus, 1979, 49.

T 96 Am Jakobusbrief ist nicht auszusetzen, daß dieser Pseudopaulinismus zurückgewiesen wird. Auch die sich in ihm spiegelnde Sorge des Herrenbruders um die judenchristliche Identität seiner Freunde in der Diaspora verdient nicht schon als solche Tadel. Problematisch erscheint unser Brief deshalb, weil in ihm vom Versöhnungswerk Jesu, d.h. von dem wesentlichen Inhalt des in 1.Kor.15,3—5 beispielhaft zusammengefaßten, Petrus, Jakobus und alle Apostel bis hin zu Paulus einigenden Glaubensgutes nur in ganz beiläufiger Art und Weise die Rede ist. *Die Rechtfertigungsanschauung, die der Brief in Kap.2,14—26 im Streit mit den Paulinisten vorträgt, trägt dem Ein-für-alle-Mal des Christusopfers nicht angemessen Rechnung.*

P. Stuhlmacher/H. Claß, Das Evangelium von der Versöhnung in Christus, 1979, 30f., Calwer Paperback, hg. G. Henning, Calwer Verlag Stuttgart. **T 97**

Was den Hebräerbrief schon lange vor Luther kanongeschichtlich zum Streitobjekt gemacht hat, ist . . . die Begrenztheit seiner Opfertheologie. Zur Abfassungszeit des Hebräerbriefes gab es im Umkreis der Gemeinden bereits Männer und Frauen, die am Glauben resigniert und sich von den Gemeindeversammlungen wieder zurückgezogen hatten. Der Brief hält es nach 6,4ff. für »unmöglich«, diese Apostaten zur erneuten Buße zu bewegen, und fügt in 10,26ff. hinzu, für diejenigen, die die wahre Gotteserkenntnis bewußt verworfen haben, »gibt es kein Sündopfer mehr«. . . . Für den Hebräerbrief geht es in 6,4ff.; 10,26ff. um die Konsequenzen aus der christologischen Auslegung der Opferbestimmungen von 3.Mose 4! Ein Sündopfer im präzisen Sinn des Wortes sühnt nach 3.Mose 4 nicht die bewußt begangenen schuldhaften Handlungen des einzelnen Menschen oder der Gesamtgemeinde, sondern nur das gottferne, »depravierte *Sein* des Menschen, in das der Mensch gerät ohne wissentliches Tun«. Sofern nun nach alter urchristlicher Tradition, die schon Paulus kennt und hochhält (vgl. z.B. Röm.8,3f.; 2.Kor.5,21) und die im Hebräerbrief beherrschend hervortritt (vgl. 1,3; 2,17; 7,27; 9,26—28), Jesu Selbstpreisgabe ein Opfer für die Sünde ist, kann dieses Opfer gemäß 3.Mose 4 nur die Schuld sühnen, die den Menschen als Lebensschicksal gefangen hält, nicht aber seine wissentlichen Verfehlungen. Jesu Sündopfer sühnt deshalb nach Auffassung des Hebräerbriefes zwar die Seinsverfallenheit der Menschen im Unglauben, aber nicht mehr die bewußte Absage der Apostaten an die Christusoffenbarung. Für deren willentliche Absage an den christlichen Glauben gibt es kein gültiges Christusopfer mehr, die Absage an den Glauben ist vielmehr mit der unvergebbaren Sünde wider den Hl.Geist identisch (vgl. Mk. 3,29Par).

Man kann dieser theologisch unerbittlichen Schlußfolgerung und Begrenzung der Versöhnung nur entgehen, wenn man, wie z.B. Paulus in Röm. 8,31—39, das Opfer Jesu mit der Person des Gekreuzigten zusammenschaut und von Christus als dem Versöhner spricht, der vom Kreuz an bis zum jüngsten Gericht die vergebende (und nur als solche richtende) Liebe Gottes in Person bleibt. . . .

P. Stuhlmacher/H.Claß, Das Evangelium von der Versöhnung in Christus, 1979, 33.

c. G. Maier und P. Stuhlmacher im Gespräch über die Mitte der Schrift

[Stuhlmacher:] Die von Maier zwischen Gese und mir beobachtete Differenz in der Sicht der Schrift hat ihre Wurzel darin, daß ich diesen christologischen Ansatz mit dem seinen noch nicht ganz zur Deckung bringen kann. Daß das Schriftganze eine christologische Sinnmitte hat, wird m.E. von Gese nicht geleugnet. Ich wiederum erkenne bereitwillig an, daß diese Sinnmitte sich vom Alten Testament her als Telos eines geschichtlichen Weges erweist, den Gott mit seinem Eigentumsvolk Israel gegangen ist. Ich verstehe unter diesen Umständen nicht ganz, inwiefern Maier mir den Vorwurf macht, ich fiele mit meiner (exegetischen) Suche nach einer Mitte der Schrift hinter Geses Sicht der Einheit der Bibel zurück.

Hauptprobleme und Chancen kirchlicher Schriftauslegung, in: ThBeitr 9.Jhg. (1978), (53—69) 64 Anm.18.

T 98

T 99 [Stuhlmacher] meinte, nur eine methodisch verantwortlich und inhaltlich klar herausgearbeitete Mitte der Schrift könne die Kirche wirksam gegen die Häresie schützen. Daher sei diese Frage eine klassische Frage der Dogmatik. Diese Frage auszulassen würde bedeuten, sich einer anderen Instanz als der Schrift (z.B. dem inspirierten Lehramt) anzuvertrauen. . . .

[Maier] meinte, in der heilsgeschichtlichen Linie von Verheißung und Erfüllung sei Christus zeitlich gesehen die Mitte der Schrift. Eine sachliche Mitte dagegen sei nur subjektiv herausstellbar und deshalb kein kritischer Maßstab. Durch geschichtliches Denken lasse sich die Ganzheit und Einheit der biblischen Botschaft bewahren. Gott benutze sein Wort in der Gemeinde auch außerhalb der Kerntradition. Wenn man innerhalb der Schrift mit widersprüchlichen Theologien rechnen müsse, gehe dies auf Kosten der Heilsgewißheit. M. begründete die Einheit der Schrift folgendermaßen: 1.Alle Schriften erheben den Anspruch, vom selben Gott zu reden. 2.In Kirche und Gemeinde werde die Bibel durchaus als Einheit erfahren. 3.Es lasse sich eine Einheit im Ziel feststellen: Alle Texte wollen zum Glauben rufen. 4.Der Kanon sei kein Zufallsprodukt, sondern Produkt der Fürsorge Gottes.

Auf die Frage, ob nicht jeder de facto von einem Kanon im Kanon ausgehe, antwortete M., man müsse sich diesen de-facto-Kanon bewußt machen, um ihn korrigieren lassen zu können. Der de-facto-Kanon dürfe nicht zum de-jure-Kanon werden. Wenn man das Schriftganze nicht mehr einbeziehe, gebe es keine Kirche und keine Theologie mehr. Jeder breche sich dann heraus, was er wolle. Auch Schlatter gehe von der Einheit der Schrift aus. Das Vorgegebene stehe bei ihm höher als das subjektive Erfassen. Die heilsgeschichtliche Sicht bewahre dabei davor, einem flächenhaften Schriftverständnis zu verfallen.

S. skizzierte die Geschichte der Christenheit, wie sie in der Schrift selbst berichtet wird. Dabei werde ein Streit um das richtige Christusverständnis sichtbar (z.B.Gal.,1,8;2.Kor.11,4). Dies zwinge auch uns dazu zu fragen, wer in diesem Streit Recht habe und wer Jesus wirklich war. Jesu Werk sei dort zum Zuge gekommen, wo er Kraft seiner Sühne Menschen die Gemeinschaft mit Gott eröffnete. Die Mitte der Schrift sei Jesus als der messianische Versöhner. Außerdem sei die Reformation der Meinung gewesen, daß rechte Theologie kein subjektives Geschäft sei. . . . Für die Reformatoren sei der Christus der Rechtfertigung das Zentrum der Schrift und das Herzstück des kirchlichen Bekenntnisses gewesen. Die Gewißheit des Glaubens erwachse nicht aus der Kenntnisnahme der Schrift als solcher, sondern, indem man in der Schrift den rechtfertigenden Christus erkenne. Glaubensgewißheit habe es auch schon gegeben, als der Schriftenkanon noch nicht abgeschlossen war. Der Kanon sei eine der Kirche zu verantwortlichem Gebrauch anvertraute geschichtliche Hilfe. Auf den Kanon als solchen könne sich der Glaube freilich nicht stützen, denn hier streite Zeugnis gegen Zeugnis. Heute stehe der Kanon als Vorgegebenheit jenes Wortes vor uns, durch das die Kirche den Christus zu vernehmen hoffte und auch vernahm. Auf Grund dieser Vorgegebenheit habe heute kein einzelner Exeget zu entscheiden, was den Kanon gehört.

M. fragte S., ob er wirklich glaube, daß der Streit um Jesus im Kanon ausgetragen werde. Schlatter jedenfalls sehe keinen Anti-Christus im NT. S. verwies auf die Beispiele des Jakobusbriefes und Hebr.6 gegen Paulus. Deshalb sei es zu wenig, auf die Frage, wo Christus wirklich sei, nur zu sagen: Christus ist in der Bibel faßbar.

Die Kontroverse spitzte sich in der Frage zu, ob die im Urchristentum befindlichen verschiedenen Christuszeugnisse ihren Niederschlag auch im Kanon gefunden haben.

in: Zum Thema: Biblische Hermeneutik. Tübinger Studenten im Gespräch mit G. Maier und P. Stuhlmacher, ThBeitr 9 (1978) Heft 4/5 (— Festgabe für O.Michel), (222—234) 225—227.

[Maier im Nachwort zum Gespräch:] Die Kirchengeschichte widerlegt einfach **T 100** den Satz, daß nur ein »Kanon im Kanon« wirksam gegen Häresie schütze. Der Satz läßt sich geradezu umdrehen: Jede Häresie beginnt damit, daß der de-facto-Kanon zum dogmatischen »Kanon im Kanon« erhoben wird. Man denke an Marcion, an den Montanismus, oder an die Bestreitung des AT durch die Deutschen Christen. Den historischen Aufweis einer wie immer gearteten Kerntradition halte ich nicht für möglich. Jeder Historiker wird zu einem anderen Urteil kommen [(,)] und das Historische selbst will in seiner Relativität als Felsgrund der Glaubensgewißheit schlecht passen.

in: Zum Thema: Biblische Hermeneutik. Tübinger Studenten im Gespräch mit G. Maier und P. Stuhlmacher ThBeitr 9.Jhg. (1978) Heft 4/5 (— Festgabe für O.Michel), (222—234) 230.

[Stuhlmacher:] Da dieses Zeugnis [das Christuszeugnis des NT] aber in sich ge- **T 101** schichtlich vielfältig, z.T. widersprüchlich und seit den Tagen des Neuen Testaments kontrovers ist, hilft es uns wenig, wenn sich der Pietismus von heute gemeinsam mit dem Katholizismus auf die Auskunft zurückzieht, es gelte die Schrift als ganze ernstzunehmen und nicht eine normative Mitte herauszugreifen. Angesichts der Autorität des kirchlichen Lehramts ist dieser Standpunkt in unserer katholischen Schwesterkirche hermeneutisch konsequent und in der Praxis auch durchhaltbar. Protestantisch läßt er sich nicht durchführen, es sei denn, man setze den Konsens einzelner protestantischer Glaubensgemeinschaften mit dem katholischen Dogma gleich und bewerte das Ganze der Schrift von der subjektiven regula fidei dieser Gruppen her. Das aber wäre eine Form von innerprotestantischem, orthodox stigmatisiertem Schwärmertum!

Vom Verstehen des Neuen Testaments. Eine Hermeneutik (NTD-Ergänzungsreihe Bd.6), 1979, 217f.

6. Inspiration und Autorität der Bibel

a. G.Maier: Das Problem der Schriftautorität

G.Maier begründet seinen ganzen hermeneutischen Ansatz (d.h. also seine Ablehnung historischer Kritik, seine Weigerung, einen Kanon im Kanon zu suchen, und sein Plädoyer für eine historisch-biblische Methode) mit der Inspirationslehre, deren Basis er wiederum in der Bibel findet (T 102). Er lehnt — etwa im Gegensatz zu manchen fundamentalistischen Theologen — bestimmte Konzeptionen von Inspiration eindeutig ab (T 103; 104). Die von ihm vertretene Verbalinspirationslehre (T 105) erlaubt es, einerseits von »wissenschaftlichen Fehlern« und »Widersprüchen« in der Bibel zu reden und andererseits die »Unfehlbarkeit« der Hl.Schrift zu postulieren (T 106).

T 102 Wie sieht Jesus, Gottes Sohn und die »Wahrheit« (Joh 14,6; 5,19ff; 20,31) die Schrift? Wie sehen die Apostel, die in ihr reden, die Bibel? Wie die meisten jüdischen Prediger legte Jesus seinen Ausführungen die Schrift des AT zugrunde. Die Schrift wurde von ihm praktisch und theoretisch noch höher geschätzt und noch ernster genommen. Das zeigt die Verschärfung der Tora in der Bergpredigt, die Wiederherstellung der Tora gegenüber den »Satzungen der Ältesten« (Matth. 15,1ff par), auch seine Klarstellung in Matth. 5,17 . . . Selbst wo er den Sabbat nach Meinung der Gegner bricht, beruft er sich auf die Ermächtigung der Schrift (Matth. 12,3ff par; Mark.3,1ff). Streitfragen entscheidet er durch Heranziehung der Schrift. . . . Im Zusammenhang mit unserem Thema werden drei weitere Beobachtungen wichtig. Deren erste ergibt ein überraschendes Maß an Vertrauen in den Wortlaut von Tora wie Ketubim [»Gesetz« und »Schriften«, d.h. den ersten und dritten Teil des hebräischen Kanons]. . . . Es zeigt sich [2.], daß Jesus den Psalmen nicht nur wörtlich bis hin zur Angabe über den Verfasser vertraut, sondern sie auch als prophetisch-messianische Aussagen auffaßt, ähnlich wie das in Qumran geschah. Die historisch-kritische Bezeichnung der Psalmen als »Gebetbuch« Israels trifft also seine Meinung nicht . . .

Sowohl die Predigten des Petrus wie die Briefe des Paulus machen deutlich, daß die Apostel Jesu Schriftauffassung teilen: wie es von seinen mathätai (Jüngern) naheliegend erwartet wird. Darüber hinaus legt das NT Zeugnis ab von zwei Entwicklungen, die in unserem Zusammenhang von höchstem Interesse sind. Erstens wird . . . betont, daß *alle Schrift* Wirkung und Niederschlag des Heiligen Geistes ist (sog. Theopneustie), die Verfasser also nichts Eigenmenschliches hervorbrachten, sondern »vom heiligen Geist getragen« von Gott her sprachen. Zweitens versichern die neutestamentlichen Verfasser ständig, daß sie jetzt selbst zuverlässig und vom heiligen Geist erfüllt schreiben. Das nehmen Paulus wie Petrus und Johannes in Anspruch; das unterstreicht die Offenbarung feierlich in Bezug auf jedes Wort. . . .

Auf eine sehr aufschlußreiche Stelle sei besonders verwiesen. Es handelt sich um 2.Petr.3,15f. Dort stützt Petrus seine Paränese (Ermahnung) mit den Briefen des Paulus und gibt ihnen . . . denselben Rang wie »den anderen Schriften«, d.i. dem AT; Gott habe ihm ja die Weisheit dazu gegeben. Deutlicher kann nicht zum Ausdruck kommen, daß neutestamentlicher Apostolat und neutestamentliche Prophetie dieselbe Autorität besitzen wie die Vorgänger im AT. . . . Aus alledem muß im Blick auf die Schriftautorität folgender Schluß gezogen werden: Ausgangspunkt war uns die methodologische Einsicht, daß wir mindestens zunächst die Offenbarung selbst bestimmen lassen müssen, wie weit sie reicht. Offenbarung definiert sich konsequenterweise selbst. Erster Anhaltspunkt ist für Christen die Heilige Schrift. Es ergab sich nun, daß die Schrift selbst sich als Offenbarung betrachtet: alle Schrift wird als Werk des heiligen, offenbarenden göttlichen Geistes erklärt. Danach können wir die Schrift zwar begrenzend als *ein* Stadium des Offenbarungsprozesses auffassen — sofern, wie in den Evangelien, ihr Bericht einem Offenbarungsgeschehen folgt —, aber dennoch nicht anders und weniger als *Offenbarung*. Ein vorwitziges Wissen der ursprünglichen Offenbarung in einem Gegensatz zu einem von uns aus erklärbaren mangelhaften Zeugnis darüber ist uns ebenso verwehrt wie eine Korrektur des deus revelatus (offenbarten

Gottes) durch einen vermuteten deus absconditus (verborgenen Gott). Die Trag-
weite dieser methodischen Erkenntnis für die Exegese liegt auf der Hand. Ferner
verbietet sich jetzt der seit der Aufklärung im Schwange gehende und zum
Hauptdogma aufgestiegene Satz: die Schrift *enthält* die göttliche Offenbarung.
Der richtige Satz lautet: Die Schrift *ist* die Offenbarung.

Das Ende der historisch-kritischen Methode, 1974, 59ff.

T 103

Zunächst ist die Inspiration selbst Teil des geschichtlichen Handelns Gottes.
Wendungen wie »das Wort des Herrn geschah zu« (Jer 1,4 usw.) deuten darauf.
Sodann geschieht die Inspiration zu einem bestimmten Zweck, nämlich um
Menschen auf ihr Heil oder ihre Verantwortung anzusprechen. Insgesamt will die
ganze Bibel dem Rettungswerk Gottes dienen. Diese Zweckhaftigkeit der Bibel
muß beachtet werden. Dabei geht Gott den Weg über bestimmte menschliche
Boten. Sie werden nicht als Griffel, sondern als Propheten, Apostel usw. in Gottes
Dienst genommen. Sie behalten ihre Eigenart, ihre Anschauung und ihr Ge-
dächtnis, soweit diese für Gott brauchbar sind. Hebr 1,1 drückt den Tatbestand so
aus, daß Gott polytrópōs (mannigfaltig) geredet habe. Es ist also sinnvoll, nach
der Theologie der biblischen Verfasser zu fragen und dabei auch die historische
Forschung einzusetzen. Man kann so formulieren: Es gibt in der Bibel verschiedene Theologien, aber nicht gegensätzliche Theologien. Der Begriff polytrópōs läßt
auch offen, ob die betreffende Aussage durch Diktat oder geschichtliches Forschen oder sonstwie entstanden ist. Lukas beispielsweise hat nach [Lk] 1,1—4
Quellenstudium getrieben. Der Begriff einer »mechanischen Inspiration« gehört
in die Maschinenwelt und ist für uns unbrauchbar.

Ich möchte zwei Gesichtspunkte besonders hervorheben. Die LV (Lausanner
Verpflichtung) formulierte, das Wort Gottes sei »ohne Irrtum in allem, was es
verkündigt«. Diese Formulierung scheint mir hilfreich. Sie weist uns nämlich an,
danach zu forschen, was Gott im betreffenden Abschnitt überhaupt sagen wollte.
So können wir dem Vergleich der Berichte vom Seesturm in Mt 8 und Mk 4 entnehmen, daß uns Gott über die zeitliche Ordnung der Geschehnisse gar nicht in
Kenntnis setzen wollte. Weiter: Wir müssen grundsätzlich damit rechnen, daß
Gott für den historischen Betrachter keineswegs immer eine Lösung geben wollte. Er kann dafür eine dynamische oder spirituelle Deutung ermöglichen. Hier
stoßen wir auf Grenzen der historischen Forschung, die bisher vielleicht zu wenig
bedacht sind.

Wie legen wir die Schrift aus?, 1978, 38f.

T 104

Die Lösungen der Real- und Personalinspiration zeichnen sich ebenso wie die historisch-kritische Methode dadurch aus, daß sie immer komplizierteren Prozes-
sen im Wie des Offenbarungsvorgangs auf der Spur zu sein glauben, über das
doch die Offenbarung selbst auffallend schweigt.

Das Ende der historisch-kritischen Methode, 1974, 68.

T 105

Wie J.A.Bengel haben wir als nüchterne Schriftforscher die Tatsache zu berücksichtigen, daß im Verlaufe einer jahrtausendealten Überlieferung Schreibfehler,
Lücken, Abweichungen (Varianten) und verschiedene Vokalzeichen und Inter-
punktionen in die Schrift eingedrungen sind. Das ändert zwar nichts daran, daß

die Bibel eine erstaunlich getreue Überlieferung darstellt, weil die Veränderungen nicht den großen Zusammenhang berühren und nur selten größeres Gewicht haben, stellt uns aber zunächst vor die Aufgabe der Textfindung und sodann vor die Aufgabe, eine methodisch angemessene Inspirationsauffassung zu entwikkeln... [Dem altprotestantischen Theologen Matthias Flacius folgend tritt Maier dafür ein, daß] man der Offenbarung selbst folgend *alles* Offenbarte als inspiriert betrachtet, d.h. alles uns praktisch mit dem Anspruch göttlicher Offenbarung in der Schrift Entgegentretende. Wir kommen an dem Geheimnis des *Ineinander* von Menschenwort und Gotteswort nicht vorbei. Dieses Ineinander vorwitzig auseinandergefädelt und endlich auf quantitativ bestimmbare Blöcke aufgeteilt zu haben, war der grobe Fehler der historisch-kritischen Methode. Der Vergleich mit den »zwei Naturen« im Offenbarer Jesus Christus liegt für das Offenbarte nahe. Das bedeutet die entschlossene und vollkommene Rückkehr zu einer Form der Verbalinspiration. Das bedeutet ferner den methodischen Verzicht auf das Eindringen in das Wie des Offenbarungsprozesses, sofern nicht stellenweise die Offenbarung dazu etwas sagen will, einschließlich der näheren Vorstellungen der Väter mit ihren ausgefeilten Unterscheidungen und Ausnahmen, die wir also dahingestellt lassen.

Das Ende der historisch-kritischen Methode, 1974, 68f.

T 106   Steht nun einerseits der Gedanke der Souveränität Gottes verbunden mit dem Gedanken der ganzen und wörtlichen Inspiration der Schrift uns methodisch fest, andererseits aber die Tatsache verschiedener Angaben in den Texten und gewisser Abweichungen in deren Überlieferung vor Augen, so ist der Schluß unausweichlich, daß gerade *so* der Offenbarer uns begegnen *will*. Sollten es wirklich widersprechende Angaben sein und sollten wir wirklich den wahren Text nicht erlangen — was wir wohl mit restloser Sicherheit nie sagen können —, dann hätte sie Gott in Kauf genommen und auch die »Fehler« zu Werkzeugen seines Geistes gemacht, und es wäre nicht der Fehler der Apostel gewesen, damit vor uns hinzutreten. Ja, wir gehen noch einen Schritt weiter — und überschreiten bewußt für einen Moment die Grenze der Spekulation —, indem wir die methodische Konsequenz bis dahin ausziehen, daß selbst bewußte Fehler der Gesandten, die Gott nicht richtig stellt und an uns kommen läßt, von Gott gedeckt werden. D.h. wir verstehen die »Unfehlbarkeit« der Schrift, von der die Väter sprachen, im Sinne der Ermächtigung (Autorisation) und Erfüllung durch Gott, nicht im Sinne anthropologischer Irrtumslosigkeit.

Das Ende der historisch-kritischen Methode, 1974, 71.

b. P. Stuhlmacher: Die hermeneutische Unaufgebbarkeit der Inspirationslehre

Stuhlmacher bettet die Charakterisierung der biblischen Texte als Zeugnis von Gottes Offenbarung (T 107) in die Lehre von der dreifachen Gestalt des Wortes Gottes (T 108) ein. Das geschehene, in der Bibel bezeugte und aktuell verkündigte Wort Gottes beruht auf der geschichtlich, als Erwählungs- und Ermächtigungsvorgang verstandenen Wirkung des Hl.Geistes (T 109; T 110). Diese, sämtliche Gestalten des Wortes Gottes umfassende Inspirationslehre ist auch für die heutige Bibelauslegung unaufgebbar (T 111—113). Ihre hermeneutische Relevanz besteht darin, daß sie gerade der modernen Exegese einschärft, daß das eigentliche Verstehen der Bibel für die wissenschaftliche Exegese nicht erreichbar ist, vielmehr von dieser nur vorbereitet werden kann (T 113).

T 107

Die biblischen Texte sind das durchaus menschliche, in bestimmter geschichtlicher Zeit zur Schrift gewordene Zeugnis vom Ursprung des christlichen Glaubens in der Begegnung mit der in Jesus Christus verkörperten Offenbarung Gottes. Gerade in der literarischen Differenziertheit und Pluralität, in der sie auf uns gekommen sind, geben sie zu erkennen, daß die Offenbarung Gottes in Jesus Christus die ganze, vielgestaltige menschliche Erfahrungswelt erfaßt. Als solche differenzierten, menschlichen Ursprungs-Zeugnisse haben die Texte einen historischen und qualitativen Vorsprung vor allen christlichen Glaubenszeugnissen, die auf diesen Texten beruhen. Dieser Vorsprung wächst den Texten zu aus ihrer sprachlichen Anteilschaft an der in Jesus Christus in die Geschichte eingegangenen Offenbarung Gottes.

Hauptprobleme und Chancen kirchlicher Schriftauslegung, in: ThBeitr 9 (1978), (53—69) 57.

T 108

Das Bemühen, die Autorität der hl.Schrift näher zu bestimmen, durchzieht die gesamte Kirchengeschichte .... Die häufigste Auskunft lautet dabei: Die hl.Schrift ist Autorität, weil sie Wort Gottes ist. Diese Auskunft ist jedoch, so befriedigend sie auf den ersten Blick scheint, erläuterungsbedürftig. Ist die Bibel Wort Gottes in dem Sinne, daß Gott durch die Bibel hindurch spricht, oder sind Gottes Wort und Bibelwort identisch? Wie verhält sich solches Reden Gottes durch die Schrift zur Entstehungsgeschichte der Bibel und zur Menschlichkeit der biblischen Autoren? Was heißt überhaupt »Wort Gottes«? Stellen wir uns diesen Fragen, müssen wir näher bestimmen, inwiefern wir die biblischen Schriften als Zeugnis von der Offenbarung Gottes ansprechen können.

Den Zeugnis-Charakter des biblischen Wortes kann man sich am besten an der Jesusüberlieferung klarmachen. Jesus selbst hat keine schriftlichen Aufzeichnungen hinterlassen, obwohl er dem Neuen Testament in seinem Wort, Weg und Geschick als die Offenbarung Gottes in Person gilt. Die Jesusüberlieferung ist erst aus dem Jüngerkreis Jesu in einem dreifachen Schritt hervorgegangen: Jesu Begleiter haben schon vor Ostern Jesu Aussprüche festgehalten und bei ihrer Verkündigung der Gottesherrschaft (vgl. Mt.10,1—16/Lk.9,1—6) von Jesu Taten erzählt. Der eigentliche Anstoß aber, diese Worte und Taterzählungen im Interesse der Gemeinde zu bewahren und weiter zu vervollständigen, kommt den Jüngern erst mit Ostern zu, d.h. in dem Moment, da der gekreuzigte und auferstandene Christus sie neu und auf Lebzeiten zu seinen Aposteln macht (vgl. 1.Kor.15,3—8). Erst in einem dritten Schritt sind die Jesusworte und Jesusgeschichten dann insgesamt schriftlich aufgezeichnet, ins Griechische übersetzt und zuletzt in den Evangelien festgehalten worden. Wollen wir so vom biblischen Wort Gottes sprechen, daß wir diese Erkenntnis mitverarbeiten und in unserer Definition unterbringen können, müssen wir unterscheiden zwischen Jesus als der Offenbarung Gottes in Person und dem Zeugnis der erwählten Jünger von dieser Offenbarung, das zur Grundlage aller weiteren missionarischen Verkündigung von Jesus als dem gekreuzigten und auferstandenen Sohn Gottes geworden ist. ...

In der Tat erschließt sich Gott uns Menschen in seinem Wort. Aber dieses Wort hat schon neutestamentlich eine mehrfache Gestalt. Zu unterscheiden sind ...

wenigstens: »Das geschehene Wort«, das aller menschlichen Bezeugung zuvor- und zugrundeliegt; in unserem Fall das Wort Gottes in Gestalt der Person Jesu Christi selbst. Dieses »geschehene Wort« wird zum »bezeugten Wort«, wenn die Jesusjünger oder Paulus Jesus Christus als Herrn und Versöhner bezeugen. Das Neue Testament ist die zum kirchlichen Kanon erhobene Niederschrift und Do- kumentation dieses »bezeugten Wortes«; in ihm ist »das geschehene Wort« ir- disch zugänglich und geschichtlich tradierbar geworden. Das »bezeugte Wort« aber zielt darauf ab, daß es gehört und in der Verkündigung neuer Zeugen aufge- nommen wird. »Das bezeugte Wort« führt zum »verkündigten Wort«. .... »Das verkündigte Wort« findet seinen Legitimationsgrund im »bezeugten Wort« der neutestamentlichen Autoren und gewinnt am »geschehenen Wort«, das Jesus Christus selber ist, in dem Maße Anteil, als Jesus Christus der Herr und Versöh- ner ist, der durch seine Zeugen ständig neu zu Wort und so zu seiner Herrschaft kommen will.

Vom Verstehen des Neuen Testaments. Eine Hermeneutik (NTD-Ergänzungsreihe Bd.6), 1979, 45f.

T 109 [Es ist wichtig], auf die unterschiedliche Ausprägungsform der Inspirationslehre zu achten, die diese in den verschiedenen Gruppierungen der frühjüdischen Theologie erhalten hat. Während man im Aristeasbrief und teilweise auch im Rabbinat bei der Inspiration einfach an die Erwählung und besondere Bevoll- mächtigung von menschlichen Zeugen zur Niederschrift der Offenbarung Gottes denkt, versteht Philo die Inspiration unter Aufnahme dualistischer Vorstellun- gen so, daß der Gottesgeist von den inspirierten Zeugen unter Ausschaltung von deren menschlichem Verstand Besitz ergreift und sie zur Verlautbarung göttli- cher Offenbarung befähigt. ...

A.Schlatter hat in seiner Dogmatik darauf hingewiesen, daß die dualistische Inspirationsauffassung ein spiritualistisches Schriftverständnis gefördert hat, welches dem Lebenszeugnis des Glaubens hinderlich war. Leidenschaftlich plä- diert er dafür, nur die Inspirationsauffassung für biblisch zu halten, die das Wir- ken des Geistes Gottes und die menschliche Geschichte der biblischen Zeugen nicht auseinanderreißt. Auch wir sollten uns von Anfang an klar darüber sein, daß biblisch nur die erste Vorstellungsweise in Frage kommt, da nur sie sich mit dem deckt, was die Texte und die Geschichte uns zeigen. Das Neue Testament lehrt uns, Petrus, einen der Kronzeugen und Garanten der Jerusalemer Jesus- überlieferung, ausdrücklich als einen von Jesus Christus erwählten und im Glau- ben bewahrten fehlbaren Menschen zu sehen; an dem biblischen Autor Paulus können wir dasselbe beobachten und zugleich auch erkennen, wie er in seinen Briefen unter Zuhilfenahme all seiner griechischen und pharisäischen Bildung auf eine sach- und situationsgerechte Verlautbarung des Evangeliums an seine Gemeinden drängt. Fassen wir die die Schrift zum Wort Gottes machende Inspi- rationsanschauung als Erwählungs- und Ermächtigungsvorgang auf, nämlich als Ermächtigung zu einem auf Jesus Christus verweisenden Wort des Zeugnisses, dann können wir uns bei der biblischen Exegese darauf konzentrieren, »die Of- fenbarung in der Sprache der Texte kennenzulernen«, oder noch genauer, uns zu interessieren für die »Eroberung der Sprache durch die Offenbarung, wie sie in den Eroberungen (Texten!) erkennbar wird« (E. Jüngel ...). Würden wir uns aber

106

für die dualistische Inspirationsauffassung entscheiden, müßten wir uns die Einsicht in die Geschichtlichkeit der Texte verbieten und damit den Graben zwischen unserer historischen Einsicht, der theologischen Reflexion und der Lebensbewährung, der uns ohnehin beschwert, vertiefen, statt ihn zu überbrücken.

Vom Verstehen des Neuen Testaments. Eine Hermeneutik (NTD-Ergänzungsreihe Bd.6), 1979, 48—50.

Die alttestamentlichen Propheten und Prophetenschüler sehen sich erst und nur **T 110** durch den Geist Gottes zu ihrer Bezeugung des ihnen zuteilwerdenden Wortes Gottes ermächtigt (vgl. nur Jes.48,16; 61,1ff.; Hes.2,1ff.). Jesus selbst hat Jes.61,1f. in seiner Sendung erfüllt gesehen (vgl. Mt.11,2—6; Lk.4,16—30). Den missionierenden Jesusjüngern wird in den Aussendungsreden ausdrücklich der Beistand des hl.Geistes zugesagt (Mt.10,20/Lk.21,15). Die Urgemeinde versammelt sich und bricht zur missionarischen Verkündigung Jesu Christi auf im Zeichen der ihr zuteilgewordenen, endzeitlichen Geistausgießung (Apg.2). Paulus bezeichnet sein Zeugniswort wiederholt als vom Geist autorisiert (1.Kor.7,40; 2.Kor.4,13; Röm.15,19), und das Johannesevangelium erklärt ausdrücklich, das Jesuszeugnis der nachösterlichen Gemeinde sei vom Geist-Parakleten bevollmächtigt und getragen (Joh.16,7ff.). Bei der biblischen *martyria* handelt es sich also durchgängig um ein Wortzeugnis in der Kraft des den Menschen zur Erkenntnis und zur Verkündigung Gottes befähigenden hl.Geistes. Die von uns getroffene Unterscheidung von geschehenem, bezeugtem und verkündigtem Wort Gottes markiert also Stationen in einer vom hl.Geist getragenen und autorisierten Verkündigungsgeschichte.

Vom Verstehen des Neuen Testaments. Eine Hermeneutik (NTD-Ergänzungsreihe Bd.6), 1979, 47f.

In dem gegenwärtig den Protestantismus noch immer lähmenden Streit um den **T 111** rechten Umgang mit der Heiligen Schrift liegt das theologische Recht . . . nicht einfach bei der historischen Bibelkritik allein! Vielmehr reklamieren Pietismus und Fundamentalismus auf ihre zumeist theologisch recht unzulängliche Weise die hermeneutische Unentbehrlichkeit der Inspirationslehre, und die Fronten werden sich, je länger der Streit geht, umso mehr versteifen, je weniger sich die sog. radikale Kritik bereit und fähig zeigt, ihre Bibelauslegung unter dem Anspruch der dogmatisch auch protestantisch unaufgebbaren Inspirationslehre kritisch zu überprüfen. Es ist richtig, daß die These der protestantischen Orthodoxie von der verbalen Inspiration des griechischen und hebräischen Schrifttextes hoffnungslos gescheitert ist. Aber der richtige Hinweis auf das Scheitern dieser hypertrophen [übertriebenen] Fassung des Inspirationsgrundsatzes erledigt noch nicht die hermeneutische Relevanz des Inspirationsdenkens insgesamt, dessen Intention wir uns oben verdeutlicht haben.

Historische Kritik und theologische Schriftauslegung, in: P.Stuhlmacher, Schriftauslegung auf dem Wege zur biblischen Theologie, 1975, (59—127) 103—106.

Keine später nachfolgende christliche Schriftauslegung kann an . . . [der] jahrtau- **T 112** sendalten hermeneutischen Erfahrung vorübergehen, daß sich die Schrift nur denjenigen in Wahrheit erschließt, die im gemeinsamen Glauben an Christus als Gemeinde Christi zu existieren wagen und als solche auf das Wort der Schrift hören. Das äußere Kennzeichen dieser hermeneutischen Erfahrung bleibt die Inspirations- und Logoslehre.

Historische Kritik und theologische Schriftauslegung, in: P.Stuhlmacher, Schriftauslegung auf dem Wege zur biblischen Theologie, 1975, (59—127) 71.

T 113 Es bleibt eine ständige theologische Aufgabe, das für alle Hermeneutik im Bereich der Theologie konstitutive *Wechselverhältnis von kritischer Exegese einerseits und dem Inspirationsgedanken andererseits zu bedenken und zu überprüfen....* Der Inspirationsgrundsatz schärft hermeneutisch ein, daß dem Schriftwort als Offenbarungszeugnis eine selbständige Mächtigkeit und Wirksamkeit eigen ist, welche sich selbst durch die intensivste Bemühung methodischer Exegese nicht einholen oder nivellieren läßt, daß sich die Schrift nicht einfach losgelöst vom Bezugs- und Erfahrungsraum der Kirche und des gelebten Glaubens verstehen läßt und daß sich theologische Schriftauslegung nur im Horizont eines Wahrheitsbegriffes treiben läßt, der eine geschichtliche Berührung und Begegnung von Immanenz und Transzendenz zuläßt.

Historische Kritik und theologische Schriftauslegung, in: P.Stuhlmacher, Schriftauslegung auf dem Wege zur biblischen Theologie, 1975, (59—127) 98f.

c. G.Maier und P. Stuhlmacher im Gespräch über die Inspirationslehre

T 114 [Maier:] Vor einem gewissen Rätsel stehe ich hinsichtlich der Stuhlmacherschen Bewertung der *Inspiration*. ... Dem grundsätzlichen, begrüßenswerten Ja entspricht ein konsequentes Nein zu jeder näheren Gestalt. Schwieriger noch wird die Situation durch die Weigerung, ein »letztes Ja zur Einheit und Autorität der Bibel« zu sprechen. Es geht bei diesem letzten Ja nicht allein um einen status confessionis für den Pietismus, die Evangelikalen, den orthodoxen Calvinismus, das orthodoxe Luthertum, den Biblizismus u.ä. im prominenten Sinn (vgl. nur LV [Lausanner Verpflichtung] 2), sondern um ein Ja, ohne das die Inspiration nicht gedacht werden kann, ohne zur leeren Hülse zu werden. Ich halte dieses »Ja« sowohl für »genuin protestantisch« als auch für historisch nicht widerlegbar.

Einer biblischen Hermeneutik entgegen? Zum Gespräch mit P. Stuhlmacher und H. Lindner, in: ThBeitr 8 (1977), (148—160) 153.

T 115 [Maier:] Wir kommen um die Frage nicht herum, wer den Texten Verläßlichkeit und Wirkungskraft gibt. Mit der Inspiration gab die Kirche ihrer Erkenntnis Ausdruck, daß Gott selbst mittels der Texte zum angesprochenen Menschen kommt. Es ist Gottes Text, der mich hier — von Menschen in menschlicher Sprache mitgeteilt — erreicht. Wird die Inspiration statt eines Vorgangs, der bei Gott selbst beginnt, zu einem Vorgang gemacht, der erst nachtextlich zwischen der Schrift und der Gemeinde spielt, dann verfehlen wir die Textaussagen und auch die bisherige gemeinsame Erkenntnis der Kirche.

Zum Thema: Biblische Hermeneutik. Tübinger Studenten im Gespräch mit G. Maier und P. Stuhlmacher, in: ThBeitr 9 (1978), (222—234) 230.

T 116 [Stuhlmacher:] Was ... ihre konkrete Gestalt [der Inspirationslehre] anbetrifft, gehe ich mit Schlatter davon aus, daß die Inspirationslehre nicht dazu herhalten darf, die geschichtlich eigentümliche Gestalt des biblischen Wortes doketisch zu relativieren. Sie soll uns vielmehr zu Bewußtsein bringen, daß Gott in der Bibel durch ein durch und durch menschliches, geschichtlich begrenztes Wort von menschlichen Zeugen zu uns spricht. Die Inspiration der Schrift kann deshalb unsere historische Arbeit an ihr nicht hemmen, sondern nur intensivieren, weil diese Arbeit unter der Verheißung steht, in der Schrift wirklich auf ein lebenschaffendes Wort zu stoßen, das uns zu Gott führt. Eben diese Verheißung wird durch die Inspirationslehre signalisiert. Die konkrete Gestalt der Schriftinspiration bemißt sich also m.E. von 1.Thess.2,13, vom tatsächlichen Zeugniswert der biblischen Texte und von der langjährigen historischen Erfahrung her, die wir im Umgang mit den Bibeltexten bereits gesammelt haben und noch sammeln. Daß sie uns ein »letztes Ja zur Einheit und Autorität der Bibel« abverlangt, kann ich einfach deshalb nicht sehen, weil dieses wirklich *letzte* Ja nicht dem biblischen Text als solchem, sondern dem von ihm bezeugten Gott und seinem Christus gebührt.

Hauptprobleme und Chancen kirchlicher Schriftauslegung, in: ThBeitr 9. (1978), (53—69) 59 Anm. 11.

7. Über Möglichkeit und Notwendigkeit einer geistlichen Schriftauslegung

a. G.Maier: Die Forderung nach einer historisch-biblischen Methode

Die Methoden der biblischen Exegese müssen ihrem Gegenstand, dem Wort Gottes, angemessen sein. Darum entsprechen Maiers Ablehnung der historisch-*kritischen* und sein Plädoyer für eine historisch-*biblische* Methode einander. Die historisch-biblische unterscheidet sich von der historisch-kritischen Methode prinzipiell durch drei Grundsätze: 1. die Ablehnung des Analogieprinzips (T 117), 2. die Anerkennung der Souveränität Gottes (T 118) und 3. die Berücksichtigung der geistlichen Erfahrung der Gemeinde (T 119). Diese spezielle Form der Hermeneutik der Wiedergeborenen schließt nach Maier aber die Bejahung wissenschaftlicher Arbeit nicht aus (T 120). Vielmehr ist sie für ihn — aus Gründen der Kommunikabilität, der Apologetik und der denkerischen Mission — theologisch unumgänglich (T 121).

Nach dem empirischen Ende der historisch-kritischen Methode stehen wir vor einer immensen Aufgabe. Diese Aufgabe lautet, eine der Offenbarung in der Gestalt der Heiligen Schrift gemäße Methode der Exegese zu entwickeln. Sie schließt ein, die philosophisch begründete Aufspaltung von Schrift und Wort Gottes im Ansatz Semlers und seiner Mitstreiter zu überwinden. Das bedeutet nicht weniger, als den englischen Deismus, den französischen Skeptizismus und die deutsche Aufklärung auf dem Gebiet der Theologie zu überwinden. . . .

T 117

Die profane Geschichtswissenschaft mag in der Tat gewisse methodische, langjährig gebrauchte und bewährte Prinzipien haben. Doch ihr Gegenstand ist das, was sich unter Menschen ereignete, von menschlichen Augen beobachtet und von menschlichen Gedanken produziert wurde. . . . Seine [des profanen Historikers] Fragestellung wird immer anders sein als beim biblischen Ausleger. Er fragt nämlich nach dem Tun oder Ergehen von Menschen, also anthropologisch; letzterer dagegen fragt nach dem Tun Gottes und seiner Geschichte mit den Menschen, also theologisch.

Diese einfache Beobachtung hat eine tiefgehende Folgerung. Während nämlich der profane Geschichtswissenschaftler den Grundsatz anwenden muß, daß alles Geschehen eine die Einordnung ermöglichende Entsprechung (Analogie) in vergleichbarem Geschehen besitzt, *darf* der biblische Forscher nicht in allen Fällen auf diesem Grundsatz der Analogie beharren. Denn gerade das *Einmalige*, nicht zu Analogisierende, ist es, was wir für den Fall des Handelns eines lebendigen Gottes erwarten dürfen. Wollte man sagen, daß Gott immer nur verborgen in einem ganz weltlich verrechenbaren menschlichen Handeln auftritt, dann wäre schon wieder eine die Gottheit Gottes begrenzende Festlegung getroffen. Was also die sonstige Geschichtswissenschaft fordert, verbietet gerade die wissenschaftliche Verantwortung der theologischen Wissenschaft. Die Aufhebung des zwingenden Analogie-Prinzips bedeutet demnach einen grundsätzlichen Unterschied zwischen der allgemeinen historischen Methodologie und der theologischen. . . .

. . .(Der Theologe) muß . . . eine Offenheit zum methodischen Prinzip machen, die darauf bedacht ist, die göttliche Offenbarung an keiner Stelle vorschnell und vorlaut zu beschneiden. Eben dies bedingt eine »Weitwinkel«-Einstellung der Methodologie, die nicht schon von vornherein bestimmte Möglichkeiten ausschließen darf. Daß letzteres geschah, ist der historisch-kritischen Methode zum Vorwurf zu machen. Darum ist die historisch-kritische Methode zu ersetzen durch eine historisch-biblische.

Das Ende der historisch-kritischen Methode, 1974, 47—49.

T 118 Macht man . . . ernst mit dem Gedanken von der Souveränität Gottes, dann läge es im Zuge dieser Souveränität, sich zu offenbaren, wann und wo er *will*. . . . Wir müßten als Folge davon anerkennen, daß weder unsere Feststellung entscheidet, was göttliche Autorität hat, noch auch die Einräumung von Möglichkeiten ausreicht, eine zutreffende Theologie zu begründen. Vielmehr ist dann zu hören, wo göttliche Offenbarung laut werden will. Der nächste Schritt wäre es, gehorsam auf diesen Boden zu treten und von da aus im wagenden Glauben in den Bahnen weiterzuforschen, die die Offenbarung uns anweist.

. . . Es war . . . ein großer Fehler, daß die historisch-kritische Methode lange meinte, »vorurteilsfrei« und »objektiv« an die Texte herangehen zu können und zu sollen. Der Satz, man müsse mit theologiefreien, also a-theologischen, Methoden einen theologischen Gegenstand erforschen, ist ein Widerspruch in sich und das Gegenteil des Notwendigen. Vielmehr geht es darum, daß die Theologie sich wieder eingehend und verantwortlich auf die systematischen Voraussetzungen der Exegese besinnt und damit entschlossen ihre eigene Methodologie ins Auge faßt und möglichst nachvollziehbar erklärt. Dabei gilt der Satz »Ich schäme mich des Evangeliums nicht« (Röm.1,16) auch im Blick auf die Methodenlehre. Es wäre doch wohl schwer verständlich, wenn wissenschaftliches Forschen und Rechenschaftgeben, das sich auf göttliche Offenbarung bezieht, denselben methodischen Gesetzen unterläge wie dasjenige, das sich auf die Natur oder auf die menschliche Geschichte bezieht. . . .

Als weiterer Schritt ergibt sich aus dem Gedanken von der Souveränität Gottes die Anerkennung des Satzes, daß die einzig verbindliche und unabgeleitete Auslegung der Offenbarung die Offenbarung selbst ist. D.h. mit den Worten der reformatorischen Väter: die Schrift legt sich selbst aus. . . .

Welches sind die methodischen Konsequenzen? Zunächst legt sich nahe, aus der Einheit des Offenbarers auf einen Zusammenhang der Offenbarungen zu schließen. Es muß erlaubt sein, eine Beziehung vom einen Teil der Schrift zu einem anderen herzustellen. ... Man wird ... im Hinblick auf die Erzielung von Gehorsam und Gewißheit durch die Offenbarung auch die *Methode* dahin ausrichten müssen, zunächst die Übereinstimmung, die Einheit, im Offenbarten zu suchen und dabei die Hinweise in letzterem aufzunehmen. ...

Das Ende der historisch-kritischen Methode, 1974, 50; 52—53.

T 119

Wir gestehen frei, daß wir diesen Gedankenkreis [geistliche Erfahrung der Gemeinde] für den weniger tragfähigen gegenüber den beiden anderen ansehen. Zuviel schreckt davon ab, auf diesen Grund allzuviel zu stellen: da ist die Erinnerung an die »Erfahrung« der Sekten und Irrlehrer, die sich darin bestätigt fanden; ... da sind die gefühlsbestimmten »Erfahrungen« extremer Pfingstkreise; ...

Der Wert solcher [geistlichen] Erfahrung [der Gemeinde] liegt nun zuerst darin, daß die methodologischen Voraussetzungen von der Analogiefreiheit und von der Souveränität Gottes dadurch gewissermaßen einen »Sitz im Leben« bekommen und sich nicht nur als Gedanken darstellen. Sie sind vielmehr eine Widerspiegelung dessen, was die Gemeinde im Vollzug des Offenbarten erfährt. Das ist jedoch nicht alles. Insbesondere verstärkt sich hier die Überzeugung von der Einheit der Schrift, die wir oben aus dem Gedanken der Souveränität in vorsichtiger Weise ableiten konnten. Drittens sollten wir offen sein für die Erwägung, daß solche Erfahrung nicht nur die gewissermaßen mechanische Folge der Schriftbenutzung ist, sondern vom Geist der Offenbarung bewirkt. So sind wir schon an das innere Zeugnis des Geistes (testimonium internum spiritus sancti) gelangt, das in der Tat den Offenbarungscharakter der Schrift, ihre Einheit und ihr lebendiges Wirken nach der Erkenntnis der Gemeinde bezeugt.

Das Ende der historisch-kritischen Methode, 1974, 54f.

T 120

Einig sind wir uns in dem Willen, wissenschaftlich zu arbeiten. Was ich intendiere, ist eine *wissenschaftliche* Methode. Das bedeutet, daß sie nach 1.Petr.3,15 fähig sein muß, im Gebiet des akademisch organisierten Denkens und Forschens Rechenschaft über den christlichen Glauben zu geben. Sie leistet das nur, wenn sie in rational begründbaren Schritten und in einer den Nachvollzug ermöglichenden Weise sich den biblischen Aussagen nähert. Sie muß bei ihrem Arbeitsprozeß Korrespondenz und Kommunikation mit anderen Wissenschaftszweigen pflegen können.

Einer biblischen Hermeneutik entgegen? Zum Gespräch mit P. Stuhlmacher und H. Lindner, in: ThBeitr 8 (1977), (148—160) 150.

T 121

Wenn wir die historische Erforschung der Bibel bejahen, schließt dies die Bejahung einer wissenschaftlichen Methode ein. Eine solche Methode ist nötig: a) zur gegenseitigen Verständigung, b) zur Apologetik, c) zur denkerischen Mission. ... In der Linie des wissenschaftlichen Pietismus des 18. und des 19.Jahrhunderts (J.T.Beck) halte ich eine wissenschaftliche Methode für unumgänglich. Wie nach dem Lukasprolog der Schweiß des Evangelisten und sein Arbeitsplan die Inspiration nicht ausschließen, so können Methode und Geist im Grunde keinen Gegensatz bilden. Haben wir nur pneumatische Exegeten ohne einen methodisch geordneten Voll-

zug der Exegese vor uns, dann wird die Verständigung und v.a. das Lehren schwierig. Wollen wir im Gebiet des akademisch organisierten Denkens, das ja einen guten Teil der heutigen Lebenswirklichkeit ausmacht, nach 1.Petr.3,15 apologetisch Rechenschaft geben über das »Warum und Wieso« unserer Schriftauslegung, dann brauchen wir ebenfalls eine einsehbare Methode. Das gilt nicht zuletzt für die Abwehr von Irrlehren. Verzichten wir hier auf eine Methode, dann bleibt uns nur der moralische Tadel oder gar die prophetische Ansage des Gerichts. Schließlich geht es um das gewinnende Gespräch mit Menschen anderen Glaubens und mit anderen Wissenschaften; es geht um das, was ich oben als »denkerische Mission« bezeichnete. Eine methodisch geordnete Schriftauslegung ist ein einladendes Tor für Interessierte. Natürlich können wir auch als Propheten den Weg über das Gewissen nehmen. Aber es gibt auch das geduldige, lehrhafte Bemühen, von dem Apg. 18,26 redet.

Wie legen wir die Schrift aus?, 1978, 30f.

b. P. Stuhlmacher: Für eine Hermeneutik des Einverständnisses mit den biblischen Texten

Stuhlmacher lehnt einerseits die Forderung nach einer Hermeneutik der Wiedergeborenen energisch ab (T 122—125). Zum ersten ist es bis jetzt nicht gelungen, das »Besondere« einer solchen geistlichen Hermeneutik methodisch einsichtig zu machen; außerdem besteht die Gefahr, daß eine solche Hermeneutik »zur Einfallspforte für alle möglichen Eingebungen werden kann«. Andererseits hebt Stuhlmacher die Bedeutung eines positiven Vorverständnisses für die Exegese der Texte (T 123) und der im 3. Glaubensartikel begründeten, geistlich-kirchlichen Vorerfahrung als Kontext für eine theologische Exegese (T 126) hervor. Er betont, daß die Schriftauslegung erst in einem meditativen »Sich-Verstehen vor dem Text« (T 127) und in einem Vordringen zum Erfahrungsgrund der biblischen Texte (T 128) zu ihrem Ziel gelangt.

T 122 Wenn die Pietisten die Bedeutung der Wiedergeburt für die Hermeneutik hervorheben, geht es ihnen um dreierlei. Es geht ihnen erstens um eben jene hermeneutische Erfahrung, die Augustin zu Beginn des Mittelalters am eindrücklichsten formuliert und Luther in seiner letzten Schreibtischnotiz noch einmal testamentarisch eingeschärft hat, daß nämlich zur Erkenntnis und Würdigung der biblischen Texte ein Lebensverhältnis zu der in diesen Texten verlautbarten Sache gehört.

Vom Verstehen des Neuen Testaments. Eine Hermeneutik (NTD-Ergänzungsreihe Bd.6), 1979, 127.

T 123 Hat man die historische und hermeneutische Problematik der modernen Jesusforschung vor Augen, derzufolge sich keine Rekonstruktion des Wirkens Jesu ohne erhebliches Interessenengagement erstellen läßt, oder hält man sich die Christentumspolemik von J. Kahl, R. Augstein oder auch J. Lehmann vor Augen, wird man Rambach im Grundsatz kaum widersprechen können. Ein von der Liebe Christi ergriffener Interpret liest die Bibel tatsächlich anders als ein Jesus ablehnender Christentumskritiker! Bei der Wiedergeburtsthematik geht es den Pietisten hermeneutisch zweitens um Luthers These von der doppelten Klarheit der Schrift und die reformatorische, von der Orthodoxie aufgenommene Lehre vom testimonium spiritus sancti internum. Nur wird diese substantiell sinnvolle, die

112

Grenze aller exegetischen Auslegungsarbeit in Gottes Wirken markierende Thematik nunmehr in einen Zusammenhang gebracht, in dem sie einem spezifischen Bedürfnis der pietistischen Bewegung Genüge tun soll. Wenn der Pietismus die Bekehrung oder Wiedergeburt zur Voraussetzung des echten Schriftverständnisses erhebt, versucht er nämlich — drittens — die seinen Gruppierungen eigentümliche und innerhalb dieser Gruppierungen das geistliche und menschliche Einverständnis ermöglichende religiöse Grunderfahrung der persönlichen Berufung zu methodisieren und stößt dabei an die Grenze seiner hermeneutischen und theologischen Denkmöglichkeiten. Denn weder läßt sich das Menschen unverfügbare Geisteshandeln Gottes zur methodischen Voraussetzung menschlicher Auslegungskunst erheben, noch ist es dem Pietismus möglich gewesen, die Differenz zwischen erleuchtetem Schriftverständnis und unerleuchteter Exegese wirklich präzis auf den Begriff zu bringen.

Vom Verstehen des Neuen Testaments. Eine Hermeneutik (NTD-Ergänzungsreihe Bd.6), 1979, 128.

T 124

..., es fehlen aber noch präzise methodische Ausführungen darüber, wie das vom hl. Geist geschenkte zusätzliche und eigentlich intendierte Bibelverständnis aussehen soll. Liest man bei Rambach weiter, findet man folgende Hinweise. Der Ausleger muß seine fleischlichen Vorurteile überwunden haben, welche die Exegese behindern. Er darf nach Rambach seine Auslegung weder hemmen lassen von einem bloßen Glauben an große exegetische Autoritäten vor ihm noch darf er versessen sein, vorgefaßte kritische oder auch rein subjektive Hypothesen im Text wiederfinden zu wollen. Der Interpret muß statt dessen von göttlichem Licht erfüllt sein, er soll selbst über geistliche Erfahrung verfügen und in seinem Willen von dem »verus amor Jesu Christi« erfüllt sein. Kraft dieser Geistes- und Willensverfassung soll er sich den Heiligen Affekten der biblischen Autoren zuwenden und, ohne »ein Feind der Wissenschaften« zu sein, »seine Vernunft als einen Spiegel darstellen, auf welchen das Licht GOttes falle, und sich darinnen reflektire. Man muß in Demuth alle Tüchtigkeit von GOtt erwarten«... Er darf sich mit seiner Meinung nicht um jeden Preis durchsetzen wollen, soll dialogfähig sein und stets bereit, ohne Zorn und Leidenschaft, vielmehr in heiterer Gemütsverfassung von neuem an die Exegese (und Meditation) zu gehen.

So richtig und weise vieles an diesen Ratschlägen und Postulaten ist, sie sind alle allgemeiner hermeneutischer Natur und betreffen keineswegs die Wiedergeborenen allein. Rambach fußt zwar auf der kirchlich längst vor ihm gewonnenen und hochgehaltenen Einsicht, daß der Glaube an und die Liebe zu Jesus Christus als Herrn und Erlöser nicht einfach durch Fachexegese erworben werden kann; aber eben dies wird hier nicht expliziert. Dafür werden biblische Exegese und geistliche Textmeditation ganz eng zusammengesehen, und es bleibt ungeklärt, wie sich das Postulat von der Vernunft als Spiegel der Offenbarung zu dem Grundsatz verhält, man dürfe in der Exegese nicht in Wissenschaftsfeindlichkeit verfallen. Rambach strebt nach einer Bibelauslegung, die mehr bietet, als die menschliche Vernunft in den Texten sehen kann; er ist aber offenkundig nicht imstande, dieses »mehr« methodisch zu explizieren. Da er Textauslegung und biblische Meditation nicht auseinanderhält, bleibt seine geistliche Hermeneutik im entscheidenden undeutlich.

Diese Unschärfe hat ihre Folgen gehabt. Weil es dem Pietismus (schon) im 18. Jahrhundert nicht gelungen ist, ein eindeutiges, methodisch geklärtes Verhältnis zur historischen, vernünftig argumentierenden Wissenschaft zu gewinnen, ist er mit seiner Hermeneutica Sacra anfällig geworden und geblieben für unkritische, biblizistische oder heilsgeschichtliche Spekulationen.

Vom Verstehen des Neuen Testaments. Eine Hermeneutik (NTD-Ergänzungsreihe Bd.6), 1979, 129f.

T 125 Die hermeneutische Aporie . . . besteht darin, daß es . . . nicht gelingt, das durch den hl. Geist gewährte besondere Verstehen der wesentlichen Schriftinhalte methodisch aufzuschließen. Die Berufung auf den status gratiae und den hl. Geist als unentbehrliche Verstehenshilfe bleiben Postulate, denen keine methodische Erläuterung mehr entspricht. Die von Rambach intendierte besondere Hermeneutik des Glaubens läßt sich also vor den Texten methodisch nicht ausweisen. Das damit auftauchende, bis zur Stunde nicht bewältigte Methodenproblem pietistischer Hermeneutik kann m.E. erst dann lösbar werden, wenn man es nicht im Horizont der Textanalyse, sondern im Bereich des Lebens mit den biblischen Texten lokalisiert und von hier aus angeht. Es ist in der Tat ein beträchtlicher Unterschied, ob man die biblischen Texte nur als historische Quellentexte ernstnimmt und liest, oder ob man von und mit ihnen lebt. Was die hermeneutische Bedeutung des Lebenshorizontes für die biblische Exegese anbetrifft, kann man von Francke und Rambach Erhebliches lernen. In Hinsicht auf die Textanalyse aber führt ihre Darstellung in eine von beiden nicht gewollte Alternativposition hinein: Entweder müssen die biblischen Texte mit allen Regeln der historischen Kunst von ihrem Wortsinn her aufgeschlossen werden; dann gibt es nur eine wirklich sachgemäße Form des Textverständnisses. Oder die Texte sind zusätzlich als Verschlüsselungen zu begreifen; dann gibt es über die historisch-philologische Erklärungsweise hinaus noch eine besonders vertiefte pneumatische Interpretationsart, die aber nicht mehr methodisch ausweisbar ist und so zur Einfallspforte für alle möglichen Eingebungen werden kann. Solch ungeordnet-pneumatischer Textauslegung wollen Francke und Rambach aber nicht das Wort reden. Daß dennoch gerade hier die Problematik der pietistischen Hermeneutik liegt, zeigt m.E. nicht zuletzt Bengels von der Apokalypse aus entwickelte Eschatologie mit ihrer Datierung des *Millenniums* auf das Jahr 1836.

Hauptprobleme und Chancen kirchlicher Schriftauslegung, in: ThBeitr 9 (1978), (53—69) 68f. Anm. 25.

T 126 Bedenken wir abschließend den *Lebenshorizont*, in dem die kirchliche Schriftauslegung steht. Für die kirchliche Exegese ist seit langem deutlich, daß sie aus einer Ergriffenheit von der biblischen Wahrheit, die Jesus Christus heißt, erwächst, die aller reflektierten, wissenschaftlichen Textinterpretation vorausliegt. Nicht umsonst übt die kirchliche Schriftauslegung ihre Arbeit im Dienste der Kirche aus, die durch ihr missionarisches Christuszeugnis helfen soll, den Glauben an Jesus Christus neu zu wecken und durch Anamnese der biblischen Wahrheit in den Gemeinden zu befestigen. Der Lebenszusammenhang, in dem die kirchliche Exegese steht, ist ihr durch die im weiten Sinn des 3. Glaubensartikels verstandene Kirche vorgegeben. So wenig die wissenschaftliche Beschäftigung mit der Bibel auf den Raum der Kirche beschränkt werden soll, so sehr hat die kirchliche Schriftauslegung der allgemein wissenschaftlichen eine (natürlich umstrittene) hermeneutische Erfahrung voraus.

Hauptprobleme und Chancen kirchlicher Schriftauslegung, in: ThBeitr 9 (1978), (53—69) 65.

... In vereinfachter Form lautet dieser Ruf [des Pietismus nach einer besonderen Hermeneutik des Glaubens] bis zur Stunde so, daß zum Verständnis der Bibel »noch etwas ganz anderes« oder »wesentlich mehr« erforderlich sei als historisch-wissenschaftliches Textstudium. Auffälligerweise ist aber dieses »Mehr« oder »ganz Andere« in der Literatur bisher noch nie methodisch einsichtig und praktikabel expliziert worden. — Sofern uns die zentrale biblische Wahrheit in Form von geschichtlichen Texten mit eigener Intentionalität und Textwelt vorgegeben ist, die diese Wahrheit bezeugen, ist kirchliche Schriftauslegung der Wahrheit dann am nächsten, wenn sie textgemäß ist, d.h. dann, wenn sie die biblischen Texte in ihrer geschichtlichen Eigenart sachgemäß zur Anschauung und zu Gehör bringt. Die beiden, in der Geschichte der Hermeneutik oft voneinander getrennten und gegeneinander ausgespielten Bewegungen der Erklärung und des Verstehens von Texten liegen im Vollzug der historischen Texterhellung untrennbar ineinander. Sie lassen sich angesichts des Wortlauts und der Struktur der Texte, die es sachgemäß zu klären gilt, auch nicht sinnvoll gegeneinander ausspielen. Angesichts der in den Wortlaut der biblischen Texte eingegangenen Offenbarung Gottes kann es also *keine* besondere Hermeneutik des Glaubens geben, sondern nur die eine Hermeneutik der möglichst sachgerechten Texterhellung. Mit der Erhellung der Texte ist freilich das von Ricoeur intendierte »Sich-Verstehen vor dem Text« noch nicht geleistet, sondern nur erst angebahnt und eröffnet. Tragen wir der jahrhundertealten Meditationserfahrung der Kirche hermeneutisch gebührend Rechnung, kommt das »Sich-Verstehen vor dem Text« erst in der methodisch auf der Ausarbeitung der biblischen Textwelt fußenden und seelsorgerlich sinnvoll gegliederten Meditation der Texte zum Ziel. Eben diese Meditation und nicht die Erforschung des Wortlauts der Texte ist der Ort, wo dem Verlangen nach einem über die historische Texterklärung hinausreichenden geistlichen Verstehensvollzug der biblischen Texte sinnvoll Rechnung getragen werden kann und muß.

T 127

Hauptprobleme und Chancen kirchlicher Schriftauslegung, in: ThBeitr 9 (1978), (53—69) 67—69.

Verstehen und Einverständnis bilden ... einen Zirkel und prägen einen Rezeptionsvorgang, an dem Intellekt, Wille und Gefühl gleichzeitig beteiligt sind. Ich kann [dieser Aussage Ebelings] nur zustimmen und finde es ausgesprochen interessant, daß Ebeling das eigene Erfassen eines Textes allen Ernstes als einen Ermächtigungs- und Inspirationsvorgang beschreibt, der nicht einfach in den Möglichkeiten des Exegeten liegt. Wir stoßen hier auf die hermeneutisch weiterhin gültigen Aspekte der biblischen, altkirchlichen und reformatorischen Inspirationslehre. ... Wesentlich ist es im Moment nur festzuhalten, daß in den Erfahrungsgrund der biblischen Texte nur einzudringen vermag, wer wirklich bereit und gerüstet ist, sich diesem Erfahrungsgrund zu öffnen, d.h. wer kraft seiner Geschöpflichkeit als Mensch auf die Sehnsucht nach und die Wirklichkeit von Wahrheit, Liebe, Freiheit, Treue und Gerechtigkeit angesprochen werden kann und zum Adressaten der biblischen Texte geworden ist.

T 128

Exegese und Erfahrung, in: Verifikationen. Festschrift für Gerhard Ebeling zum 70.Geb., hg. von E. Jüngel, J.Wallmann und W.Werbeck, 1982, (67—89) 72—75.

c. G.Maier und P.Stuhlmacher im Gespräch über die geistliche Schriftauslegung

T 129 Auf die Frage nach einer »Hermeneutik der Wiedergeborenen« antwortete S. [Stuhlmacher]: Die biblische Sprache sei nicht die Sprache der Engel, sondern die Sprache ihrer Zeit. Der Glaube schärfe das Denken für die Wahrheit, für Christus. Bei der Bibelinterpretation gehe es primär um die Analyse von Texten. Von daher sei die beste Interpretation die, die den Texten in ihrer Sprache wirklich gerecht wird. Wenn ein Ungläubiger besser Griechisch könne, habe der Ungläubige gegenüber dem frommen Ignoranten recht. Glaube sei Gabe des Geistes, die man nicht methodisch als Verständnisbedingung voraussetzen dürfe. Als Christ solle man die Bibel ernster nehmen als die Kritik. Dennoch gelte auch für die Hermeneutik das simul peccator et iustus [Sünder und Gerechtfertigter zugleich] der Reformation.

M. [Maier] betonte, daß es keine voraussetzungslose Exegese gebe (Bultmann). In diesem Sinne könne man auch nicht von unserem Glauben abstrahieren, der uns erst zu unseren theologischen Studien geführt habe. Freilich könne am Beginn einer theologischen Arbeit nicht die Forderung der Wiedergeburt stehen. Die Schrift führe aber in einen Gesprächsprozeß, in dessen Verlauf sich für jeden die Frage der Entscheidung stelle. Die Erkenntnis des Inhalts der Schrift stehe dabei grundsätzlich allen offen. Hier sei er mit S. [Stuhlmacher] einig.

In Entsprechung zu Ricoeur postulierte S. [Stuhlmacher] den »Verstehensprozeß *vor* der Schrift«. Er unterschied zwei Schritte:

1. Das Bemühen, den Text philologisch und historisch in seine Zeit zurückzugeben.

2. Die persönliche Meditation (Text und Ich sprechen in reflektierten Schritten über die Wahrheit. Hier macht die Bibel eine Vorgabe: Christus allein ist die Wahrheit). Aus der Meditation ergebe sich sowohl das persönliche Zeugnis als auch die Predigt.

M. [Maier] wurde gefragt nach seinem Wissenschaftsbegriff und seiner Stellung zu *Ricoeur* . . .; ob er noch wissenschaftlich kommunikabel sei, wenn er eine besondere Hermeneutik fordere.

M. [Maier] betonte, daß die Frage nach einer besonderen Hermeneutik eine sehr problematische Frage sei, zu deren Beantwortung er auch nicht einfach die Position Bengels zu wiederholen wage. Doch sei die Theologie eine Wissenschaft eigener Prägung, die sich an ihrem Gegenstand orientieren müsse. Über die Bedingungen des Gegenstandes müsse man hermeneutisch diskutieren. In der Diagnose der zerfahrenen Lage sei er mit Stuhlmacher einig, in der Therapie aber begännen die Differenzen. Da man es mit Offenbarung zu tun habe, könne man nicht einfach eine hermeneutische Methode aus der Philosophie entlehnen. So sei z.B. Ricoeurs »Verständnis vor dem Text« etwas anderes als Luthers »meditatio«.

Zum Thema: Biblische Hermeneutik. Tübinger Studenten im Gespräch mit G. Maier und P. Stuhlmacher, in: ThBeitr 9 (1978) (222—234) 228.

8. Literaturhinweise

Literatur über P.Stuhlmacher: W.Schmithals, Rezension von: P.Stuhlmacher, Schriftauslegung auf dem Wege zu einer biblischen Theologie, 1975, in: RKZ Nr.24 117.Jhg. (1976), 282—285; E.Gräßer, Offene Fragen im Umkreis einer biblischen Theologie, in: ZThK 77.Bd.(1980); E.Gräßer, Bilanz der deutschen neutestamentlichen Theologie, in: EvKomm 10.Bd. (1977), 272—274.

Literatur über G.Maier: C.-D.Stoll, Rezension von G.Maier, Das Ende der historisch-kritischen Methode 1974, in: ThBeitr Bd.6 (1975), 171—173; P.Stuhlmacher, Schriftauslegung . . . (op.cit.Anm.9), 103—108 Anm.48.; S.Külling, ein epochemachendes Buch, in: Bibel und Gemeinde 75.Jhg. (1975), 3—13.

Literatur zu G.Maier und P.Stuhlmacher: H.Lindner, Widerspruch oder Vermittlung? Zum Gespräch mit G.Maier und P.Stuhlmacher über eine biblische Hermeneutik, in: ThBeitr 7 (1976) 185—197; Hp.Hempelmann u.a., Zum Thema: Biblische Hermeneutik. Tübinger Studenten im Gespräch mit G.Maier und P.Stuhlmacher, in: ThBeitr 9 (1978) Heft 4/5 (Festgabe für O.Michel), 222—234, bes. 231—234; Kl.Haacker, Neutestamentliche Wissenschaft. Eine Einführung in Fragestellungen und Methoden, 1981 (TVG 303), 17—22; O.Betz, Wie verstehen wir das Neue Testament, 1981, 7ff.

VI. Anleitung zur Arbeit an den Texten

1. Zum Problem: »Kritik«, historisch-kritische Methode, Bibelkritik

a. Fragen und Arbeitsanweisungen

Beantworten Sie an Hand der entsprechenden Texte die folgenden Fragen in der vorliegenden Reihenfolge!

(1) Bestimmen Sie den Begriff »Kritik«!
   Was verstehen *Sie* unter »Kritik«, »historisch-kritischer Methode« und »Bibelkritik«?
   (Vgl. den Art. Kritik, Literaturkritik in: Historisches Wörterbuch zur Philosophie Bd.4, 1976, Sp. 1282—1292 von F.Schalk und H.-D.Weber)

(2) Was verstehen die einzelnen Autoren unter »historisch-kritischer Methode«? Meinen alle Autoren dasselbe, wenn sie von historischer Arbeit, historischer Kritik, historisch-kritischer Forschung und Bibelkritik sprechen? Welche *Merkmale* der historisch-kritischen Methode werden jeweils angegeben? Wo *unterscheiden* sich die Konzeptionen historischer Arbeit, wo *überschneiden* sie sich?

(3) Ist es legitim, von »der« historisch-kritischen Methode zu sprechen? (Vgl. M.Hengel, Historische Methoden und theologische Auslegung des Neuen Testaments, in: ders., Zur urchristlichen Geschichtsschreibung, 1979, 107—113)

(4) Wie wird die Notwendigkeit historisch-kritischer Arbeit begründet? Bzw.: Aus welchen Gründen wird die historisch-kritische Exegese abgelehnt?

(5) Welche Rolle kommt der historischen Kritik im hermeneutischen Ansatz des jeweiligen Autors zu?

(6) Kennen Sie außer der historischen noch andere Methoden, die dem Verständnis der Bibel dienen können?
   (Vgl. K.Berger, Exegese des Neuen Testamentes. Neue Wege vom Text zur Auslegung, 1977)

(7) Welcher Methoden bedienen sich die profanen Geschichts- bzw. Literaturwissenschaftler?
   (Vgl. z.B.: Einführung in die neuere deutsche Literaturwissenschaft. Ein Arbeitsbuch von D.Gutzen, N.Oellers und J.H.Petersen, 1979)

(8) Unter welchen Bedingungen ist es wissenschaftlich und theologisch legitim, eine bestimmte — historische oder andere — Methode als Verstehensinstrument abzulehnen?
   (Vgl. dazu H.Hempelmann, Die Auferstehung Jesu Christi — eine historische Tatsache? Eine engagierte Analyse, 1982, Anm.20 und Exkurs Nr.III [S. 45ff.])

(9) Verbietet die Bibel eine offene, »kritische« Wahrnehmung geschichtlicher Sachverhalte?

(10) Erarbeiten Sie sich eine kritische und eigenständige Position gegenüber den

einzelnen Methodenschritten der historisch-kritischen Forschung, ihren Möglichkeiten und Grenzen!

(Vgl. K.Haacker, Neutestamentliche Wissenschaft. Eine Einführung in Fragestellungen und Probleme, 1981 (TVG 303); P.Stuhlmacher, Thesen zur Methodologie gegenwärtiger Exegese, in: ders., Schriftauslegung auf dem Wege zur biblischen Theologie, 1975, 50—58)

(11) Lehnen die Kritiker einer historisch-kritischen Arbeitsweise die *Ergebnisse* der historischen Forschung oder die historisch-kritische *Methode* oder beides ab?

Ist es wissenschaftlich redlich, eine Methode wegen ihrer Ergebnisse zu bejahen bzw. abzulehnen?

(12) Wo sehen Sie im Blick auf die praktischen Erfordernisse des Christenlebens Probleme des historisch-kritischen Verstehensversuches der Bibel?

Wie begegnen die Autoren den von Ihnen gesehenen Problemen?

(13) Versuchen Sie, an Hand der erarbeiteten Informationen und Argumente einen differenzierten Standort zur Frage nach der Möglichkeit und — gegebenenfalls — den Grenzen historisch-kritischer Arbeitsweise zu beziehen! (Bibelkritik)

(14) Wie verhalten sich »Kritik«, »historische Kritik« und »Bibelkritik« zueinander?

(15) Was verstehen die jeweiligen Autoren unter »Bibelkritik«? Wo überschneiden sich ihre Konzepte von Bibelkritik, wo unterscheiden sie sich?

(16) Wie beurteilen die jeweiligen Autoren die Möglichkeit und Legitimität von Bibelkritik?

Ist Bibelkritik erlaubt?

Wenn ja, warum und in welchem Rahmen?

Wenn nein, welche Gründe werden gegen eine kritische Sicht der Bibel genannt?

(17) Was für ein Verständnis der Bibel steht bei der jeweiligen Haltung zur Bibelkritik im Hintergrund?

Wie bestimmt der Autor jeweils das Verhältnis von Bibel und Wort Gottes?

(18) Welche Formen von Bibelkritik kennen Sie?

Ist Bibelkritik immer Ergebnis historisch-kritischer Forschung?

Gibt es auch »fromme« Bibelkritik?

(19) Können Sie sich Gründe für eine »legitime Bibelkritik« vorstellen? (Vgl. den Problemkomplex »Mitte der Schrift«)

(20) Gibt es Bibelkritik, die von vornherein illegitim ist? Existieren außerbiblische Kriterien für Bibelkritik?

b. Literaturhinweise zur Vertiefung und Weiterarbeit

K.Lehmann, Der hermeneutische Horizont der historisch-kritischen Exegese, in: Einführung in die Methoden der biblischen Exegese, hg. von J.Schreiner, 1971, 40—80.

K.Haacker, Neutestamentliche Wissenschaft. Eine Einführung in Fragestellungen und Probleme, 1981 (TVG 303), bes. 17—22.

R.Knierim, Bibelautorität und Bibelkritik, Zürich-Frankfurt a.M., 1962.

2. Zum Problem: pneumatische Exegese, hermeneutica sacra, historisch-biblische Methode

a. Fragen und Arbeitsanweisungen

Beantworten Sie an Hand der entsprechenden Texte die folgenden Fragen in der vorliegenden Reihenfolge!

(1) Welche Gründe würden Sie für eine besondere, sich von allen anderen Verstehensversuchen unterscheidende, biblische Hermeneutik angeben?

(2) Welche Gründe nennen die Autoren für eine besondere biblische Hermeneutik?

(3) Was versteht der jeweilige Autor unter »historisch-biblischer Methode«, »pneumatischer Exegese«, »Hermeneutik der Wiedergeborenen«, »hermeneutica sacra« (heilige Hermeneutik)?

(4) Wie unterscheidet sich die geforderte biblische Spezialhermeneutik im konkreten Auslegungsvollzug von den allgemein anerkannten profanen Verstehensbemühungen?

(5) Gelingt es den Autoren, die eine hermeneutica sacra fordern, die Besonderheiten dieser Methode aufzuweisen?

(6) Gibt es allgemeine Verstehensgrundsätze, die sich nicht auf die Auslegung der Bibel anwenden lassen?
Gibt es Grundsätze und Prinzipien einer biblischen Hermeneutik, die nicht auch allgemein von Bedeutung sind?

(7) Ist die von einer »Hermeneutik der Wiedergeborenen« in Anspruch genommene *Wirkung des Hl.Geistes methodisierbar*? Kann man einer Exegese ansehen, daß sie — im Unterschied zu anderen — geistgewirkt ist?

(8) Welche Antworten geben die jeweiligen Autoren auf die Frage nach dem Verhältnis von methodischer Verstehensbemühung und geistlicher Erleuchtung?
Wie verhalten sich menschliches, methodisches (wissenschaftliches) Verstehen und das Wirken des Geistes Gottes im Akt der Auslegung zueinander?

(9) Schließt die Wirkung des Hl.Geistes die menschliche Verstehensbemühung aus oder ein?

(10) Stehen Wirken des Hl.Geistes und methodisches Arbeiten an der Bibel im Widerspruch zueinander?
Hemmt das methodische Arbeiten das Wirken des Hl.Geistes?
Schließt die Wirkung des Hl.Geistes die methodische Erkenntnisbemühung aus?

(11) Ist ein methodisches Arbeiten an der Bibel, ist »Hermeneutik« überhaupt erlaubt?
Gibt es einen Zugang zur Bibel jenseits von allen menschlichen Verstehensversuchen und hermeneutischen Ansätzen?

(12) Kann eine bestimmte Methode beanspruchen, die Bibel bzw. der von ihr be-
zeugten Offenbarung in besonderer Weise angemessen zu sein?
(Vgl. hierzu die Beiträge von E.Käsemann und dem »frühen« Ebeling!)
(13) Kann man das Wirken des Hl.Geistes methodisch erreichen?
Kann man sich die Bibel *als Wort Gottes* methodisch erschließen?
Wo liegen die Grenzen jeder menschlichen Verstehensbemühung?
(14) Verschaffen Sie sich einen Überblick über Regeln und Prinzipien biblischer
Schriftauslegung in der Geschichte der Kirche!
(Vgl. R.Schäfer, Die Bibelauslegung in der Geschichte der Kirche; P.Stuhl-
macher, Vom Verstehen des Neuen Testaments. Eine Hermeneutik (NTD-
Ergänzungsreihe Bd.6), 1979)
(15) Worin haben die Versuche einer methodisch geregelten Verstehensbemühung um die Bibel ihr Recht?
(16) Worin besteht die Gefahr einer methodisch geregelten Bibelauslegung?
(17) Hat die Bestimmung des Wesens der Bibel (z.B. als Wort Gottes oder als
Zeugnis vom Wort Gottes oder als Menschenwort) Bedeutung für die Haltung des jeweiligen Autors zur Frage nach einer besonderen biblischen Hermeneutik?
(18) Wie verhalten sich Ihrer Meinung nach / nach Auskunft des jeweiligen Autors wissenschaftliche Offenheit und geistliche Bindung des Exegeten
zueinander?
Hemmt oder fördert der Glaube das Verstehen und die wissenschaftliche
Arbeit?
Vgl. J.Habermas, Erkenntnis und Interesse, in: ders., Technik und Wissenschaft als Ideologie, 1976[8], 146—168; A.Schlatter, Der Glaube im Neuen
Testament, 1885, S.9f; 1905, S.9.
(19) Wie bestimmt die Bibel (vor allem die Weisheitsliteratur des Alten Testamentes; vgl. aber auch Mt. 22,37d; 1.Petr. 3,15) das Verhältnis von Glauben
und Erkennen?
(Vgl. dazu G.von Rad, Weisheit in Israel, 1970, v.a. 151ff.; 248ff.)
(20) Bilden Sie sich ein eigenes Urteil über Recht und Grenzen der Forderung
nach einer besonderen biblischen Hermeneutik!

b. Literaturhinweise zur Vertiefung und Weiterarbeit

R.Riesner/H.Burkhardt, Art.Bibel IV,1 c, in: Evangelisches Gemeindelexikon, hg. von
E.Geldbach, H.Burkhardt und K.Heimbucher, 1978, 72.

H.Frey, Die Krise der Theologie. Historische Kritik und pneumatische Auslegung im Lich-
te der Krise, 1972[2].

G.N.Stanton, Presuppositions in New Testament Criticism, in: New Testament Interpretation. Essays on Principles and Methods, ed. by I.H.Marshall, Exeter 1979, 60—71
(bes.69).

3. Zum Problem: Mitte der Schrift

a. Fragen und Arbeitsanweisungen

Beantworten Sie an Hand der entsprechenden Texte die folgenden Fragen in der vorgegebenen Reihenfolge!

(1) Besitzt die Bibel Ihrer Meinung nach ein alle ihre Aussagen integrierendes Zentrum?
   Haben alle biblischen Aussagen und Texte für Sie und Ihrer Meinung nach dasselbe Gewicht?
(2) Was versteht der jeweilige Autor unter dem Begriff »Mitte der Schrift«?
(3) Worin unterscheidet sich der »Kanon im Kanon« (Käsemann!) von der »Mitte der Schrift«?
(4) Kennt der jeweilige Autor eine »Mitte der Schrift«?
(5) Nennen Sie die verschiedenen Definitionen der »Mitte der Schrift«!
(6) An Hand welcher Kriterien wird die »Mitte der Schrift« bestimmt? Wie wird die jeweilige »Mitte der Schrift« begründet?
(7) Worin bestehen die Probleme einer Definition einer Mitte der Schrift?
(8) Werden Ihrer Meinung nach die jeweiligen Bestimmungen einer Mitte der Schrift dem Gesamtkomplex biblischer Aussagen gerecht?
   Wie integrationsfähig ist die jeweilige Definition einer Mitte der Schrift?
(9) Inwieweit wird die statische Rede von einer »*Mitte* der Schrift« der Dynamik der biblischen Inhalte nicht gerecht?
   Kennen Sie einen Weg, der das berechtigte Anliegen der Bestimmung einer »*Mitte* der Schrift« aufnimmt und das Problematische der Vorstellung einer statischen Mitte vermeidet?
   Vgl. T 90 und H.Gese, Erwägungen zur Einheit der biblischen Theologie, in: ders., Vom Sinai zum Zion. Alttestamentliche Beiträge zur biblischen Theologie, 1974, (11—30) 23ff.
(10) Wie kann sich der Exeget vor einer einseitigen, verkürzten Kenntnisnahme biblischer Inhalte bewahren?
(11) Ist die Angabe einer Mitte der Schrift eine Form von »Bibelkritik«? Wenn ja, ist diese »Bibelkritik« legitim?
(12) Welcher Begriff wird von seiten des Pietismus dem Reden von einer Mitte der Schrift bzw. einem Kanon im Kanon entgegengestellt?
(13) Was versteht man unter »tota scriptura«?
   Worauf zielt die hermeneutische Forderung »die *ganze* Schrift!« ab?
(14) Worin besteht das Recht der Forderung nach der »tota scriptura«?
(15) Worin besteht das Problem und die Gefahr der Forderung »tota scriptura«?
(16) Wie kann sich der Ausleger vor der Einebnung des spezifischen Profils des jeweiligen Bibelbuches bewahren?
(17) Gibt es eine Auslegung, die nicht von einem normativen Zentrum her (religiöser bzw. theologischer Tradition und Prägung; persönlicher Interessen) bestimmt ist?
(18) Bestimmen Sie das Verhältnis von Hebr. 6,4—6; 10,26—31 zum Zentrum der Versöhnungslehre in den Paulusbriefen (Röm. 3,25f.; 4,25; 8,31—39;

2.Kor 5,14.17—21)! Nehmen Sie zur Frage nach der Mitte der Schrift Stellung und erläutern Sie Recht und Problematik der Rede von einer »Mitte der Schrift« an Hand dieser Stellen!

(19) Wie lassen sich die berechtigten Elemente der Forderung nach einer »*Mitte der Schrift*« und der Berücksichtigung der »*ganzen* Schrift« organisch verbinden?

(20) Warum ist das Reden von einer »Mitte der Schrift« unverzichtbar? Warum ist die Forderung »tota scriptura« unverzichtbar?

b. Literaturhinweise zur Vertiefung und Weiterarbeit

Das Neue Testament als Kanon. Dokumentation und kritische Analyse zur gegenwärtigen Diskussion, hg. von E.Käsemann, 1970.

R.Riesner/H.Burkhardt, Art. Bibel III, 2 a, in: Evangelisches Gemeindelexikon, hg. von E.Geldbach, H.Burkhardt und K.Heimbucher, 1978, 70—71.

4. Zum Problem: Autorität und Inspiration der Bibel

a. Fragen und Arbeitsanweisungen

Beantworten Sie an Hand der entsprechenden Texte die folgenden Fragen in der vorgegebenen Reihenfolge!

(1) Worin besteht für *Sie* die Autorität der Bibel?
    Begründen Sie die Autorität der Bibel!
(2) Welche Gründe führen die jeweiligen Autoren für die Autorität der hl.Schrift an?
(3) Welche Bedeutung hat die Rede von der »Mitte der Schrift«, von Jesus Christus als *dem* Wort Gottes für die Begründung der Autorität der Bibel?
(4) Wie verhält sich das biblische Wort zu Jesus Christus als dem Wort Gottes? Wie verhalten sich der Logos Jesus Christus, das biblische Wort und das Wort der Verkündigung zueinander?
(5) Erarbeiten Sie das biblische Selbstverständnis!
    Wie begründen die einzelnen biblischen Schriften ihre Autorität?
    Welche Rolle spielt der Inspirationsgedanke für die biblischen Autoren?
    (Vgl. H.Gese, Das biblische Schriftverständnis, in: ders., Zur biblischen Theologie. Alttestamentliche Vorträge, 1977, 9—30)
(6) Welche Inspirationslehren kennen Sie?
    (Vgl. W.Philipp, Art. Inspiration der hl.Schrift, dogmengeschichtlich, in: RGG[3] Bd.3, Sp.775—782)
(7) Bemühen Sie sich an Hand der einschlägigen Kommentare um die Auslegung von 2.Tim 3,16 und 2.Petr 1,20 und 21!
(8) Erarbeiten Sie sich die Position der Dogmatiker der altprotestantischen Orthodoxie zur Frage der Schriftinspiration und Schriftautorität!
    (Vgl. E.Hirsch (Hg.), Hilfsbuch zum Studium der Dogmatik. Die Dogmatik

der Reformatoren und der altevangelischen Lehrer quellenmäßig belegt und verdeutscht, 1964[4])

(9) Analysieren Sie die philosophische Basis der orthodoxen und fundamentalistischen Inspirationslehre!
(Vgl. W.Kreck, Grundfragen der Dogmatik, 1970, Exkurse 12 und 13.)
(10) Welche Inspirationslehren vertreten die jeweiligen Autoren?
(11) Gibt es Formen unbiblischer Inspirationslehre?
(12) Wie bestimmen die jeweiligen Autoren das Zusammenwirken von Hl. Geist und menschlicher Aktivität im Inspirationsvorgang?
Bedeutet der Inspirationsvorgang eine Abtötung oder Indienstnahme der Geschöpflichkeit des Menschen?
(13) Wie reden Altes und Neues Testament von der Wirkung des Hl.Geistes am Menschen?
(14) Schließt die Inspiration der hl.Schrift für den jeweiligen Autor die Irrtumslosigkeit der Bibel ein oder nicht ein?
Welche Irrtumslosigkeit wird behauptet, welche wird bestritten?
(15) Worin sind die Aussagen der Bibel unverbrüchlich wahr? Beansprucht die Bibel auch Unverbrüchlichkeit in naturwissenschaftlichen und historischen Fragen?
(Vgl. Lausaner Verpflichtung, Art. 2)
(16) Inwieweit charakterisiert der jeweilige Autor die Bibel als *Gottes* Wort? Inwieweit versteht er sie als *Menschen*wort?
(17) Ist die Inspiration der Bibel als Wirkung des Hl.Geistes abgeschlossen?
(18) Welche Bedeutung hat die Inspirationslehre für die hermeneutischen Grundsätze, den konkreten Auslegungsvorgang und den alltäglichen Umgang mit der Bibel?
(19) Worin sehen Sie mögliche Gefahren der Theorien über die »Inspiration« der hl.Schrift?
Warum vermeidet die heutige akademische Theologie im allgemeinen die Rede von der Inspiration der Bibel?
(20) Erarbeiten Sie sich zur Frage nach der Inspiration und Autorität der hl.Schrift eine eigenständige Position, die dem biblischen Befund, den theologischen Einsichten und den historischen Erkenntnissen Rechnung trägt!

b. Literaturhinweise zur Vertiefung und Weiterarbeit

R. Pache, Inspiration und Autorität der Bibel, 1976[2].

J. Barr, Fundamentalismus. Mit einer Einführung in die deutsche Ausgabe herausgegeben von G.Sauter, 1981, 70ff u.ö. .

R.Riesner/H.Burkhardt, Art.Bibel III,1, in: Evangelisches Gemeindelexikon, hg. von E.Geldbach, H.Burkhardt und K.Heimbucher, 1978, 69—71.

QUELLENNACHWEIS

Wir danken den nachstehend aufgeführten Verlagen bzw. Autoren für das Einverständnis zum Abdruck folgender Textzitate (T):

R. Brockhaus Verlag Wuppertal:	T 77—T 79, T 85, T 86, T 88—T 91, T 98—T 100, T 102, T 104—T 107, T 114—T 120, T 125, T 126, T 129;
Brunnen-Verlag, Gießen:	T 80, T 81, T 103, T 121, T 127;
Calwer Verlag Stuttgart:	T 19—T 27, T 31—T 33, T 94—T 97;
Ebeling, Prof. Dr. Gerhard, Zürich:	T 71, T 72, T 74;
Walter de Gruyter & Co, Berlin:	T 13, T 16;
Käsemann, Prof. Dr. Ernst, Tübingen:	T 62, T 64, T 66, T 76;
Chr. Kaiser Verlag, München:	T 5, T 14, T 15, T 28—T 30;
J. C. B. Mohr (Paul Siebeck), Tübingen:	T 67—T 70, T 128;
Theologischer Verlag Zürich:	T 34— T 61;
Vandenhoeck & Ruprecht, Göttingen:	T 1—T 4, T 6—T9, T 11, T 61a, T 63, T 65, T 73, T 75, T 82—T 84, T 87, T 92, T 93, T 10q, T 108—T 113, T 122—124.

Monographien und Studienbücher

Klaus Bockmühl
Leiblichkeit und Gesellschaft
Studien zur Religionskritik und Anthropologie im Frühwerk von
Ludwig Feuerbach und Karl Marx
296 Seiten, Paperback, DM 29,—, 2. Auflage, Best.-Nr. 29301

Heinzpeter Hempelmann
Kritischer Rationalismus und Theologie als Wissenschaft
Zur Frage nach dem Wirklichkeitsbezug des christlichen Glaubens
316 Seiten, Paperback, DM 22,—, Best.-Nr. 29302

Klaus Haacker
Neutestamentliche Wissenschaft
Eine Einführung in Fragestellung und Methoden
104 Seiten, Paperback, DM 15,80, Best.-Nr. 29303

Adolf Schlatter
Die philosophische Arbeit seit Cartesius
Ihr ethischer und religiöser Ertrag
304 Seiten, Paperback, DM 32,—, 5. Auflage, Best.-Nr. 29304

Jakob van Bruggen
Die geschichtliche Einordnung der Pastoralbriefe
64 Seiten, Paperback, DM 12,80, Best.-Nr. 29305

Walter Künneth
Theologie der Auferstehung
312 Seiten, Paperback, DM 34,—, 6. Auflage, Best.-Nr. 29306

Helmut Burkhardt (Hrsg.)
Was ist das — Gott?
Christliche Gotteserkenntnis in den Herausforderungen der Gegenwart
240 Seiten, Paperback, DM 17,80, Best.-Nr. 29307

Otto Michel
Das Zeugnis des Neuen Testaments von der Gemeinde
140 Seiten, Paperback, DM 19,80, Best.-Nr. 29308

Heinz-Werner Neudorfer
Der Stephanuskreis in der Forschungsgeschichte seit F.C. Baur
400 Seiten, Paperback, DM 32,—, Best.-Nr. 29309

Klaus Wetzel
**Theologische Kirchgeschichtsschreibung im deutschen Protestantismus
1660—1760**
600 Seiten, Paperback, DM 46,—, Best.-Nr. 29310

Werner Stoy/Klaus Haag
Bibel-Griechisch — leichtgemacht
250 Seiten, Paperback, DM 29,—, Best.-Nr. 29312

Theologie und Dienst

Karl-Heinz Michel
Zeichenhaft leben
Biblische Leitlinien zu Arbeit und Besitz
64 Seiten, Paperback, DM 7,80, Best.-Nr. 29024

Der heute vielzitierte »alternative Lebensstil« ist keine moderne Masche oder Mode, sondern er wurzelt im Alten und Neuen Testament. K.-H. Michel stellt hier die biblischen Maßstäbe für verantwortliches Handeln im Arbeits- und Wirtschaftsleben und in bezug auf den Besitz dar und deutet in einem dritten Teil konkrete Richtlinien für unsere Zeit an.

Karl-Heinz Michel
Sehen und glauben
64 Seiten, Paperback, DM 8,80, Best.-Nr. 29031

Mit der Auferstehung steht und fällt der christliche Glaube. Deshalb wird hier systematisch der Gehalt der Auferstehungsbotschaft untersucht und von hier aus die Linien zu den wichtigsten Fragen der christlichen Theologie gezogen. Ein theologischer Klassiker!

Gerhard Maier
Heiliger Geist und Schriftauslegung
48 Seiten, Paperback, DM 7,80, Best.-Nr. 29034

Ein wichtiger Gesprächsbeitrag zur Frage nach der Rolle des Heiligen Geistes bei der Entstehung und Auslegung der Heiligen Schrift.

Allgemeine Reihe

Heinzpeter Hempelmann
Die Auferstehung Jesu Christi — eine historische Tatsache?
Eine engagierte Analyse
96 Seiten, Paperback, DM 14,80, Best.-Nr. 29504

Eine »Glaubens- und Argumentationshilfe«, die die historische Glaubwürdigkeit der Osterbotschaft aufweisen will. Dieses Buch wendet sich nicht nur an Theologen, sondern an alle, die sich für diese Frage interessieren.

Wolfgang Müller
Kumpel vor der Kirchentür
Gemeinde und Arbeiterschaft. Eine Studie.
112 Seiten, Paperback, DM 15,80, Best.-Nr. 29501

42,3 Prozent unserer Bevölkerung gehören zu den Arbeiterfamilien, doch im Leben der meisten Gemeinden fehlt diese Gruppe fast ganz. Der Verfasser stellt die Ursachen für die Verfremdung dar und fragt nach Möglichkeiten, die Gemeinde auch für die Arbeiter anziehend zu machen.